张贵田院士传记
Academician Zhang Guitian's Biography

上图 / 张贵田肖像照

下图 / 1961年3月，张贵田（中）在莫斯科航空学院毕业典礼上，代表中国留学生向校方赠送纪念品

上图 / 1981年8月，11所所长张贵田（中）参加“背粮队”

下图 / 1988年，美国休斯公司专家在067基地考察，张贵田（前排左二）陪同代表团参观7103厂

上图 / 1992年，张贵田（右）和林宗棠（中）、王永志（左）在西昌卫星发射中心

下图 / 1992年9月10日，张贵田（右三）与067基地领导班子检查西安新点建设情况

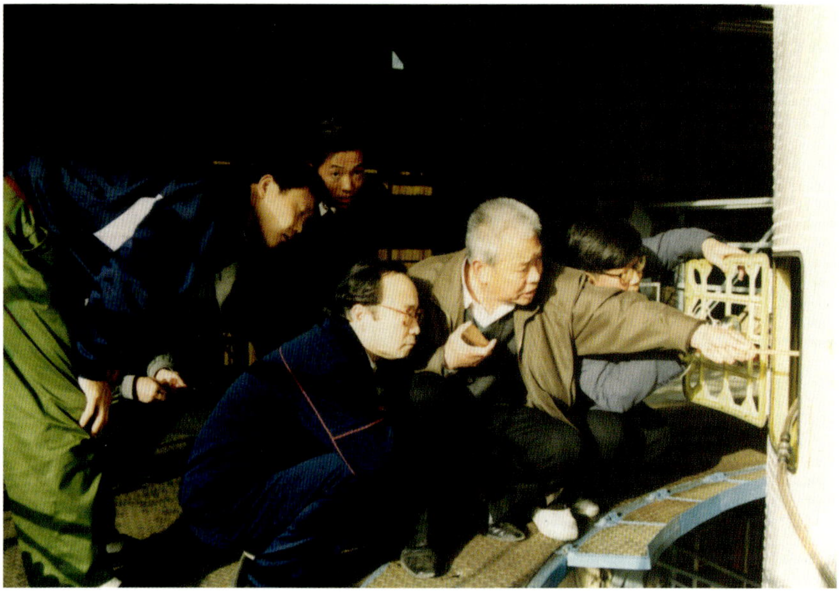

上图 / 1992年3月，张贵田（右二）在“澳星”发射前与刘纪原副部长（中）在察看箭上发动机

下图 / 1993年，张贵田在美国参加国际航空航天展览会

上图 / 1994年，张贵田（中）在西安同俄罗斯能源联合体专家签署合作备忘录

下图 / 2002年，张贵田（右二）获何梁何利基金科学与技术进步奖

上图 / 2003年10月，张贵田在北京航天城与中国航天员在一起

下图 / 2003年神舟五号飞船发射成功后，张贵田（左一）与杨利伟（右二）、雷凡培院长（右一）、戴证良书记（左二）在一起

上图 / 1963年5月，张贵田和郁畹兰结婚照

下图 / 2009年，张贵田与郁畹兰在庆祝新中国成立六十周年演出活动中合影

上图 / 2007年，张贵田与家人共庆郁畹兰70岁生日

下图 / 2010年，张贵田在067基地挥笔疾书

张贵田院士传记

Academician Zhang Guitian's Biography

《中国航天院士传记丛书》总编委会　组织编写

《张贵田院士传记》创作组　著

中国宇航出版社

·北京·

图书在版编目(CIP)数据

张贵田院士传记 /《张贵田院士传记》创作组著 ；《中国航天院士传记丛书》总编委会组织编写. --北京 ：中国宇航出版社，2015.3

（中国航天院士传记丛书）

ISBN 978-7-5159-0901-1

Ⅰ. ①张… Ⅱ. ①张… ②中… Ⅲ. ①张贵田—传记 Ⅳ. ①K826.16

中国版本图书馆 CIP 数据核字(2015)第 051860 号

责任编辑　王立莉

责任校对　牟宁宁　　**装帧设计**　文道思

出版发行　中国宇航出版社

社　址　北京市阜成路 8 号　**邮　编**　100830

(010)68768548

网　址　www.caphbook.com

经　销　新华书店

发行部　(010)68371900　(010)88530478(传真)

(010)68768541　(010)68767294(传真)

零售店　读者服务部　北京宇航文苑

(010)68371105　(010)62529336

承　印　三河市君旺印务有限公司

版　次　2015 年 3 月第 1 版

2015 年 3 月第 1 次印刷

规　格　787×960

开　本　1/16

印　张　23.75　**彩　插**　8 面

字　数　336 千字

书　号　ISBN 978-7-5159-0901-1

定　价　78.00 元

《张贵田院士传记》
编审委员会名单

编审委员会

主　任　谭永华

副主任　黄　亮

委　员　王新敏　刘志让　栾希亭　周利民
尹宝宜　彭建国　李　俊　高宇香
姜乙先　申建辉　吉钢铁

创作组

组　长　吉钢铁

副组长　张美书

成　员　陈鸿麟　汪明发　杨　军　范丽苏

序 一
Preface I

中国航天事业自1956年创建以来，已经走过50多年的发展历程。在党中央、国务院、中央军委的亲切关怀和英明领导下，中国航天人团结一心、顽强拼搏、勇于创新、无私奉献，不仅取得了以“两弹一星”、载人航天工程和月球探测工程为代表的辉煌成就，孕育形成了航天传统精神、“两弹一星”精神和载人航天精神，也造就了一支技术精湛、作风优良的航天人才队伍。

航天系统的中国科学院院士和中国工程院院士就是这支队伍的杰出代表。中国航天科技集团公司和中国航天科工集团公司先后有50多位科学家和航天工程专家当选为两院院士。其中，有7位院士获得过“两弹一星”功勋奖章，2位院士获得过国家最高科学技术奖。他们不仅是航天成就的主要创造者，也是航天精神的重要孕育者和忠实践行者。

中国航天事业是在新中国成立不久，工业实力、科技实力、综合国力都很薄弱，帝国主义严密封锁，苏联撕毁协定、撤走专家的情况下发展起来的。以航天院士为代表的中国航天人，自力更生，艰苦奋斗，奋发图强，顽强拼搏，在一穷二白的基础上，独立自主地创建起了中国的航天事业。

航天型号研制是复杂的系统工程，涉及很多领域，需要众人参与，必须大力协同、集智攻关才能完成。以航天院士为代表的中国航天人，在航天工程研制实践中，齐心协力，密切配合，实现了一次又一次技术突破，铸造了一项又一项辉煌成就。他们为祖国的航天事业作出了巨大贡献，却淡泊名利，不计得失，将个人利益置之度外。

航天事业属于尖端技术领域，难度大、风险高、技术复杂，在发展历程中碰到过很多难题，经历过各种坎坷，甚至遭受过重大失利。以航天院士为代表的中国航天人，在困难和失败面前不动摇、不退缩，树立百折不挠、锲而不舍、脚踏实地、严谨务实的工作作风，不断攻坚克难、勇攀高峰，取得了一个又一个胜利，树立了一座又一座丰碑。

今天，在由航天大国向航天强国迈进的征程中，航天院士的科学思想、创新意识、坚定信念和爱国情怀是全体航天人宝贵的精神财富。中国航天科技集团公司和中国航天科工集团公司决定出版《中国航天院士传记丛书》，不仅是为了宣传航天院士的科研成就，总结航天院士的成长规律，更是为了传承航天院士的宝贵精神，使之生生不息、薪火相传，为“续航天梦、筑强军梦、圆中国梦”的伟大实践提供精神动力和思想源泉。

许达哲

2014 年 1 月

序 二

Preface Ⅱ

中国航天事业创建半个多世纪以来，培养和塑造了一大批功勋卓著、德高望重的中国科学院院士和中国工程院院士。他们具有坚定的理想信念和强烈的爱国情怀，理论功底深厚，技术水平高超，善于引领科学发展和技术创新，在中国航天事业发展的关键时期发挥了重要作用，为中国航天事业取得辉煌成就、孕育航天精神作出了突出贡献。

为了全面、系统地总结航天院士的成长规律，把航天院士的科学思想和创新方法记录下来、传承下去，为中国航天事业积累精神财富，为航天强国建设提供有益借鉴，中国航天科技集团公司和中国航天科工集团公司研究决定，组织编写一套《中国航天院士传记丛书》（以下简称《丛书》）。

党的十八大描绘了坚持中国特色社会主义道路、全面建成小康社会、实现中华民族伟大复兴的宏伟蓝图，同时也为加强国防和军队现代化建设、推进我国由航天大国向航天强国迈进指明了方向。在中国航天事业"续航天梦、筑强军梦、圆中国梦"的新形势下，出版这套《丛书》，具有重大的现实意义和深远的历史意义。

记载航天历史。航天院士是中国航天事业的宝贵财富，他们的成长历程反映了航天事业的发展轨迹。这套《丛书》不仅是航天院士个人的传记，也从不同侧面记载了中国航天从技术到管理、从思想到精神的真实历史。

弘扬航天文化。宣传航天院士，就是站在科学的高度，向社会各界全面宣传航天事业，弘扬航天文化，使其成为中华民族文化宝库的重要组成部分，增强中华民族的自信心、自豪感和凝聚力，提升国家的软实力。

传承航天精神。航天精神是包括航天院士在内的几代航天人，在中国航天事业发展历程中，不断积累、提炼、传承而逐渐形成的，是民族精神、时代精神与航天实践相结合的产物，是中国航天事业之魂。《丛书》全面反映了航天院士的学术成就、科学作风和思想品格，有助于航天精神薪火相传。

培育航天人才。中国航天事业已经完成了新老交替，一代航天新人正在茁壮成长。《丛书》是泽被后世的人才工程，对于培育航天人才、发展航天事业、铸造新的辉煌将产生积极的促进作用。

总之，《丛书》是一套具有航天特色的爱国主义教材，是不可多得的精神食粮。相信这套《丛书》的出版发行，必将吸引更多的年轻人热爱航天、投身航天、奉献航天，以饱满的热情和昂扬的斗志再攀高峰，使中国航天事业后继有人，蓬勃发展，续写辉煌。

2014 年 1 月

目 录

Contents

第七章　“长二F”屡建奇功　十射“神舟”入苍穹

第八章　壮心未与年俱老　情系航天新动力

第九章　好丈夫太空趟路　贤内助保驾护航

张贵田

张贵田院士传记

Academician Zhang Guitian's Biography

第一章

亲情哺育初长成 风霜雪雨磨坚韧

童年的记忆是难忘的。贫苦的生活、战火的洗礼，不仅为童年的张贵田锤炼出坚忍、顽强的性格，也在他幼小的心灵中，根植了深深的爱国情怀。

张贵田的童年和青少年时代，是在老家河北藁城度过的。故乡的亲情哺育，战火的考验洗礼，在张贵田的心灵深处逐渐播下了“落后就要挨打，自强方能报国”的种子。

1. 绣原滹水蕴灵秀　沃土藁城育英才

藁城位于河北省西南部，地处华北平原，绣原沃土，一望无际，自古地理位置优越。

滹沱河绕县城蜿蜒东去，将县境分为南北两部分，俗称藁南藁北。藁城历史悠久，物华天宝，人杰地灵。据台西商代遗址发掘的资料考证，早在仰韶文化时期，人们就在这里劳动生产，距今已有6000多年的历史。这里土地肥沃，农耕历史悠久，农桑发达，物产丰富，素有“燕赵天府”之称。

藁城文化灿烂，古遗址颇多。藁城人历代耕读相传，勤奋好学。纯洁恬静的乡情风化，不但培育了勤劳智慧的人民，更造就了众多杰出的人物——唐尚书倪若水，为官清廉，直谏无私，唐玄宗诏誉其为“达识周材，议方敬直”之辅臣；宋殿前都指挥使贾逵，元中书左丞董文炳、兵部尚书董文用，明礼部尚书崔亮、刑部尚书张子麟、户部尚书石玠、吏部尚书石英、兵部尚书许守谦，皆为藁城人。他们虽生不同时，但均有为官清廉的美传。金代文学家王若虚、抗日名将郝梦龄，以及当代著名画家孙之俊、中医学家路志正，皆令藁城人民引以为豪。

1931 年（民国二十年）12 月 20 日，河北省藁城县北侧 20 千米的增村镇城元村，一座普通的农家小院里，伴随着一声婴儿响亮的啼哭声，农民张国保迎来了自己的第四个儿子，取名“张贵田”。

2. 少年辛苦终身事　不向光阴惰寸功

城元村是一个有着百多户人家、千余人口的村庄。放眼望去，村庄四周，平展展的庄稼一望无际。村里人世世代代以耕种土地为生，过着日出而作、日落而息的生活。

无垠的黄土，无尽的耕作，留给张贵田童年和少年最深的记忆。他自幼生长在这里，带着深厚的感情欣赏着故乡美丽而又贫瘠的自然风貌；带着深厚的感情爱怜着故乡的农民，他们勤劳、纯朴、智慧，但却命运多舛，令人悲愤！

张贵田一家，就是村里的一户贫苦人家。父亲张国保，是一位面朝黄土背朝天、忠厚老实、勤俭持家的农民。母亲孟霭，18 岁时成为农民张国保的妻子，是一位勤劳善良、温柔贤淑的家庭妇女。母亲相继生下了四男一女，大儿子张丑子，二儿子孟祥吉（从小过继给舅舅家），女儿张香梅，三儿子张复兴。张贵田是家中最小的一个。

张国保有兄弟三个，全是农民，他是长子。张国保年轻时曾在外边打过短工，在陕西省宝鸡修过陇海铁路。他是一个热心肠的人，办事公道、认真。村中人家的红白喜事、人情往来、节俗安排，常会找他帮忙；甚至谁家兄弟分家、婆媳吵架、夫妻离婚、邻里纠葛，都会叫他去帮忙调解。这些都是很费时间的，有时候更耽误自家的事和地里的活。妻子有时候会嗔怪他说："你说和了半天，管饭了吗？！"张国保哈哈一笑："嗨，人家本来要管饭，可是我嫌他家的饭没有你做的好吃，我要回来吃你做的饭。"妻子口里埋怨着"就会耍贫嘴"，双手却端出了可口的饭菜……

孟霭生于书香门第，是一位明达坚强的贤妻良母。她从小就跟着做私塾先生的舅父读书写字，能背诵《三字经》《千字文》《百家姓》。虽然没有接受正规教育，但是天资聪颖，加上勤勉好学，在笔墨诗礼中浸染多年，不但明于事理、干练贤明，而且谈吐不俗、爽朗达观，在村中很有人缘。

张贵田特别喜欢听母亲讲故事。在长夏溽暑或大雪纷飞的农闲时节，母亲或执一扇芭蕉，在淡淡的月色下，娓娓道来；或倚着一盏豆油灯，坐在炕头上一边纳鞋底，一边给张贵田讲那些美丽奇幻的故事。孙悟空大闹天宫，孟姜女哭倒长城，梁山伯与祝英台化蝶双飞等故事……成为幼年张贵田启蒙的源泉。

张贵田上小学时，寒暑假时间比较长，母亲就用“勤有功，戏无益”“学而不思则罔，思而不学则殆……”等古训，教育张贵田在干完农活后，要经常复习功课，不要贪玩。不但白天时时督促、检查，晚间也令其温习、背诵。母亲给儿子讲读书时为防止瞌睡，孙敬“头悬梁”、苏秦“锥刺骨”的故事，讲车胤夏天“如囊萤”、孙康冬天“如映雪”，坚持看书学习的故事。

母亲手很巧，会裁衣裳。尽管是家织土布，她也能给一家人裁缝出合体的衣裳。母亲善烹饪，会做本地各种农家饭食。亲戚朋友来了，不管手头多么紧，也要设法用心款待。遇到亲戚朋友家有红白喜事，她必亲自出马，份礼虽轻——只是两吊小钱，可是情谊很深。母亲还会给即将出嫁的姑娘和小媳妇绞脸，用丝线轻轻地勒去脸上的绒毛儿，让脸上显得特别光润。母亲待人极其热忱，凡是她能做的，都有求必应。谁家有事要帮忙，她无论自己多忙，也会抽出身来，跑在前头帮这干那，手脚不停歇。母亲不怕吃亏，从不跟人吵架，有泪往心里流，她是一位柔和、温顺的中国传统女性。

从小到大，在张贵田的印象里，母亲似乎无所不能，无所不会。饥饿的时候，母亲会给儿女们做饭食；寒冷的时候，母亲会给他们添衣裳；委屈的时候，母亲会给子女送抚慰；喜悦的时候，母亲笑得比孩子们还开心。

张贵田家人口多，租种几亩薄田，本来就是年年亏欠，寅吃卯粮，遇上春季大旱、青黄不接的时候，日子过得更加艰难。红薯、包谷、野菜是张家的主要食物，一日三餐全靠它们。寻常日子，逢开饭时，桌子上是一篮热气腾腾的红薯，旁边摆着几个用玉米面、红薯面和高粱面“三合一”混蒸的窝窝头或饼子加以点缀。秋夏两忙的时候，父亲和哥哥、姐姐起早摸黑，在地里抢收抢种庄稼，出力流汗，受苦受累，母亲就破例烙些纯玉米面饼，让父亲、哥哥、姐姐和小贵田奢侈几顿。

一次，边吃着纯玉米面饼边在家中蹦蹦跳跳的小贵田，在厨房里发现了母亲的秘密："妈妈，你怎么不吃饼，光吃红薯啊？"

"妈妈爱吃红薯，红薯甜。"

"妈妈，我也要吃红薯。"

"饼吃了长个子，快吃吧！"

"妈妈，那你也吃点，吃了好长个子呀！"

"傻孩子，妈妈的个子够高的了，还长啥？妈妈就希望你把这饼吃了，长个高个子。"

这些温馨而安宁的关于童年、母爱、家园的深长回忆，使张贵田深深地感到，没有什么比慈母的胸怀更使人安心，比慈母的故事更温馨。这种对母亲的深情眷恋，对母爱的真诚崇拜，长期灌注在张贵田的血液中。

为了这个家，母亲一辈子含辛茹苦、精打细算、日夜操劳。岁月流转中，母亲老了，额头上的皱纹更深了，无论是记忆还是动作，都大不如以前，可在张贵田的心里，母亲永远是年轻的，那深深的皱纹里，写满了恒久的母爱。

母亲忠厚贤惠、善良慷慨、勤劳简朴的高尚品德，深深地影响了张贵田的思想和性格。母亲用自己的一言一行去影响着她最小的孩子，教他宽容、正直、坚持，做一个好人，教他走一条最正直的路，是他人生道路上第一位引路人。

父母身上所具备的那种中国农民朴实无华的品格，以潜移默化的方式影响着张贵田，教他勤奋学习，给予他孜孜以求的意志和愉快豁达的心境，更重要的是赋予了他报效国家的无穷精神力量。

除了父母，二哥是影响张贵田最深的人。

张贵田小时候，父母曾想把他过继给舅舅家。张贵田找不到妈妈哭闹不止，舅父舅母只好把他送了回来。为了不失信于人，二哥毅然站了出来，代替他去了舅舅家，并改名孟祥吉。二哥性格开朗、精明强干、心直口快、博学多才，还写了一手好字。青少年时，二哥就在农村参加了共产党的地下组织——青抗先，就是青年抗日先锋队。后来他又加入地下党，当村党支部书记、公社主任，后来调到县人委工作。张贵田很早就走上革命道路，与二哥的积极引导、大力支持是分不开的。二哥对党的事业赤胆忠心、鞠躬尽瘁，对群众和家人满腔热忱、竭诚相待。遗憾的是，二哥去世得太早了，没有过上改革开放的好日子……

张贵田能够上学校念书，很大程度上也要感谢二哥。

一天傍晚，小贵田守在门口，给刚从田间归来、满身疲惫的爸爸递上一碗水："爸爸喝水！"

"喔。"爸爸接过碗，美美地喝了几口。

"爸爸……"

"喔。"看到小贵田欲言又止的样子，爸爸便说："有啥话你就说，别吞吞吐吐的。"

小贵田点燃了桌上的油灯。灯光下，爸爸那古铜色的脸上，布满风霜，眉宇间有许多深深的皱纹，一双手又黑又粗，又干又硬。站在爸爸身旁，小贵田双手捏着衣服的前襟，吞吞吐吐地说："爸爸，刚刚和胖胖都上学去了。"

没有人作声。本来就很暗淡的灯光，在这低矮的农舍里，显得更加暗淡。爸爸摸了摸儿子的头，想说话，却又无言以对。有什么比这种无言的沉默，更叫人难以忍受呢？

“爸爸，我也想去上学！”小贵田终于鼓足勇气说了出来。

“唉——”爸爸坐在破凳上长长地叹了一口气，长满老茧的粗糙大手，擦了擦被晒得黝黑的脸颊上的汗珠，“不是爸爸不想让你去，谁不知道念书好。爸爸这辈子，斗大的字没识一升，吃了一辈子亏。可你去念书了，家里的农活谁来干呢？”

“可是，我……我还是想去！”小贵田嘴里小声地说着，鼻子一酸，眼圈红了，泪珠子“吧嗒、吧嗒”地往下掉……

“孩子不哭……”妈妈不知什么时候站在了小儿子的身后，用手擦他脸上的泪水。

这时候，过继给舅舅家的二哥回来了。他一看自己最疼爱的小弟弟直掉眼泪，问明情况后，对父亲说：“爸爸，咱们家祖祖辈辈面朝黄土背朝天，在土里刨食，常常受人欺负。贵田想念书这是好事啊，咱家的农活，我可以帮着干。依我看，我这兄弟有出息，说不定将来还是个人才呢……”

“那你说去得？”爸爸的心思活动了。

“去得！”二哥回答得很坚决。

“爸爸，你就让贵田去吧！家里的活有我们呢！”大哥、三哥和姐姐都支持这个最小的弟弟去上学。

“说得对，只有上学识字、学本事，才能干大事。贵田，还不谢谢你二哥！”父亲的脸上露出了笑容。

“二哥！”小贵田一下子抱住了二哥，将脸贴在二哥胸前……

就这样，小贵田背着书包，高高兴兴地上学了。

如今的城元村小学

学校就在村子里，孙老师为人谦和，博古通今，书教得很好。他教张贵田念《三字经》：

人之初，性本善。性相近，习相远。苟不教，性乃迁。教之道，贵以专。昔孟母，择邻处。子不学，断机杼……

孙老师给小贵田和同学们讲孟母为了孩子的学习而三迁住处的故事。而小贵田则由“子不学，断机杼”想到了母亲为了他上学，起早贪黑给人家纺线织布，累得腰酸腿疼，也不肯歇息的情景。

孙老师给小贵田和同学们讲珍惜粮食的古诗：

锄禾日当午，汗滴禾下土。

谁知盘中餐，粒粒皆辛苦。

小贵田就想到了他提着瓦罐去地里送水——父亲带着哥哥姐姐，在租来的那几亩薄田里头顶烈日，脚踩黄土，汗流浃背拉犁耕地的情景。

孙老师用宋朝文学家刘过的诗，鼓励小贵田和同学们勤奋学习：

力学如力耕，勤惰尔自知。

但使书种多，会有岁稔时。

孙老师给小贵田和同学们详细解释诗的意思：种，就是种植，种庄稼，这里指勤奋学习；稔，庄稼成熟，比喻获得成功。这首诗的意思是努力学习就如同努力耕种一样，勤奋还是懒惰，你自己知道。只要书读得多，总会有大获成功的时候。

小贵田联想到：爸爸和哥哥姐姐种庄稼、锄地、收割，妈妈在家洗衣、做饭，从来没有偷过懒。全家省吃俭用，供自己上学。古人说：一寸光阴一寸金，寸金难买寸光阴。失去寸金还犹可，失去光阴哪里寻？我决不能偷懒，要把时间像金子一样看待，要好好学习、勤奋学习，将来报答父母的养育之恩。

从此以后，小贵田让妈妈每天天还没亮便叫自己起来，去学校念书。小贵田家里穷得有时都揭不开锅，更不要说买钟表了，妈妈只是凭感觉估摸时间长短。冬天夜长，天亮得晚，经常估不准，有时候叫早了，学校没开门，小贵田就在校门外一边冻得跺脚，一边背书……

3. 目睹日寇施残暴　仇恨入心待发芽

1937 年 7 月 7 日，日本侵略者在卢沟桥畔悍然发动了“七七事变”（又称“卢沟桥事变”），开始全面侵华。中国军队随之奋起抵抗，拉开了全民抗日的序幕。

“七七事变”后，日本鬼子的铁蹄又踏进华北平原。国民党军队节节败退，连连南撤，国民党藁城县政府要员亦随之逃走。11 月 13 日，日本鬼子侵占了藁城县城，成立了伪政权。此后 8 年，藁城县人民在日本鬼子的铁蹄践踏下，陷于水深火热之中。

日本鬼子侵占华北平原以后，每隔几个村子就修一个炮楼，并在四周筑起高墙。他们住在炮楼里面，过一段时间就出来到附近村子巡逻，让各个村子给炮楼里送鸡鸭鱼肉、粮食蔬菜。为了围困根据地，日本鬼子实行了“囚笼政策”，当时可以说是“迈步上公路，抬头见炮楼”。

更可恨的是，日本侵略者不允许老百姓种玉米、高粱。为什么，就是怕这些庄稼杆太高，怕青纱帐里藏共产党、八路军。炮楼周围远远近近的树，统统都被砍掉了，只允许种矮的庄稼，如谷子、大豆、麦子。后来玉米可以种了，但要把上半截砍掉，造成粮食大面积减产。高粱是绝对不让种的。这样一来，农民的日子愈发困难。

中华民族的切肤之痛，轰轰烈烈的“抗日救亡”运动，触动了小贵田的心灵，他幼小的心中萌发出“读书救国”的思想。本着“国家兴亡，匹夫有责”的信念，小贵田参加了儿童团，并很快成为儿童团团长。

已是地下党的二哥，时常会给小贵田讲日本鬼子的惨无人道。

“二哥，我恨死了日本鬼子！”每每听到气愤处，小贵田就会眼里噙着泪花，双拳紧攥，牙齿咬得蹦蹦响，气得呼呼喘气。

“贵田啊，我们不但要仇恨日本鬼子，而且要组织群众、教育群众、宣传群众，和敌人展开你死我活的斗争。你这个儿童团团长带着大家站岗放哨，干得不错，我教你一首打鬼子的歌儿吧，你先学会，再教给你的伙伴们，鼓舞大家的士气。你看行不行？”

“行！二哥，你教吧，我保证一定学会！”小贵田摩拳擦掌，信心十足。

“这首歌名叫《誓把鬼子消灭光》。”二哥一字一句地教着弟弟——

日本鬼子似豺狼，烧杀抢掠罪难当。

那日进村来扫荡，枪杀了俺的爹和娘。

七间房烧了六间半，剩下半间透风凉。

捉走俺家鸡，抢走俺家粮，

砸破俺家锅，打碎俺家缸。

米面衣物全抢光，怎不叫俺仇满腔。

拿起刀，扛起枪，握紧拳头上战场，

跟着八路军共产党，誓把鬼子消灭光!

1941年腊月的一天，日本鬼子和伪军把城元村和附近几个村的老百姓驱赶着进了一片麦田，1000多人黑压压地挤在一起。四周，日本鬼子和伪军一个个凶神恶煞，端着上了刺刀的步枪，虎视眈眈地对着村民。教室的屋脊上，几个日本鬼子趴在一挺“歪把子”机枪的后面，做好了射击的准备。

两个日本鬼子一左一右，把一个八路军战士拖到了人群跟前。

张贵田在妈妈的身旁踮起脚尖，透过人群的缝隙看去，只见那八路军战士大概有30多岁，一身当地农民的打扮，双手被反绑着，没戴棉帽，头发被寒风吹得乱蓬蓬的，古铜色的脸上有道道血痕，而剑眉下的一双眼睛，却显得坚强而刚毅。

一个长着“驴脸”的日军军官对村民们说:“前几天，皇军的电话线被八路割断了。大家的看看，这就是那个割电话线的八路，晚上割电话线时，被皇军抓到了，还打死了一个皇军。现在，大家的看看，谁的认识这个八路，叫什么名字，说出来，皇军可是大大的有赏。”

村民们朝前挤了挤，看了看说:“这个人面生得很，没见过。”

日本军官见从村民们口里找不到答案，气得驴脸拉得更长了。他对麻杆翻译吼道:“铡刀的准备！”于是，几个伪军抬出一口铡刀，放在了八路军战士的跟前。村民们的心一下子都提了起来，捏着一把冷汗，纷纷在心里骂着：这个天打五雷轰的日本鬼子，终于露出了豺狼的真面目!

只见“驴脸”军官带白手套的右手一挥，声嘶力竭地狂吼了一声:“死拉死拉的有！”

两个伪军一左一右架着那个八路的肩膀，往铡刀跟前走。八路军战士的双肩狠劲一震，两个伪军便被甩得打了个趔趄。八路军战士面对村民，挺胸站立，扬首高歌——

大刀向鬼子们的头上砍去，

全国武装的弟兄们，

抗战的一天来到了，

……

看准那敌人，把他消灭，把他消灭！

冲啊！大刀向鬼子们的头上砍去！杀……

八路军战士雄浑、嘹亮的歌声，仿佛惊天的号角，让村民们热血沸腾，让日本鬼子胆战心惊。

“打倒日本帝国主义！血债要用血来还！”八路军战士的口号声在凛冽的寒风中久久回荡。他把头倒在铡口上，大声说：“日本鬼子！铡吧！ 20年后，老子还是一条汉子！”

两个凶神恶煞的日本鬼子，掀起铡刀，只听得“嚓”的一声，眨眼间，八路军战士便人头落地，身首分离，鲜血喷射……

麦田里的乡亲们立即攒动起来，咒骂声、痛哭声和“跟日本鬼子拼了”的怒吼声响成一片。少年张贵田亲眼目睹了日本鬼子残暴杀害八路军战士的全过程，和爸爸妈妈及周围的乡亲们一样怒火中烧。日本鬼子残暴杀害中国人的丑恶形象，给张贵田留下了不可磨灭的印象，对日本鬼子的深仇大恨，终生铭刻在他的心头。

日本鬼子撤走以后，乡亲们眼含着热泪，把抗日烈士的遗体安葬在村里的公坟中，并栽上了三棵柏树……

落后就要挨打！中国人要不挨打，就必须有强大的国防！这些儿时难忘的记忆，萌发了少年张贵田立志强国强军的幼芽。

1945年8月15日，日本鬼子战败投降！

一时间，大江南北、长城内外的大小城镇万人空巷，男女老幼纷纷涌上街头，庆祝中华民族近百年来第一次打败强敌，取得反侵略战争的彻底胜利。压抑中国人民数十年的魔影，终于从国人头上被驱走。

此刻，藁城县的城元村，更是锣鼓喧天，人声鼎沸。14 岁的张贵田和同伴们一起，兴高采烈地打着彩旗，喊着口号，走在游行队伍的最前头。

本以为神州大地，从此可以国泰民安，然而，暂短的狂欢之后，内战的连天烽火，使满目疮痍的山河，又陷入腥风血雨之中。冀中平原上，国民党军队在与共产党的拉锯战中，渐渐呈现出崩溃的趋势，节节败退……

4. 披星戴月传邮件　跋山涉水赴津门

张贵田 15 岁从六年级毕业后，接着又上了三个月的师范短训班。

1947 年的春节刚过，二哥回到家对爸爸妈妈说：

“这些天，在解放军摧枯拉朽的凌厉攻势下，国民党傅作义的军队龟缩到了北平、天津等大中城市，冀中解放区在不断扩大，而深泽县又地处解放区的交通要冲，军队和政府的各种军事邮件、秘密邮件、文件和报纸投送的业务量成倍增长，急需忠实、可靠的交通员。我今天来，就是受深泽县邮政局李局长的委托，想让弟弟贵田到深泽县邮政局当交通员。李局长反复叮咛时间紧迫，让弟弟三天之内就去报到，你们看——让弟弟贵田去，还是不去？”

“去！”爸爸斩钉截铁地说，“共产党领导人民赶走了日本鬼子，给咱穷人分田地，是咱穷人的救命恩人。现在共产党打江山，正需要人。再说了，贵田念了那么多年书，在国难当头之际，不正是报效国家的好时机吗？”

“贵田长这么大，还没出过远门呢？我是怕……”妈妈忧虑地说。

“妈妈，我都 16 岁了，是大人啦！你不是常常给我说，好男儿志在四方吗？”张贵田说。

“记住这句话就好，你就去吧！”妈妈说。

1947 年 3 月那个难忘的清晨，吃了最爱吃的母亲做的炸酱面，全家人把张贵田和二哥送到了村头。

一轮旭日，照拂着冀中平原上已拔节的麦苗，空气中散发着泥土的芬芳；燕子翻飞，空中充满了它们呢喃的繁音；田野里的垄埂上，迎春花已经开得一片金灿灿了。

“要听领导的话，领导让干啥就干啥，眼睛放亮点，脏活累活抢着干，千万不能耍尖溜滑……”爸爸对即将出远门的小儿子说。

“嗯嗯，我知道了，爸爸。”张贵田连连点头。

“要注意饮食冷暖，你的胃不好，千万别吃凉东西，小心拉肚子……”妈妈眼里噙着泪，拉着小儿子的手久久不肯放松。

“妈妈，你就放心吧，我会照着你的话去做的。”张贵田说，“爸爸妈妈，哥哥嫂嫂姐姐，你们都回去吧！我走了！”

就这样，16 岁的张贵田离开了哺育他成长的藁城县城元村，离开了抚育他的父母和哥哥嫂嫂姐姐，离开了家乡那些熟悉的父老乡亲，义无反顾地投身到革命的熔炉中去，踏上了无悔征程……

在二哥的带领下，张贵田很快见到了深泽县邮政局李局长。

“欢迎你，张贵田同志！”李局长温暖的大手紧紧地握住了张贵田的手，“欢迎你来咱们邮政局工作！来，咱们坐下谈……你的任务是负责深泽县和安平县两县之间军事秘密邮件、政府文件和报纸的传送工作。这深泽县和安平县两县之间有一条滹沱河，有 500 米宽。这条河脾气怪得很，平时温顺如绵羊，水清澈得能看见游鱼，脱鞋蹚河，便可轻轻松松地过去；一下暴雨，它立马狂暴得如脱缰的野马，汹涌澎湃，甭说蹚河，坐船都很危险。噢，小张啊，你会游泳吗？”

“不会。”张贵田腼腆地回答。

“噢，不会——那就更要注意安全。”李局长热心地说，“你以后天天都要和滹沱河打交道，我告诉你一个安全渡河的方法——每当暴雨过后，滹沱河暴涨时，你坐船一定要注意——双手紧紧地抓住船舷，任凭渡船上下颠簸，左右摇晃，你千万都不能松手。万一船被浪打翻了——当然，这种可能性是极小的，我是说万一，因为你抓住了船舷，你就不会沉到水底，你就有救了。”

“局长，我记住了！”张贵田感激地说。

“这深泽县和安平县虽说都是解放区，但时有敌特潜入，进行破坏和暗杀。两县相距百十里地，夜间赶路是经常的事。为了保护交通员和军政邮件的绝对安全，将给你配发一支手枪，你要尽快学会使用和保养。另外，局里还有几辆自行车，根据邮件的重要性和轻重缓急调配使用。有，你就骑；没有，你就步行。以后条件好了，人手一辆。嗯……你刚来，就让许进当你的师傅吧！以便尽快熟悉业务，独立工作……哎，许进——到我这里来一下！”李局长朝外间喊了一声。

“局长，你找我？”敦厚的许进走进局长办公室。

李局长介绍说：“这是你新来的徒弟张贵田同志。他的政治学习、工作和业务等，今后就交给你指导了。嗯……我看这样——你俩干脆就住一个宿舍吧，互相也好有个照应。”

“行！”许进回答得很干脆。

“许师傅！”张贵田站起身，立正，恭恭敬敬地给许进鞠了一个躬，“给你添麻烦了！”

“不敢当！不敢当！我比你大不了几岁，叫我许进就行！”

“好了，你俩现在就去领办公桌椅和床，先把住处安顿好再说。”

“贵田啊，工作中要有上进心和责任感，既要豁达大度，又要谨小慎微。”二哥对弟弟说，“要谦虚谨慎，向师傅学习业务知识。向党组织靠拢，严格要求自己，争取尽快加入党组织。”

“哥哥，我知道了。”

看着许进和张贵田高大英武的身影消失在门口，李局长含笑点头：“老孟啊，看得出，你这个弟弟啊，是一棵好苗子，将来肯定有出息。”

张贵田在许进师傅的带领下，在深泽县和安平县两县之间跑了十多天，完全熟悉了路况和邮递业务之后，李局长同意放他单飞。张贵田心里甭提有多高兴了！他马上整理行装，在自行车后架上结结实实地绑上几十斤重的邮件袋，腰里别上新配发的手枪。下午两点，张贵田离开深泽县城，往安平县进发。

1947 年的冀中平原，县与县之间，只有简易的石子公路，路况很差。晴天一身土，雨天两腿泥。

张贵田骑着自行车，驰骋在石子公路上。凭着年轻人的血性和猛劲，他将自行车蹬得飞快。很快，他的前胸和后背被汗水浸湿，汗水从眉毛、脸颊和鼻尖往下滴答。他顾不上擦一把，心中只有一个念头：赶路要紧！

滹沱河到了。每天一去一回，过两次河，十多天来，张贵田已经习惯了。他脱去鞋袜，挽起裤腿，扛起自行车下水过河。清凌凌的河水有一尺来深，在北方 4 月初的天气里虽说有点凉，但感觉还是挺舒服。随着一阵阵“哗啦啦”的蹚水声，张贵田顺利地渡过了滹沱河，跨上自行车，朝安平县奔去……

红日落山之前，张贵田赶到了安平县邮政局。交接完毕之后，自行车后座又装上了发往深泽县的军政邮件和报纸，张贵田匆匆忙忙地吃了晚饭，踏上了归途。

赶到滹沱河边时，已是晚上八点多钟。四周一片漆黑，寂静无比，唯有滹沱河水的涟漪闪着幽光，神秘地向前奔流。一只夜鸟，展开有力的翅膀，悄然无声地飞翔着，几乎碰撞到张贵田的面颊，又“唰”的一声消失得无踪无影。张贵田吓了一跳，急忙推着自行车向河边走去。

站在河边，16 岁的张贵田突然感到一阵莫名的恐惧。前些天和师傅一起渡河时，两人一起说说话，丝毫没有这种感觉。

“今天是自己参加工作后第一次放单飞，一定要圆满完成任务，决不能辜负领导和同志们的期望！过河！”他对自己下了命令。

随着“哗啦、哗啦”的蹚水声，张贵田扛着自行车深一脚、浅一脚地往岸边艰难前行。水底一个坑将他一下陷了进去，河水涌到了大腿根，尖利的苇锥把脸划破了，水渗进伤口，冰冷刺疼。他顾不得这些，扛着自行车，磕磕绊绊地向前跋涉……

谢天谢地！终于走到堤岸跟前了。张贵田拧干裤腿上的积水，检查了手枪上的保险，紧了紧邮件袋，骑车上了公路。

突然，前方公路两旁的庄稼地里，传来了“唰啦、唰啦”的声响，什么东西在撞击庄稼叶子。张贵田从小胆小，白天听了“鬼”故事，半夜里，那“血脸长头发、丈二长的脚指甲”的“厉鬼”便会进入他的梦乡，吓得他整夜抱着妈妈的胳膊，不敢入睡。

现在，随着那“唰啦、唰啦”的声音越来越大，越来越近，张贵田的心里也越来越害怕，后背发凉，毛骨悚然——该不会是……张贵田正想着，突然从庄稼地里“嗖”地窜出一个黑糊糊的动物来。它撒开四蹄，朝张贵田跑过来。张贵田急忙刹车，做好防范准备。那动物一看有人，斜刺里钻进了庄稼地……但张贵田还是惊得出了一身冷汗。不知道那转瞬即逝的动物是野猪还是狐狸？

自行车在沙石路上轻快地碾过，现在，张贵田是从东往西行。在快到张家村的十字路口时，张贵田隐隐约约地看见有一个人，从西向东，迎面向他走来。

“咦？夜这么深，这是什么人在路上行走？会不会是国民党派遣的特务？”张贵田不由得紧张起来，“咱这邮袋里装有党、政、军的机密文件，万万不能有丝毫的闪失！”他一手握着自行车把，一手把手枪的皮盒子盖打开……

双方很快接近。张贵田此刻就像拉满了弓的箭，做好了预防任何不测的准备。那中年人一身当地农民的打扮，右肩上挎一个小包，不慌不忙，走得非常平稳，就在两人快要碰面时，那人突然左转——向北走了。

“不像是坏人，只是个夜行者。”张贵田一颗提到嗓子眼的心，回归了原位。

又是一场虚惊！

张贵田把手枪的皮盒子盖又合上，腰身前倾，双手握把，双脚猛蹬，飞速前行……几个村镇又闪过去了。“好！过了邓村这一里多的土路，就到深泽县城了。”张贵田不由得心里一阵高兴。

咦？这路面怎么越来越湿了？怎么有这么多水啊？越往前走，水越深，张贵田向两边的庄稼地里一看，也是水汪汪的一片。他恍然大悟，原来这里刚刚下了一场暴雨！

土路，又遇上大雨，自然是泥泞不堪。自行车两个轮子粘满泥巴，骑不成了，只好推着走……推也推不动了——泥巴和自行车上的挡泥板紧紧地粘在了一起，好容易用手扒拉干净，没走几步，又让粘泥给塞得满满的！推不动了，干脆用肩扛！扛一会儿行，时间长了，自行车加上邮件袋有100多斤重，对16岁的张贵田来说该是多么的吃力啊！他每前进一步，都要付出全身的力气。额头上的汗水流进眼睛，刺得酸疼酸疼的。张贵田挣扎着把自行车放下来，大口喘气，前胸一起一伏，似乎在拉风箱。

停了一会儿，当他再次弯腰扛车时，却没有扛起来。这自行车怎么越扛越重呢？他不知道这是因为自己的体力消耗得太大，已经透支得太厉害了。

怎么办？在这前不着村、后不着店，叫天天不应、叫地地无声的黑漆漆的荒郊野外，张贵田感到从未有过的恐惧。正当他心急如焚之际，突然，正前方有手电的光柱闪动，静夜中传来“哗啦啦”的蹚水声和说话声：

“……你怎么知道他会从这条路上走？”

“我这几天一直领着他走这条路，别的路他没有走过。我敢保证，他肯定走这条路……”

“啊！这不是师傅许进的声音吗？！”张贵田喜出望外，情不自禁地跳起来大声喊：

“许师傅——我是张贵田——快来啊！”

“哎——贵田吗？”许进师傅在喊，“我们接你来啦！别着急——”

“……”张贵田想说些什么，可话还没出口，只觉得一股热流涌上双眼，两行热泪夺眶而出……

从1947年3月到1948年12月，张贵田一直在深泽县邮政局担任交通员。或风和日丽，或狂风骤雨，或月白风清，或大雪纷飞，他没有叫过一声苦，没有喊过一声累，从没有耽误过一天工作。他到底跑了多少里路，运送了多少吨邮件，蹚过了多少次滹沱河，他自己也记不清了。他只记得，每一次都圆满完成了邮递任务，没有出现过任何差错。张贵田把竭尽全力完成任务作为自己的最大乐趣。张贵田的出色表现，得到了李局长和同志们的一致赞赏。

1948年12月20日，是张贵田今生今世永远铭刻在心的日子——在17岁生日的这一天，他加入了中国共产党。

“贵田啊，”身兼党支部书记的李局长，紧紧握住新党员张贵田的手说，“欢迎你加入到党组织这个大家庭中来，咱们革命队伍又有了新鲜血液了！”

“李书记，我一定脚踏实地、忠于职守，决不辜负党组织和同志们对我的热切期望！”张贵田由衷地说。

“有你这句话，我就放心了。走，到我办公室去，我有更重要的事情和你谈。”

“情况是这样的——”李局长对张贵田说，“今年 11 月辽沈战役胜利结束后，我东北野战军直指北平和天津。东北野战军参谋长刘亚楼率领的 30 多万大军，已经将天津团团包围。守军统帅陈长捷的 13 万国民党军队已成瓮中之鳖，插翅难逃。为此，上级命令我们，要立即做好接管天津各行各业的准备。要从解放区抽掉一大批忠实可靠、德才兼备、能独当一面的干部，充实到接管天津的队伍中去。咱们深泽县也要派一名接管干部，县里、局里经过慎重研究，决定派你去！”

“派我去？”张贵田满脸的惊愕，“局长，我行吗？”

“咋不行？近两年来，你用你的勤奋进取、脚踏实地和埋头苦干，证明了你能行！当然喽，天津不比咱这小县城，那里是人才荟萃的大城市。你只有努力学习，才能迎头赶上。贵田啊，你要记住，不论是工作还是学习，都不能落在人后，落后是要受人歧视的。你要事事走在人前，‘锲而不舍，金石可镂’，千万不能让他们笑话咱这庄稼汉出身的接管干部……”

“李局长，我一定按你的话去做！”

“这我就放心了！去吧！贵田。祝你一帆风顺，万事如意！”李局长和张贵田的手再次紧紧地握在了一起……

1948 年 12 月 22 日清晨，挥泪告别了前来送行的李局长、许进师傅和同志们，张贵田一个人背着行李，用两天的时间赶到饶阳县。在领取了介绍信和粮票后，他又和另外两名接管同志一起，晓行夜宿，向白洋淀进发。粮票是定时定量发放，他们到了路边的村子，给粮票老乡就给做饭。快到胜芳镇的那晚，张贵田他们的粮票也到了最后一顿，几人索性就把剩下的几斤粮票全给了老乡，因为到了胜芳镇就重新发粮票。

胜芳镇地区是鱼米之乡，就在白洋淀畔，种的全是稻子，是冀中平原最富饶的地方之一。老乡非常热情，给张贵田他们蒸了半锅雪白的米饭。本来估计他们怎么都吃不完，结果三个人就着咸菜，把半锅米饭全吃完了——连锅巴都吃光了，老乡对此非常惊讶。也难怪，三个年轻人走了一天，早已饥肠辘辘，再加上肚子里没有油水，况且，这还是张贵田长这么大第一次吃白米饭。

1948 年 12 月 31 日，张贵田三人终于赶到了胜芳镇。举目望去，“一水杳无际，平波静不流，三庚渔火熄，清影射双眸”，白洋淀秀丽的自然风景一览无余。

现在，所有接管天津的人员都在胜芳镇进行集中整顿，等待被具体安排到天津接管各行各业事宜，并一起学习有关文件和各项政策。

1949 年 1 月 14 日，在国民党天津守备司令陈长捷拒绝放下武器之后，我东北野战军以排山倒海之势、雷霆万钧之力总攻天津，历时 29 个小时，全歼国民党守军 13 万余人，生擒天津守备司令陈长捷等一大批国民党高级将领。

张贵田等天津接管人员是在 1 月 14 日下午——总攻最激烈的时候进入天津城的。眼前，是野战军战士手握钢枪勇往直前、视死如归的豪迈英姿；耳畔，炮声、枪声和爆炸声此起彼伏，响成一片；不时还有一队队俘虏被战士们押解着走过。好多地方在燃烧，不时地腾起浓浓的烟柱……

看过国民政府时期的“青天白日”旗，看过日本侵略军的“太阳旗”，这些黑暗、悲惨、痛苦时代的标志，被革命的风暴吹走，现在，张贵田终于看到那面红旗，高高地、高高地飘扬在天津最高建筑物的上方。天津解放了！

冒着被残敌和特务不时打冷枪的危险，张贵田等人终于在晚上赶到天津市军管会。军管会里人来人往，熙熙攘攘。接管的单位一时还没有找到，晚上也没有地方睡，几天来的奔波令他们异常疲惫，几个人在地上一坐就睡着了……

去天津以前，张贵田等人在胜芳镇烙了好多饼，每人背了足够十天吃的饼，就是几天不开火，也饿不死。在还未落实好接管单位之前，每天就是喝水吃饼——也没有钱买别的东西吃。和当地的人熟了以后，张贵田等人借了人家一口锅，把自己的饼切一切，焖热了吃。后来开始从总部领粮食，就可以做简单的饭食了。

很快，张贵田和另外一位同志接管了天津的一个邮政分局。没有宿舍，两人就在一个存放邮件的黑咕隆咚的仓库里睡了一个多月。之后，张贵田调到天津邮政管理局总局，做分信工作。后来由于工作出色，又是党员，局领导让他管军邮——凡是野战军、党政机关带有密级的信件，都归他管。张贵田工作一丝不苟，认真负责，深得总局领导好评。1950 年年初，在天津工作了一年多的张贵田，被评为天津邮政管理总局的先进工作者和劳动模范。

张贵田

张贵田院士传记

Academician Zhang Guitian's Biography

第二章

留苏六载杵磨针 千锤成时得真功

经过层层遴选，张贵田先后两次被派往莫斯科航空学院深造。六年寒窗苦读，意气风发的张贵田迫不及待地回归祖国的怀抱，用所学知识报效自己的国家。

1955年9月，张贵田等一批莘莘学子被国家送到苏联莫斯科航空学院学习液体火箭发动机专业知识。他苦心钻研、孜孜以求，争分夺秒、如饥似渴地学习专业知识、专业理论，为日后回国工作打下了坚实的基础。1961年3月，他学成归国，把全部精力投入到我国的航天事业中。

1.男儿生身自有役　哪得误我少年时

当在天津邮政总局的工作、生活开始稳定之后，张贵田便想进夜校学习。

这其中，还有一个小插曲——

有一次，张贵田外出办事回来，刚走到办公室门口，就听到几个国民党留用人员在议论：

“……不是我瞧不起这些进城的土八路，真是破麻袋绣花——底子太差了！”

“怎么啦？”

“有一封信，收信人的名字叫冉雄文，可那土八路老兄竟然念成再雄文，还说人家粗心大意，把再字上边的一横给忘写了。”

“哈哈哈……”办公室里传来一阵哄堂大笑。

“这些土里刨食的人，斗大的字不识一升，却来领导我们，你说滑稽不滑稽？”

“此一时，彼一时也。识时务者为俊杰，老兄，您就好自为之吧……”

看见张贵田从外面走了进来，那几个国民党留用人员飞快地坐回到自己的办公桌前，“埋头苦干”起来。

虽说张贵田不是那个把“冉”字念成“再”字的“土八路”，但是，一个和尚挨骂，满寺的和尚脸上都发烧啊！

“贵田啊，你要记住，不论是工作还是学习，都不能落在人后，落后是要受人歧视的。你要事事走在人前，‘锲而不舍，金石可镂’，千万不能让他们笑话咱这庄稼汉出身的接管干部……”李局长的话在耳边回响。

“打铁得靠自身硬！只有趁着年轻，努力学习书本知识和科学知识，不断地实践，才能更好地完成本职工作，土八路才能扬眉吐气，不被人笑话！”张贵田的心中升腾起一股奋发学习的激情。

1949 年 6 月，张贵田毅然决然地报名上了夜校初中班。他夙兴夜寐、争分夺秒，把一切业余时间都用在学习上……

1950 年 8 月，正当天津邮政总局准备把张贵田送往党校学习时，又出现了新的机遇——我党为学习苏联十月革命后培养干部的经验，在全国一些大城市成立工农速成中学，专门培养进城的农村干部、机关干部和工厂表现好的年轻人，学制三年，教完初中和高中课程。

经过考试，张贵田以优异的成绩考取了天津工农速成中学。速成班是全脱产学习，干部待遇，吃、穿都是公家出，一个月还给几十块钱的零花钱。所以张贵田念了三年书，一点钱都没有向家里要。

从1950年8月到1953年8月，整整三年，张贵田把朱熹的“今之学，须是如饥之须食，寒之须衣始得”作为自己的座右铭，没有虚度一天光阴，终于以优异的成绩从天津工农速成中学毕业。

毕业前夕，组织上动员毕业生报考国防类大学，这正合张贵田的心愿，他最终填报了飞机制造专业。没有强大的国防，就要挨打，被人欺侮。他曾发誓要献身国防，报效祖国！而现在，正是时候。

然而，速成中学毕业以后，爸爸不想让张贵田念书了。

“书念到哪天是个头？能念到高中就很不错了。还是赶快工作，养家糊口要紧！”爸爸说。

“爸爸，我上速成中学三年，也不知道自己到底学得怎么样？你让我试试吧，我考上大学就念，考不上，就心甘情愿地工作，你看行不行？”张贵田恳求着说。

“……嗯，那你就试试吧！”爸爸很勉强地答应了。

结果，张贵田以优异的成绩，考上了令同学们羡慕不已的北京外国语学院留苏预备部。

“爸爸、妈妈，告诉你们一个好消息……”当区委书记——二哥孟祥吉一阵风地踏进大门，把这个喜讯告诉爸爸、妈妈时，全家人无不欢天喜地。爸爸古铜色的布满皱纹的脸，乐得像深秋的一盘菊花；妈妈激动得擦去双眼涌出的泪花；大哥、三哥和嫂子们更是连夸弟弟有出息……

孟祥吉欣喜若狂地对爸妈说：“爸爸、妈妈，弟弟这次考上了大学，在古代可就是中了进士啊！这在咱们张家祖祖辈辈来说可是第一人。弟弟考上大学不说，将来还要到苏联去留学。我敢说，这在咱们村——不！在咱们乡、咱们县，都是第一人！爸爸、妈妈，这可是喜上加喜啊！咱们是不是庆祝一下？”

“那还用说！”爸爸对大儿子说：“你去把咱家那只大公鸡杀了！”对二儿子说：“我这儿有前些天卖红薯的钱，你拿去到街上多买些猪肉、豆腐和粉条。”对三儿子说：“你的菜炒得好，就帮你妈在厨房里忙活吧！”

二儿子说：“我不要你的钱，我是公家干部，有发的津贴呢，我去买就是了。”

大家欢天喜地地忙活开了……

2. 立志报国出乡关　学不成才誓不还

1953 年 9 月的北京，“秋风万里动，日暮黄云高”。

徜徉在这座具有数千年历史的古城中，张贵田心潮澎湃，感慨万千：从战国时的燕赵悲歌，到秦时的天下一统；从唐代的安史之乱，到蒙古的铁骑南下；从明朝的繁华兴盛，到清末的盛极而衰。作为泱泱大国的都城，北京有着自己特有的气质：大气、严肃、正统而不失闲适、清雅。

如今，北京作为新中国的首善之区，不仅是全国各族人民神往的地方，更是全国人民众手托起的精神家园。北京作为构筑精神和意志的高地，承载了全国人民共同的期待和追求。现在，党和人民政府把他这个贫苦农民的儿子送到北京的大学学习，将来还要送到苏联去留学，这是全家人和他自己做梦也没有想到的事情。面对庄严的天安门城楼，张贵田在心中暗暗发誓：一定要努力学习，决不辜负党和人民的关怀和期望……

然而，万事开头难。

现在，在张贵田面前张牙舞爪的拦路虎就是学习俄语。

看着那些在常规中学学过外语的学生，一点儿也不感到吃力，嘴里“呜哩、哇啦”地念着俄语单词，一副悠然自得的样子，张贵田十分羡慕。张贵田上的是速成中学，根本就没有学过外语，除认识 ABC 等几个英文字母外，对外语就如同擀面杖吹火——一窍不通。面对俄语那由曲里拐弯的字母组成的单词和烦人的卷舌音，没有一点外语基础的张贵田心急火燎、头比斗大，嘴角都起了泡。

夜阑人静，张贵田心烦意乱，躺在床上翻来覆去地睡不着觉。他索性起身，走出宿舍楼外。抬头望去，夜空璀璨，让人不由得想要投身其中。张贵田心里想，人这一生，一定要给这个世界留下点什么，唯其如此，胸怀才能在这仰望之中变得宽阔高远……他似乎悟出了点什么，又似乎有些迷茫。

回到宿舍，张贵田铺开信纸，他要把自己学习俄语的困难境况，向他在速成中学的好朋友——现在哈军工学习的孙国斌同学倾诉……

一个星期后，孙国斌回信了：

贵田好友：

你好！

惠书收悉，阅数遍，内情尽知。

现在，我完全能够想象得出来，你在学习俄语过程中所面临的困境和窘境。

对于你的“心急火燎”和“灰心丧气”，作为你最好的朋友，我不得不提醒你，千万要克服目前这种进退维谷心态——请原谅我用了“进退维谷”这个成语。

贵田好友，还记得在天津速成中学上学时的情景吗？——每次考试，我的成绩都赶不上你——你总是九十分以上，而我总是七八十分。我怎么追你都追不上。那时候，你的学习状态是何等的好、何等的令人羡慕！现在怎么“熊”了？诚然，在上大学之前，我们都没有学过外语，刚一接触陌生的东西，肯定是困难重重。其实困难是一种愚蠢而又懦弱的东西，它惯于对着惊恐的眼睛，卖弄它的威力，然而，它只要听见刚健的脚步声，就会像老鼠似的，悄悄溜走……

贵田好友，还记得孟子的那段至理名言吗？——“天将降大任于斯人也，必先苦其心志，劳其筋骨，饿其体肤，空乏其身，行拂乱其所为，所以动心忍性，曾益其所不能。”这就是说，任何事情的成功，决非一蹴而就，学俄语也一样。成功者往往是经过千锤百炼的，失败是家常便饭。如果一遇到挫折就放弃，那永远也别想得到成功的喜悦，只好用一生的时间去面对失败！知识的长河里，充满着惊涛骇浪，礁石险滩，永远不会风平浪静。我们只有做激流勇进、乘风破浪的弄潮儿，才能深入水底，觅得骊珠。

想当年，党组织把我们这些贫苦农民的儿子送进天津，接管城市；现在，又送进全国最好的大学深造。唯有奋发学习，干出优异的业绩，才能不辜负党和人民的关怀、信任和期望！

贵田好友，说了这么多，不知说到点子上没有？现在，我只有一个愿望：衷心地期盼你放下包袱，开动机器，殚精竭虑，攻克俄语！

……

一口气读完好友的来信，张贵田顿觉心清气爽，有一种三伏天吃了块沙瓤西瓜，三九天得到个火盆的感觉。他心中的烦恼、郁闷一扫而光，浑身充满了无尽的力量。

“我就不信，我一个大活人，还能学不会俄语！别人能，我为什么就不能！我比别人缺胳膊少腿吗？！”张贵田在心中问自己。

从此，张贵田焚膏继晷，抱住俄语书不放。一个单词，别人念十遍，他念五十遍；别人写十遍，他写五十遍。他虚心求教，向学习好的同学取经；向老师请教，学习如何发卷舌音。他吃饭时想着俄语单词，走路时背着俄语单词，甚至梦中还在念着俄语单词……

“如果是玫瑰，它总会开花的。”终于，张贵田的俄语水平，出人意料地突飞猛进，连老师也在课堂上表扬张贵田进步很快。

拦路虎终于被张贵田赶跑了……

根据中国与苏联签订的协议，国家要派一批留学生前往苏联学习先进的航天技术。张贵田服从国家需要，将他原来钟情的飞机制造专业改为火箭发动机专业。

1955 年 8 月的一天，在北京外国语学院留苏预备部学习了近两年的张贵田与同学们每人领到了两个崭新的大旅行箱，里面放着根据每个人的身材在北京服装工厂定制的两套毛料西装、两套毛哔叽中山装，以及春夏秋冬四季服装。

抚摸着那四套叠得整整齐齐的毛料西装和毛哔叽中山装，张贵田的手感觉特别的熨帖、舒服，一股说不出来的感觉从手指向全身扩散。他心中感慨万千：咱一个从冀中农村出来的苦孩子，什么时候穿过这么高级的服装？现在，党和人民把自己培养成人，又送往苏联留学，而且出国学习的费用、生活用品由国家全包。他心中充满了感激，深感自己责任重大。

张贵田和同学们是吟唱着“孩儿立志出乡关，学不成名誓不还”的诗句离开家乡的，是背诵着屈原“路漫漫其修远兮，吾将上下而求索”的诗句，踏上异国征途的。从北京到莫斯科有一万多千米的路程，列车经过七八天的急驰后，终于抵达了留学生们日夜想往的目的地——莫斯科。

3. 闻鸡起舞抢“白旗”　殚精竭虑过“三关”

啊！梦萦魂牵的莫斯科！

徜徉在世界最驰名的广场之一——莫斯科红场上，张贵田和同学王永志感慨万千，思绪飞扬——“莫斯科啊，我们终于来到了你的身旁！我们一定要好好学习，决不辜负祖国和人民的希望！”

此刻，在夕阳的映照下，莫斯科的秋色金黄得耀眼——天空格外的蓝，莫斯科河的水格外清绿，河边的白桦树被余晖熏染得金灿灿的，克里姆林宫、瓦西里教堂、圣母安息教堂、天使报喜大教堂、基督救世主大教堂也被包围在一片金黄之中，整个莫斯科被点缀上片片明黄的秋色，建筑物上一个个镀金的洋葱形圆顶既是城市的象征，也构成了莫斯科的天际线。

在莫斯科西北方向的白桦林深处，是苏联培养航空、航天技术人才的最高学府——1930 年建校的莫斯科航空学院，它是世界上最为著名，也是最大的航空院校之一。

莫斯科航空学院有堪称世界一流的师资力量和技术设备，汇集了当时蜚声国际的航空航天专家。例如，国际航空界名人——苏联人民航空委员会主席雅科夫列夫担任飞机教研室主任，著名的米格飞机总设计师米高扬和格列维奇（苏联以二人名字的字头组成“米格飞机”的名称）为学校飞机专业毕业答辩委员

1956年“五一”节，张贵田（右）和同学王永志（左）在莫斯科红场留影

1956年“五一”节游行时，张贵田（右二）和同学的合影

会主席，达马舍维奇担任地空导弹教研室主任……这些世界知名的高科技领军人物，是科研第一线的中流砥柱，能够成为他们的学生，大大激发了张贵田和同学们的自豪感，增强了他们学好本领、为祖国航空航天事业贡献力量的信心。

莫斯科航空学院液体火箭发动机设计专业课程设置严格，从航空发动机，固体火箭发动机，冲压发动机等主要课程，到导弹结构概况，飞机结构概况，液体火箭发动机系统设计，推力室、涡轮泵联动装置设计，涡轮、泵叶面机设计，自动器等结构设计，以及传热计算、热力气动计算和制造加工等课程，涉及的知识面非常广泛。

该院的教学特征是，和飞机、导弹、发动机的设计局、制造厂联系紧密，他们的设计师、工艺师都来讲课。在这里，张贵田和同学们受到了完整系统的液体火箭发动机设计专业教育。

刚进入莫斯科航空学院，中国留学生党总支书记就号召新来的同学们要努力学习，多抢“白旗”。

1956年，张贵田（右二）与莫斯科航空学院部分留苏同学合影

“啥叫抢白旗？”张贵田问。

书记笑着说：“俄语中‘5’的发音类似‘白旗’，而苏联大中小学的成绩均为 5 分制，5 分为优，4 分为良，3 分为中，2 分就不及格了，所以大家要努力学习，争取‘优’的成绩，这就叫做‘抢白旗’。”

“天行健，君子以自强不息。”面对新的环境、新的语言、新的面孔，学习液体火箭发动机专业的张贵田“惟日孜孜，无敢逸豫”。他在心中暗暗告诉自己：出国留学，不是每个人都能轻易得到的机会，必须百倍珍惜，争分夺秒，刻苦学习先进技术，实现报效祖国的美好愿望。

在莫斯科航空学院学习的第一年，张贵田着实吃了不少苦头。首先是语言关。虽说在北京外国语学院留苏预备部学习了两年，出国时也经过了严格的考核，理论成绩很好，口语能力也不错，可是与母语国家的同学对起话来就不是那么回事了。张贵田自以为说着标准的俄语，然而，苏联同学说话，他听不懂；他说话，对方竟然摇头、耸肩膀，表示也听不懂。这是怎么回事？他百思不得

1956年，张贵田（中）和同学臧家亮（右）等合影

其解。后来有人告诉他：可能是咱们说的还不太口语化，用词的习惯也不太一样，不过没有关系，很快就会习惯的。于是，张贵田自觉地加强了语音训练和基础知识的学习，多听、多练、多琢磨，仔细观察苏联同学说话的发音和口型的变化。慢慢地，他听出点眉目来了。通过不断地学习对方的口语和用词习惯，虚心请教，终于，苏联同学说话，他听懂了；他说话，对方不再摇头耸肩了，双方通过语言交流，彼此关系日益融洽。

与苏联同学共同听课、考试，也给中国留学生带来了许多困难。对于中国学生来说，看书和听课还不算太难。书本是死的，只要能看懂，哪怕速度慢，多花一些时间就可以了；听课有困难，但只要事先把老师要讲的内容预习一下，听起来也大体能领会。对中国学生来说最困难的是两关：一是课堂讨论关，二是考试关。另外还有一个不大不小的关，就是生活关。

1956年，张贵田生日时收到花束

首先是课堂讨论关。很多专业课程都有课堂讨论，老师出例题，要求学生通过学到的基本知识进行分析，要援引适用的基本理论。这可难坏了张贵田和中国同学们——课堂讨论的成绩会影响学科总成绩；如果被老师点到名，站起来回答不上，就更是无地自容。怎么办呢？还真被他们想出了好办法，那就是主动出击：找成绩好的苏联同学先把该分析的材料、观点和应援引的基本理论都准备好，大体将要说的话都准备好，在课堂讨论会上主动举手发言。发言后，老师也不想再为难中国学生，便问起其他苏联同学来。这一招确实管用，大大减少了老师提问的几率，课堂讨论关算是过了。

其次是考试关。苏联大学的考试全都是口试，莫斯科航空学院也不例外，5年中几十门课百分之百是口试。课程繁多加上口试考试，一二年级真是紧张万分。然而，祖国的关怀，人民的重托，学院良好的学习条件以及优厚的生活待遇，激励着张贵田刻苦学习，向目标冲刺。

张贵田调整自己的心态，改变学习方式，更加刻苦勤奋，遇到不懂的问题，虚心向老师和同学们请教。有时一个问题没弄清楚，他就会食不甘味、坐卧不安，“缠”着老师和同学一而再、再而三地给他讲解，直到弄懂为止。张贵田虚心求学的态度，给老师和同学们留下了深刻的印象。有时候，老师讲课太快，笔记没记全，他就借苏联同学的笔记本补记，然后复习、做作业。苏联同学很热情，经常在学习上帮助他，使他听课的接受能力迅速提高，慢慢地也跟得上了。

刚入学时，学院给每人发一个记分册，每门课的考试都由老师主持，考完当时给分，将分数记入分数册，老师签字。通过认真的思考和勤奋努力，张贵田很快适应了莫斯科航空学院紧张的学习生活，掌握了好的学习方法，培养了好思索和勤做题的学习习惯，每次考试都取得了不错的成绩。

应该说，口试是一种很独特的考试方式，它可能取巧，但绝不可能作弊。老师面对面地向学生问问题，可以掌握学生的真实水平，也可以锻炼学生的口

1958年，莫斯科航空学院发动机系全体中国留学生合影（四排左一为张贵田）

1958年，张贵田在莫斯科航空学院留影

才和良好的心理素质。张贵田对这种口试非常赞赏，它对张贵田能力的提高很有帮助。

在莫斯科航空学院，中国留学生学习的勤奋程度是有目共睹的。早晨起得最早的是他们，晚自习学到最晚的是他们，宿舍里熄灯最晚的还是他们。怀着科学救国的远大抱负，中国留学生觉得能来到苏联，在世界首屈一指的莫斯科航空学院深造，是他们最大的幸福，所以必须珍惜这来之不易的分分秒秒，用学到的科学知识造福于人民，建设美好的家园。

另外还有生活关。吃惯了中国米饭、馒头、面条的张贵田，突然要天天吃俄式的黄油加面包，刚开始还真有点不习惯。然而，“既来之，则安之”，只要能学到苏联的先进技术，一切皆可克服。其实，苏联的生活福利要比国内好得多，只是口味习惯不同。在苏联待得时间久了，慢慢也就习惯了。偶尔特别想吃中餐，张贵田就和同学们聚在一起，炒中国菜，做米饭或下面条吃。

4. 仰望星空追大师　怀揣壮志气自雄

“无冥冥之志者，无昭昭之明；无惛惛之事者，无赫赫之功。”——荀子《劝学》中的名句，深深地镌刻在张贵田的脑子里。他深知，在学习上，没有专心致志的意志，就不能达到融会贯通；不能潜心刻苦地钻研，就不会取得辉煌的成绩。在莫斯科航空学院学习的日子里，张贵田就像高尔基说的那样，每天“扑在书上，像饥饿的人扑在面包上”。他抓紧一切时机，如饥似渴、争分夺秒地学

1958年，张贵田（中）在苏联国庆游行活动时和同学们合影

习火箭方面的专业知识，了解世界近代火箭的发展历史，对人类航天的先驱者充满了崇拜之情。

令张贵田引以为自豪的是，火箭，最早是由中国人发明的。中国人在很早的时候就将火箭用作节日的庆贺焰火，并将其作为杀伤武器引入战争中。大约在公元13世纪，中国的火箭传入阿拉伯国家，又经阿拉伯传入欧洲。14世纪末，中国明朝官员万户，勇敢地将火箭作为动力进行载人飞行试验，他是世界上首位尝试利用火箭飞天的人。

1945年，美国学者基姆在他的《火箭与喷气发动机》一书中写道：“约当14世纪之末，有一位中国的官吏叫万户，他在一把座椅的背后，装上47枚当时能买到的最大火箭。他把自己捆绑在椅子的前边，两只手各拿一个大风筝。然后叫他的仆人同时点燃47枚大火箭，其目的是想借火箭向上推进的力量，加上风筝上升的力量飞向前方，他的目标是月亮……”但是，随着一声巨响，火箭爆炸了，人类首次火箭飞行尝试失败了。万户的试验虽然失败了，

1958年，张贵田在工厂实习期间留影

但他这种大胆而天才的火箭技术构思，比起俄国人齐奥尔科夫斯基1903年提出的利用火箭进行星际航行的构想，要早好几百年。为纪念这位航天先行者，国际天文学联合会将月球上的一座环形山命名为万户山。万户被世界公认为“真正的航天始祖”。

万户的故事像一针强心剂，时时激励着张贵田。虽然由于历史原因，中国暂时在现代火箭的进程中缺席了，但张贵田相信，中国人民总有一天会积累足够的力量，制造出自己的火箭！

“三更灯火五更鸡，正是男儿立志时。”

除了专业课的学习，张贵田还利用业余时间，一头钻进莫斯科航空学院图书阅览室，如饥似渴地拜读人类航天大师们的专业学说和传记。大师的成长历程不仅丰富了他的知识，开阔了他的眼界，更激励了他奋进的心。

张贵田看的最多的是现代航天学和火箭理论的奠基人——苏联科学家齐奥尔科夫斯基、液体火箭的创始人——美国发明家戈达德、V-2火箭的缔造者——德裔火箭专家布劳恩、载人航天之路的开创者——苏联科学家科罗廖夫的专业学说和传记。

“地球是人类的摇篮，但是人类不会永远生活在摇篮里，开始他们将小心翼翼地穿出大气层，然后便去征服整个太阳系。”杰出的苏联航天先驱者齐奥尔科夫斯基的这一名言，常常在张贵田心头响起，激励着他努力学习航天知识。

齐奥尔科夫斯基 9 岁时不幸患上了严重的猩红热，几乎完全丧失了听觉，失去了上学的机会。16 岁时，他只身来到莫斯科求学，每月只靠父亲从微薄收入中挤出来的 15 卢布生活费。他精打细算，节衣缩食，省下钱来买书籍。一次，为了买材料做飞行试验，他硬是三天没吃饭，饿昏了过去。他对飞行和星际航行的迷恋到了如痴如醉的地步，执着追求，终生追梦。他推导出著名的齐奥尔科夫斯基火箭公式，提出了引力中心不变定律，提出用液氧 / 煤油作为发动机的推进剂能产生较高的推力，论述了多级火箭的运行模式。齐奥尔科夫斯基一生留下了 700 多篇航天论著，是世界航天的拓荒者和理论家，他的许多英明预见都在后来变成了现实。

戈达德对学习的热爱源于他飞上星星的儿时梦想。“昨天的梦想就是今天的希望、明天的现实。”戈达德用一生的时间验证了他的这句话。1911 年，戈达德点燃了一枚放在真空玻璃器皿内的固体推进剂火箭，证实火箭在真空里能够

1958年，张贵田在苏联小英雄佐拉雕像前留影

1959年，张贵田（正面右二）在苏联工厂实习期间，与同学诸详生（正面右一）、藏家亮（正面右三）等外出游玩

工作。1926 年 3 月 16 日下午 2 点 30 分，当世界上第一枚以液氧 / 煤油为推进剂的液体火箭由戈达德研制并试验成功时，他激动万分地喊道："这下我创造了奇迹！"戈达德共获得过 214 项专利，设立于 1959 年的美国国家航空航天局戈达德航天飞行中心、月球上的戈达德环形山，就是以他的名字命名的。1919 年他撰写的著作《到达超高空的方法》被认为是 20 世纪的火箭科学经典之一。

布劳恩出生于德国维尔西茨一个富豪家庭，从中学起就喜欢看宇航方面的书籍。经过不懈努力，他很快成为火箭技术领域的佼佼者。

20 世纪 30 年代中后期，在他的领导下，先后研制成功 4 种 A 系列液体火箭。1942 年 10 月，A-4 火箭首飞成功，德国法西斯看中了它的军用价值，将其改为 V-2 导弹，作为战争武器。"V"是德文"复仇"的第一个字母，V-2 导弹被用于战争后，给英国、比利时等国家造成了巨大的灾难。

战后，布劳恩为美国工作，由他主持研制的丘比特 C 运载火箭，把美国的第一颗人造卫星送上了太空。此后，布劳恩几乎参加了美国研制宇宙飞船及运载火箭的全部工作，其中最辉煌的成就，是为美国阿波罗登月计划而研制的"土星五号"巨型运载火箭。该火箭能将 100 吨重的卫星送上地球轨道，将 50 吨重的飞船送上月球轨道。"土星五号"曾 6 次将阿波罗载人飞船送上了月球。而布劳恩和他的"土星五号"火箭也掀开了人类航天史上崭新的一页。

科罗廖夫诞生在苏联乌克兰的一个教师家庭。他16岁就参加滑翔机飞行小组，并自己动手设计滑翔机，从此迷上了航天。二战结束后，他到德国把被苏联缴获的V-2导弹及设备运回苏联研究，和同事们成功地仿制了V-2导弹。经过消化、吸收和创新，他们自行设计了从P-2到P-7的地地导弹，其中P-7洲际导弹射程达8000千米。P-7洲际导弹后来经过改进，形成捆绑型大推力“卫星”号运载火箭，发射了人造地球卫星。从那时起，镌刻在世界航天史上的几个“第一”，都与科罗廖夫的名字紧紧地联系在一起——

1957年10月4日，世界上第一颗人造地球卫星发射成功；

1961年4月12日，世界上第一艘载人飞船“东方”号载着加加林首次遨游太空；

……

这些人类航天的壮举，凝聚了科罗廖夫划时代的卓越贡献。

世界航天先驱们在近现代航天探索中的不懈追求、勇于开创、敢于牺牲的大无畏精神，深深地感动着张贵田，激励和鼓舞着他学好本领，实现报效祖国的美好愿望。

5. 宏图卷卷抒天宇 战鼓声声催人急

“春风贺喜无言语，排比花枝满杏园。”

1956年是中国现代化科学技术事业充满勃勃生机的一年。

1月25日，在最高国务会议上，毛泽东主席号召：“中国人民应该有一个远大的规划，要在几十年内，努力改变我国在经济上和科学文化上的落后状况，迅速达到世界上的先进水平。”

2月17日，满怀爱国热情的钱学森根据周恩来总理的要求，提交了《建立我国国防航空工业意见书》（为了保密，钱学森把火箭、导弹统一用国防航空工业来代表）。《意见书》受到中共中央、中央军委的高度重视，其大部分内容被列入国家《1956年至1967年科学技术发展远景规划纲要》。

5月中旬，中央军委扩大会议决定组建国防部导弹管理局（对外称“国防部第五局”）和国防部导弹研究院（对外称“国防部第五研究院”，简称“国防部五院”）。

1956年10月8日，是中国航天人永远铭刻在心的日子。

这一天的北京，天高云淡，金风送爽，阳光明媚，丹桂飘香。中国第一个火箭、导弹研究院——国防部五院成立大会在北京阜成门外马神庙附近的北京军区空军466医院食堂悄然举行。

参加会议的有各级领导、专家、新分配来的大学生和调来的解放军官兵共200余人。当国务院副总理、中央军委副主席、航空工业委员会主任聂荣臻代表国务院、中央军委郑重宣布国防部五院正式成立时，全场掌声雷动，经久不息。在宣读了中央任命的国防部五院领导干部名单后，聂荣臻说：从现在开始，在座的各位就是中国导弹事业的创业元勋，只要我们团结一心、艰苦奋斗，有志者事竟成，中国的导弹事业一定会有美好的未来……

接着是担任国防部五院院长的钱学森讲话。

一年前的这一天，当钱学森从美国回国时，加州理工学院院长杜布里奇曾意味深长地说："他回国绝不是去种苹果树的。"诚如斯言。钱学森要干的大事就是为中国造出导弹！他满怀激情地说：这是一个惊天地、泣鬼神的具有远大前途的光荣事业。我们今天能投身到这个伟大事业中来，应该感到无比的骄傲和自豪。导弹是世界尖端技术，它的研究和制造，需要我们全身心地投入，既有甘苦，亦有乐趣。我希望大家刻苦钻研技术，献身导弹事业，先立业，后成家。我就是在事业有成之后的36岁才结婚的。现在，国家一穷二白，要靠我们白手起家，艰苦奋斗……干我们这一行，是出不了名的，要甘当无名英雄。只要我们牢记"认真"二字，奋发图强，披荆斩棘，就没有过不去的坎，就没有攀不上的高峰，就一定能够完成党中央交给我们的这个光荣任务……

钱学森院长平易近人、循循善诱、深入浅出的讲话，多次被热烈的掌声打断。

没有铿锵作响的锣鼓，没有迎风招展的彩旗，中国火箭、导弹研究事业，在这一天徐徐拉开了大幕。在莫斯科航空学院学习的张贵田得知国防部五院成立的消息后，心情十分激动，辗转反侧，彻夜难眠。他想了又想，思量着：中国航天事业刚刚起步，急需要人才啊！自己如果不发奋学习，怎么对得起祖国的培养，又怎么能为报效祖国出力呢？

6. 教诲一席赋重任　践行终生力有源

1957年11月2日，应苏共中央总书记赫鲁晓夫的邀请，中共中央主席毛泽东率领中国代表团来到莫斯科，参加苏联十月革命胜利四十周年庆祝活动，并出席各国共产党和工人党代表大会。

让张贵田和同学们万分惊喜的是，几天后，他们接到了中国驻苏联大使馆的通知：毛泽东主席将于11月17日在莫斯科大学大礼堂接见中国留学生。大家奔走相告，喜悦的心情溢于言表。

那天，张贵田和同学们早早地乘坐地铁到了莫斯科大学。远远地，就看见高达240米共32层的莫斯科大学中央大楼耸立在列宁山上。楼的顶端是穗形缠绕的红玛瑙石五角星，与克里姆林宫塔尖的红星交相辉映。白天插入云端，与日争辉；夜晚巍峨壮观，光芒四射。站在高高的列宁山观景台上，举目远眺，莫斯科壮丽的景色尽收眼底，令人心旷神怡。

莫斯科大学的大礼堂，宏伟别致、富丽堂皇——墙壁上用绚丽的大理石镶嵌着世界杰出学者的浮雕群像——阿基米德、达·芬奇、牛顿、哥白尼、伽利略、达尔文……

"快来看啊，这上边还有咱们中国古代的科学家呢！"果然，祖冲之、李时珍和万户的画像也用彩色的大理石镶嵌在墙上。苏联海纳百川、融合世界各国文化发展自己的博大胸怀，给张贵田和同学们留下了深刻的印象。

这时候，接到通知的中国留学生们从四面八方涌入莫斯科大学。大礼堂主席台下的观众席前三排安排苏联各军事院校的中国留学生就坐，其他各院校的留学生坐在第四排及之后。张贵田、王永志和同学们去得早，坐在了靠近主席台的七八排。由于渴望见到毛主席的心情十分强烈，许多留学生早上四五点钟就起来赶往莫斯科大学。然而毛主席一整天要与苏联和各国共产党和工人党领导人会谈，只有等到下午会谈结束后才能接见留学生。

下午六点，留学生大约来了有3000多人，大礼堂里已是人山人海，两厢、廊柱之间也都站满了人。在前几排，一个座位上甚至挤进了三个人，有的人干脆在走道上坐了下来。实在坐不下，一部分同学被安置在旁边的学生俱乐部听实况广播。

突然，两个同学如疾风般地跑进来喊道：“毛主席来了！”话音未落，前台入口处的同学立即向两旁闪开，给主席让道。

毛主席伟岸的身影出现了！

顿时，大礼堂里响起了掌声和欢呼声。雷鸣般的掌声经久不息，激荡在大礼堂的每一个角落；欢呼声如同狂风暴雨中的海洋澎湃汹涌，一浪高过一浪……

毛主席身材魁梧，红光满面，身穿银灰色中山服，从台前一端阔步走到另一端，微笑着频频挥手向留学生们致意。毛主席走到哪里，哪里的人群就像涨潮的海水，忽地向前涌动。所有的人都想扑向前排，希望离领袖近点，再近点。

毛主席回到舞台中央，用手向大家一摆，掌声戛然而止，大礼堂里静得连一根针掉在地上都能听见。毛主席随手从讲台上拿起凉水瓶向杯中倒了一杯水，举起水杯说了声“同学们好”，之后一饮而尽。大厅里又响起了一阵掌声。

“世界是你们的，也是我们的，但是归根结底是你们的！”毛主席的话语几乎被掌声淹没了。毛主席讲话带有浓重的湖南口音，很多同学没有听明白。他见同学们露出困惑的神情，便解释道："世界就是 world。"但留苏学生大多没有学过英语，仍然听不懂。毛主席便转头问驻苏大使刘晓："世界用俄文怎么说？"刘晓回答："是米尔。"

毛主席说："米尔是你们的，当然，我们还在，也是我们的，但是归根结底是你们的。你们青年人朝气蓬勃，好像早晨八九点钟的太阳。中国的前途是你们的，世界的前途是你们的，希望寄托在你们身上！"

伟人毛泽东历史性的亲切嘱托，激起了全场暴风雨般的掌声，留学生们群情振奋，热血沸腾，受到极大的鼓舞，全场响起"毛主席万岁！中国共产党万岁！"的欢呼声。

张贵田和王永志等同学所坐的地方离主席台比较近，能够近距离地看见毛主席。大家都激动得不知说什么好，只是一个劲儿地拍手。毛主席魁武的身材和刚毅的气质，深深地感染并折服着张贵田和在场的每一个留学生。

毛主席继续侃侃而谈，语重心长地对留学生们说：年轻人应该具备两点，一是朝气蓬勃，二是谦虚谨慎；要努力学习苏联先进的科学技术和先进的管理经验。

在谈到时局时，毛主席纵论天下，旁征博引：

“不是东风压倒西风，就是西风压倒东风。”他问留学生：“你们知道这句话是谁说的吗？”

留学生们互相看看，都摇头。

毛主席又问：“你们看过咱们中国的四大名著之一《红楼梦》吗？”

留学生们有的回答“看过”，有的回答“没看过”。

毛主席接着说：“这句话就是《红楼梦》里的那个林黛玉说的。现在的世界形势是东风压倒西风。根据之一是苏联卫星上天，技术领先；根据之二是这次各国共产党首脑签署的《共产党宣言》的发表。在社会主义阵营内，只要各国共产党团结一致，共同对敌，再加上有人造卫星等高技术，就不怕帝国主义的任何挑衅。”

毛主席态度亲切和蔼，讲话风趣幽默，台上台下，有问有答，笑声朗朗，其乐融融。近一个半小时的会见和讲话，使留学生们沉浸在无比激动和幸福之中。

“为中华崛起努力学习！”

“为国家富强努力学习！”

“为民族振兴努力学习！”

留学生们的口号似波涛翻滚，此起彼伏。在毛主席离开莫斯科大学的时候，张贵田和同学们才发现自己的手掌早已拍得肿胀、发痛……

毛主席在莫斯科大学接见留学生时发表的热情洋溢的讲话，不仅鼓舞着全体留学生，而且一直鼓舞着中国整整一代人。

7. 六载寒窗苦中乐　二度赴苏学业成

1957 年，苏联党内斗争的激化导致赫鲁晓夫对中国打开了在导弹、原子弹研制方面的大门。

当年 6 月，赫鲁晓夫在非常状态下，紧急召开了苏共中央全体会议，指责和批判马林科夫、卡冈诺维奇、莫洛托夫等进行非法的反党组织活动，并把他们排除出中央领导层。在此背景下，惴惴不安的赫鲁晓夫不得不寻求中共的认可和支持。

毛泽东支持苏共中央的表态就像雪中送炭，使赫鲁晓夫如释重负，他特别企盼毛泽东能亲自出席莫斯科共产党国际会议，以表示对苏共的支持。毛泽东提出，只有苏联答应在尖端技术方面援助中国，他才同意前往莫斯科。

赫鲁晓夫投桃报李，立即在援助中国发展核武器和导弹方面有所表示，同意中国派政府代表团赴苏谈判“建立原子工业和生产原子武器、火箭武器以及航空技术等问题”。

于是，中国派出以聂荣臻为团长，陈赓、宋任穷为副团长的代表团，于9

1961年，张贵田（前排左一）大学毕业时，全班同学照片集锦

月7日抵达莫斯科。10月15日，中苏正式签署了《关于生产新式武器和军事技术装备以及在中国建立综合性原子能工业的协定》(简称《国防新技术协定》)——苏联将援助中国建立起综合性原子工业；援助中国的原子弹研究和生产，并提供原子弹教学模型和图纸资料；帮助中国建立一支导弹部队；帮助中国进行导弹研制和发射基地的工程设计；提供几种导弹样品和技术资料；向中国派遣专家，以帮助中国仿制导弹；增加中国派赴苏联的火箭与导弹专业留学生名额等。

1961年，张贵田(后排左三)大学毕业时，莫斯科航空学院院长(前排左四)等院领导和中国全体留学生合影

1961年3月，莫斯科航空学院授予张贵田（右一）毕业证书

1960年临近毕业时，张贵田和同学们从莫斯科一起回北京实习。由于当时中苏关系已渐露裂痕，中央决定，大多数同学实习后不再返回苏联。为了尽快、尽可能多地掌握航天技术，党组织又从回国的留学生中遴选出五人继续返苏学习。

就这样，张贵田、王永志等五位同学再次重返莫斯科航空学院学习。张贵田和同学们始终抱着“有一时之暇，即一时可学也；有一日之暇，即一日可学也”的坚定信念，争分夺秒、如饥似渴地学习火箭发动机方面的专业知识。他们始终没有忘记用科学知识救国强国的初衷，深感肩上责任重大，学习更加刻苦，不分昼夜，废寝忘食。他师从苏联著名液体火箭发动机专家，不仅学到了系统的专业知识，而且掌握了科学的研究方法。莫斯科航空学院的苏联专家、教授对学术严格严谨的作风，潜移默化地对张贵田日后从事航天工作产生了深刻影响。期间，张贵田在他的导师、学院二系主任加红的指导下，完成了毕业

设计论文《100吨液氧/煤油补燃发动机》，为我国液体动力未来发展奠定了坚实基础。

1961年3月，张贵田、王永志等五位同学以优异的成绩学成归国，从此把毕生精力投入到祖国的航天事业中。

张贵田

张贵田院士传记

Academician Zhang Guitian's Biography

第三章

黄沙百战穿金甲 不破楼兰终不还

他在液体动力领域一路攻关夺隘，攻克了高频不稳定燃烧的世界性难题。他率领攻关团队研制的高空发动机，让东方红一号卫星在太空奏响了《东方红》乐曲。

张贵田刚一回国，就参加了我国自行研制的东风三号导弹发动机的设计，攻克了高频不稳定燃烧这一世界性难题，为后续各型号的研制开辟了新的道路，荣获1978年“全国科学大会奖”；在东风四号导弹发动机的研制中，他解决了高空发动机起动、高空点火及大膨胀比喷管等问题；在东风二十二号导弹研制中，他开创了双组元末修姿控发动机的新领域，显著提高了导弹的命中精度；他参与完成了“651工程”，让东方红一号卫星从古老的中国升起。

1.液相分区降“妖魔” 固体隔板驱“鬼怪”

1957年12月20日，国防部五院接收了苏联援助的两枚P-2地地近程导弹。

钱学森、任新民鉴定后说：比起先前援助的P-1导弹，是先进了些，但还是苏联淘汰的旧型地地导弹，因为1957年8月21日，苏联已经成功地发射了世界上第一枚射程为8000千米的P-7洲际弹道导弹。

聂荣臻说：“苏联的P-2导弹虽然不是最好的，但却是我们所没有的，值得大家好好研究学习。”

1958年5月29日，聂荣臻向国防部五院部署了P-2导弹仿制工作，要求第一批导弹于1959年9月完成总装出厂，争取国庆十周年前试射成功。仿制苏联P-2导弹的代号定为“1059”。

正当国防部五院的同志们对“1059”导弹攻坚克难、紧锣密鼓地进行总装时，一股“寒流”从莫斯科越过西伯利亚，向中国袭来。

1958年7月31日，苏联领导人赫鲁晓夫亲自到北京游说毛泽东主席，提出要在中国境内建立长波电台和潜艇基地，冠冕堂皇的理由是共同对付美国的第七舰队。毛泽东听后怒容满面，直言不讳地反问道：“长波电台和潜艇基地是你指挥还是我指挥，我们还有没有主权了？你们是不是想把我们的沿海都拿去？”毛泽东的断然拒绝，让赫鲁晓夫十分尴尬——百年来积贫积弱、受人欺侮的旧中国一去不复返了，新中国的领导人再也不能允许列强在中国的土地上肆意妄为。

1960年7月16日，几经交涉未果，赫鲁晓夫终于翻了脸——单方面通知中国，决定在一个月内撤走全部在华专家，中止和废除200多个协定和合同，停止供应各种重要设备和物资。到8月12日，在国防部五院工作的苏联专家全部撤走，这对中国的国防建设无疑是雪上加霜。

面对赫鲁晓夫背信弃义、撤走专家，中国人终于明白：尖端科学技术关系到一个国家民族的生死存亡，它是永远买不来的。

聂荣臻说："中国人民是聪明的，我们并不比别的民族笨，要依靠自己的专家和工人搞出自己的导弹。"

1960年9月13日，中央军委在北京召开扩大会议，明确提出了"发愤图强、自力更生，突破尖端，两弹为主，导弹第一，积极发展喷气技术及无线电电子科学，建立现代化的、独立完整的国防工业体系"的方针。

在党中央、国防科委的大力支持下，聂荣臻、陈赓和钱学森等四处"化缘""钦点"，一批批包括"海归"在内的科技精英和一万多名大专生、中技生、复员官兵，汇集到国防部五院。与此同时，导弹工业的领导机构、科研机构、设计单位、生产工厂、试验单位全部有了雏形。

在中国西部巴丹吉林大沙漠空荡荡的戈壁滩上，十万大军经过两年多的日夜鏖战，一座座建筑拔地而起，星罗棋布，中国第一个导弹综合试验基地——酒泉导弹试验基地，似海市蜃楼，"现身"于茫茫大漠中……

聂荣臻指示：仿制不能停，要把能学到的东西尽快学到手。1960年11月5日，被中国航天人称为"争气弹"的"1059"导弹在酒泉导弹试验基地发射成功，弹头准确地落在距发射台 550 千米的目标区。12 月，“1059” 导弹接连发射两次，均获成功。1964 年 3 月，“1059” 导弹改名为“东风一号”。

1959 年至 1961 年，中国进入三年困难时期，粮食供应极度匮乏，很多科技人员因营养不良而出现浮肿。

“中国现在过的是‘大锅清水汤，三个人穿一条裤子’的生活，还想造导弹，做梦吧！造几个大鸭蛋我看还行。”面对赫鲁晓夫的幸灾乐祸和冷嘲热讽，毛泽东高屋建瓴地指出：“对尖端武器的研制工作，仍要抓紧进行，不能放松或下马。”

聂荣臻用拳头擂着桌子说：“靠别人靠不住，也靠不起，党中央寄希望于中国自己的专家！”1960 年 10 月，国防部五院重点转入自行研制东风二号中近程地地导弹。

1962 年 3 月 21 日，东风二号导弹首发失利。看到如自己十月怀胎般生下的孩子突然夭折，航天人难过得吃不下饭，睡不着觉。

聂荣臻安慰大家：既然是科学试验，就要允许失败，不要追查责任，重要的是找出失败的原因，以利再战。对于查出故障原因的人，还要给予奖励。

钱学森鼓励大家：有时候失败的教训比成功的经验更重要。我们要紧紧抓住全系统每一个环节的质量，加强地面试验，把故障消灭在地面上。

吃一堑，长一智。在经历了无数次攻坚克难之后，1964 年 6 月 29 日，经历千锤百炼的东风二号导弹在酒泉基地发射成功，准确命中目标。从此，中国第一枚国产中近程地地导弹诞生了！

同年 7 月到 10 月，东风二号导弹又接连发射 7 次，全部成功。

20 世纪 60 年代初，当国防部五院重点转入自行研制东风二号中近程地地导弹时，射程要达到 3100 千米的东风三号中程地地导弹的核心技术和关键技术已在钱学森的安排下，由科技人员做了大量的前期攻关——22 项预先研究课题全部展开，特别是东风三号导弹发动机的技术攻关，用钱学森的话来说就是“动力先行”。

1961 年 3 月，从莫斯科航空学院毕业的中国留学生，被分配到国防部五院。张贵田在一分院第三设计部一室，从事东风三号导弹发动机的研制工作。一室室主任是马作新，副主任是王之任，都是莫斯科航空学院 1958 年的毕业生。顶头上司都是同学，大家关系十分融洽。他们一起学习、一起工作、一起探讨、一起攻关，浑身有使不完的劲儿。

三年困难时期，在全国人民吃不饱肚子，以瓜菜代粮的艰苦岁月里，变压力为动力，齐心协力、百折不挠，攻克自行研制东风二号、东风三号导弹的技术难关，成为国防部五院同志们的共同心声。

1962年，张贵田肖像照

归国不久的张贵田

同全国人民一样，航天人忍受着饥肠辘辘，拖着浮肿的双腿，怀着“为祖国争光，为民族争气”的责任感和紧迫感，毫无怨言，日夜鏖战在自己的岗位上。大家勤奋学习，从书本、资料上学，在实际工作中学，设计、工艺、生产、试验人员互相切磋，紧密配合，以初生牛犊不怕虎的劲头刻苦攻关……

一天，张贵田正在办公室查阅技术资料，主管发动机研制的一分院副院长兼第三设计部主任任新民进来了。

“任主任。”张贵田和大家一样，亲切地叫他“任主任”，而不叫“任副院长”。

“贵田啊，”任新民在认真、仔细地询问了张贵田在苏联的学习情况和回国后的工作、生活等情况后，亲切地握着他的手说，“你刚从苏联回来，正赶上咱们预先研制东风三号导弹，对你这个从莫斯科航空学院留学毕业的高才生来说，正是好钢用在了刀刃上。东风三号是咱们国家第一个真正甩掉洋拐棍，完全依靠独立自主，自行设计研制的中程液体导弹，也是八年四弹（中近程导弹、中程导弹、中远程导弹、远程导弹）规划中的第二种导弹。在预研工程中，咱们没有沿袭国外的路子，没有停留在仿制的水平上，而是大胆创新，采用最新技术，独辟蹊径地走出一条适合中国国情的地地导弹发展之路。”

“只有这样，才能不受制于人。”张贵田说。

“完全正确！”任新民深有所感地说，“仿制可以是创新起步的补充，但绝不能是创新过程的替代。如果形成对国外技术的依赖，技术发展轨道的路径就会被锁定，掉进‘引进—落后—再引进—再落后’的陷阱之中。国外最先进的技术，我们永远不可能买到。出路只有一条，那就是自己设计，振奋起我们不断探索的精神来。”

“看来，这是一条布满荆棘的道路。”张贵田说。

“确实如此。现在，在东风三号自行研制的道路上，拦路虎一个接一个。”任新民说，“发动机是导弹的心脏，重中之重。兵马未动，动力先行。中国有句古话——明知山有虎，偏向虎山行。贵田啊，你在‘莫航’是主攻发动机的，希望你发挥自己的聪明才智，为东风三号发动机出谋献策，打造高质量的心脏。”

“任主任，您就放心吧，我一定尽自己最大的努力，和大家一起集智攻关、团结战斗，研制出高质量的发动机！”张贵田激情满怀，坚定地说。

“好！有你这句话，我就放心了。”任新民欣慰地说。

东风三号中程地地导弹发动机的预研工作，在任新民和他的攻关团队——马作新、王之任、张贵田、孙敬良、颜子初、赵执中、胡平信等同志的日夜鏖战中，紧张有序地进行着。

东风三号导弹发动机首先面临的是推进剂的选择。

攻关团队最初采用硝酸-20与混氨。经过深入的、多方面的调查研究，并做了大量试验之后，为了提高发动机的比冲，决定使用可贮存的推进剂硝酸-27和偏二甲肼。面对国外液体火箭发动机和推进剂专家所谓的“偏二甲肼有剧毒，使用偏二甲肼等于抱着老虎睡觉”的冷嘲热讽，攻关团队没有畏缩不前，本着“一切结论产生于调查情况的末尾”这一态度，他们同军事医学科学院等有关单位的专家一起进行反复讨论、分析研究和多次试验，终于得出了有价值的结论：偏二甲肼的剧毒不是积累性的，通过人体自身的新陈代谢完全可以将毒素排出。之后，国防部五院又委托有关医药单位研制出特效解毒药，并规定凡在运输和发动机试车过程中接触偏二甲肼的人员，一律服用一粒特效解毒药，收到了良好的效果。

事实胜于雄辩。使用可贮存、比冲高、毒性可防护、便于作战使用、符合作战要求的偏二甲肼，圆满地解决了我国液体火箭发动机的推进剂问题。

YF-2 液体火箭发动机的四级并联技术，是东风三号导弹研制过程中的重头戏。

根据设计要求，东风三号导弹的总体设计推力要达到 100 吨。为此，有人提出研制生产 100 吨的发动机，有人则提出研制生产 25 吨的发动机，四机并联，组合成 100 吨的发动机。

两种意见各有各的道理，有理有据，争论不休。到底哪种发动机好呢?

任新民带领攻关团队集思广益，对研制两种发动机的利弊作了深入细致的分析：

如果研制单台推力 100 吨的发动机，每次试车耗费将达到 100 多万元人民币，对于我们这个一穷二白的国家来说，确实是一笔巨大的开支。苏联专家撤走时，曾对任新民说过这么一句话："当发动机的推力超过 18 吨以上时，高频不稳定燃烧将很难克服。"这说明，苏联很可能也走小发动机组合的路子。

如果研制 25 吨的发动机，虽说是四机并联，但每次只做单机试车，耗费只有 28 万元，耗资也合算。另外，发动机推力越大，研制难度越大；发动机推力小一点，研制难度相对也小一些。

二者相比取其优，任新民和攻关团队最终决定采用四机并联方案。

按照标准化的要求，东风三号导弹的发动机单机代号为 YF-1，四个 YF-1 并联后为 YF-2。

然而，大有大的难处，小有小的难处。四机并联技术是东风三号导弹发动机研制中的重大关键技术。四台 YF-1 发动机能否同步地进行工作，直接关系到导弹飞行的稳定；四台 YF-1 发动机之间的推力值偏差太大时，产生的干扰力将会影响控制系统的正常工作。

在东风三号导弹发动机总设计师任新民的带领下，张贵田和攻关团队的马作新、王之任、颜子初等同志绞尽脑汁，日夜苦战。他们查阅资料、反复计算、讨论研究、不断试验，终于有了满意的结果——采用Ⅰ、Ⅲ象限和Ⅱ、Ⅳ象限两对发动机成对启动，并严格控制各个单机的性能参数偏差等办法，成功地解决了四机并联问题。

1965 年 7 月 13 日和 27 日，东风三号导弹四机并联发动机 YF-2 分别进行了 50 秒、100 秒的热试车，均取得了成功。四机并联技术的攻克，不但确保了东风三号导弹的成功发射，而且为我国液体弹道导弹和液体运载火箭的发展奠定了坚实的技术基础。

东风三号导弹 YF-2 发动机在研制过程中，最大的技术关键是燃烧室的高频不稳定燃烧。

在四机并联 YF-2 发动机的单机——YF-1 首次使用硝酸和偏二甲肼作推进剂进行热试车的过程中，出现发动机燃烧室严重烧蚀和爆燃，试验失败。接着，在之后的几次热试车试验中，发动机同样严重烧毁。这种破坏性的故障大多出现在启动或关机过程中。由于在启动和关机过程中，燃烧室各种参数不断变化，推进剂在燃烧室的喷注、雾化、混合、燃烧也都在随机变化，说不准什么时候就出现爆燃和爆炸。

东风三号导弹发动机设计员张贵田和同事们心情沉重，闷闷不乐。

这到底是什么原因呢？大家百思不得其解。

为了尽快查出原因，在任新民的带领下，张贵田和王之任等技术人员追本溯源，先后提出了几十个解决问题的方案，如改变工况，改变双组元喷嘴的降压，改变启动程序和停车程序，甚至把燃烧室身部加强，改变燃烧室喷注器的排列方式。大家做了百余次试验，对每个方案都精心试验，每个问题都细心排查，但还是找不出问题的关键，试验结果总是时好时坏，无变化规律。

面对拦路虎，张贵田和同事们毫不气馁。他们又对试验后的产品进行仔细观察，结果发现烧蚀面非常光滑，如风吹流沙，似刀切豆腐，不像一般金属高温溶化那样粗糙。这说明燃烧室除有极高的温度外，还有燃气在其中高速地旋转流动。

经过对千万个试验记录曲线进行判读、计算和分析，张贵田和同事们惊喜地发现了一个规律：当参数一有干扰波动，燃烧室在瞬间就会爆炸烧毁，此时压力陡升，其压力是发散型的剧烈脉动，频率为 1200 赫兹左右。什么力量在这么短的时间里能有这么大？理论上看，只有燃烧室里的推进剂爆燃、能量突然释放才会如此。但实际情况又是如何呢？张贵田和同事们经过对试验后的产品及试验数据进行分析，又经过推断、计算，才了解到，这种现象只有在燃烧室固有频率正好与燃气的压力脉动耦合时才会发生。它也许就是大家在书本上读到而从未遇到过的“鬼”——高频不稳定燃烧。

“当发动机的推力超过18吨以上时，高频不稳定燃烧将很难克服。”苏联专家撤走时对任新民说过的这句话，任新民也曾对张贵田说过。现在，张贵田恍然大悟：苏联专家说的是实话——YF-1发动机的推力是25吨，已经远远超过18吨！发动机在试车中突然烧毁这种现象，用国外流行的说法就是“见鬼了！”高频不稳定燃烧这个“鬼”，在世界液体火箭发动机的发展史上，是一个公认的难题，连苏联专家也对这道难题头疼不已……

随着世界液体火箭发动机的不断发展，高能可贮存推进剂的应用，推力和燃烧室尺寸的加大，燃烧室压力的增高，破坏性很大的旋转横向高频振荡燃烧，能在极短的瞬间使燃烧室遭受严重的烧蚀和破坏。

问题的症结找到了！

那么，怎样才能攻克高频不稳定燃烧这个世界性难题呢？张贵田为此苦思冥想，绞尽脑汁。夜阑人息，万籁俱寂。张贵田心事重重，辗转反侧，夜不能寐，便索性起身穿衣，来到窗前。

窗外，夜空青碧如海。一轮明月，把她皎洁的清辉倾泻进窗棂，倾泻到桌上、床上，倾泻到张贵田的脸上、身上……

莫斯科航空学院六年发动机专业的勤奋学习，回国四年多来理论联系实际的精心设计，使张贵田对液体火箭发动机了如指掌。他闭上眼睛，脑海里立刻浮现出YF-1发动机燃烧室的三维图像来。月光下，他继续思考：能量释放和燃烧室固有频率的耦合，导致能量释放波动与固有频率共振，就如同齐步走一样……

经过苦苦的反复推敲，仔细琢磨，张贵田终于梳理出了一丝头绪：要攻克高频不稳定燃烧，首先要改变燃烧能量释放及燃气的振荡频率，那么，把它分成数个小区，改变流量和混合比，合理地分布燃烧物质的能量释放，会是怎么样的情况呢？……对，对对！就这样，用液相分区的办法！此刻，张贵田心中的激动，外人难以体会。

办法想出来了，应该如何设计图纸呢？张贵田一边踱步，一边沉思。一大片乌云不知从什么地方偷偷地飘过来，遮住了月亮，大地上的山川、河流、城镇、乡村陷入了黑暗。

突然，灵感如同一道闪电，在张贵田的脑海中划过。“有了！”他立即坐在桌前，扭亮台灯，展开白纸，掏出钢笔，画起草图来……他一会儿计算、思考，一会儿画图、查资料，密密麻麻的数据，像时隐时现的萤火，有时把他引入弯弯曲曲的羊肠小道，有时又把他引入怪石嶙峋的幽涧深谷。他排除万难，毫不气馁，执着攀援……

时间，一秒、一分、一小时地在他的笔下流过，他丝毫不觉；腿脚发麻、脖子酸疼得厉害，也无法打断他的思路。他忍着不适一个劲儿地又画又写，舍不得停顿一分钟。

当张贵田终于画完最后一张草图，站起身来时，突然眼冒金星——这一晚上，他太累了。

推开窗户，但见旭日临窗，光芒万丈。这光芒似乎一直照进张贵田的心中……

“液相分区……好！很好！”一分院副院长兼液体火箭发动机设计部主任任新民的两眼，闪着睿智而快乐的光芒。他一边仔细地审看着图纸，一边对张贵田说：“贵田啊，这个创意太有价值了！我看应该让大家马上讨论一下，在可行性方面充分发表意见，图纸进一步细化后马上下发蓝图，让工厂试制。事不迟疑，越快越好！”

“好，我立刻去办！”

……

当液相分区的技术方案经过多次试验，取得了可喜的初步成果之后，张贵田并没有丝毫懈怠。为了提高发动机的比冲，他和王之任等同志，在经过深思熟虑、艰苦鏖战之后，把原用的混氨燃料改为偏二甲肼。由于偏二甲肼活性更大，使用液相分区的办法后还有些不稳定，他们又进一步采取了液相分区加固体隔板的技术方案，经过反复试验，效果显著。

1965 年 7 月，东风三号导弹发动机在采用了液相分区和固体隔板相结合的技术方案后，以偏二甲肼和四氧化二氮为推进剂，分别进行了 50 秒、100 秒的热试车，均取得了圆满成功。之后又有上百台发动机进行了地面试验和飞行试验，均取得了成功。

高频不稳定燃烧——这个最大的拦路虎终于被攻克了。

钱学森高兴地说："东风三号导弹发动机突破高频不稳定燃烧并试车成功，标志着我国大型液体火箭发动机的研制、设计，已经开始走向独立。"

东风三号中程地地导弹是我国完全独立自主研制的新型导弹。由于预先研究工作做得扎实，从批准总体方案到首次飞行只用了 1 年 9 个月的时间。它采用了许多新技术、新工艺、新材料，缩小了与世界航天大国技术水平的差距。其导弹结构、发动机比冲、制导精度的技术创新和射程的大幅度提高，为东风四号、东风五号等导弹的研制，提供了宝贵的经验。

1978 年，张贵田的"解决高频振荡不稳定燃烧"成果，获全国科学大会奖。

液相分区和固体隔板这一技术方案攻克了世界性难题——液体火箭发动机燃烧室高频不稳定燃烧，它给张贵田的最大启发是：我们中国人并不比外国人笨，外国有的，我们中国会有；外国没有的，我们中国也一定会有！

2. 大山三座攀绝顶　东风四号创奇迹

1965 年 3 月，中央专委会第十一次会议批准研制东风四号中远程地地导弹，研制工作随即全面铺开。

和东风三号导弹相比，东风四号导弹的最大特点是，它是我国第一个由单级发展到两级的中远程液体地地导弹。第一级为 YF-2A 液体火箭发动机，四机并联，推力 100 吨；第二级为 YF-3 高空液体火箭发动机。其中，二级发动机高空点火和高空性能试验技术，是研制过程中最重要的关键技术。

为了加强东风四号导弹研制的技术力量，1965 年年初，张贵田由东风三号导弹发动机副主任设计师，调任东风四号导弹发动机副主任设计师，主管东风四号导弹发动机的研制。在任新民的带领下，张贵田和技术攻关团队迅速投入到新的攻关夺隘的战斗中。

面对东风四号导弹发动机这项富有挑战性的型号研制，以往的研制技术、试验方法和试验设备已不能满足任务要求。为了解决技术难题，张贵田作为技术攻关团队总负责人，不仅要策划、确定研制方案，对研制实施过程等进行总体技术把关，而且要负责重大技术问题的决策。他带领技术团队开始了开创性的攻关工作。

在对东风四号导弹二级发动机 YF-3 的各种技术要求进行了认真细致的梳理后，面前有三座壁立千仞的大山，等着张贵田和他的技术攻关团队去攀登。

“没有过不去的河，没有上不去的山！”同事们在张贵田的激励下，摩拳擦掌，跃跃欲试。

YF-3 是我国第一台在接近真空条件下工作的高空发动机，要在 60 千米以上的高空工作。保证它在空气密度和大气压力小于地面值万分之三的情况下顺利点火——这是横亘在张贵田和技术攻关团队面前第一座险峻的大山。

二级发动机有相当一部分沿用了一级发动机的技术，是在一级发动机的基础上改进完善、提高性能的。关键问题是高空点火、高空启动问题。因为一级是在地面点火，而二级在高空点火，是否会出现爆燃、爆炸问题，或者发生不稳定燃烧，启动时会不会太猛，对导弹有无影响，这些都是未知数。

由于我国还没有进行过液体发动机高空点火、启动方面的研究，只能靠理论分析研究，困难很大。比如：在高空，空气压力降低，推进剂的亲和力小了，碰撞机会少了，延长了点火燃烧时滞期；推进剂在高空积存多了，可能造成燃烧室启动压力峰，破坏燃烧室，引起燃烧不稳定；在地面试验没问题，到了高空后，两种推进剂进入推力室的时间不一样，先进入的积存得比较多，后进入的会使压力变得很大，造成产品结构破坏……总而言之，YF-3 高空点火、启动，困难重重。

美国、苏联、法国等航天大国在进行发动机高空点火研究试验时，专门建造了模拟高空环境的试车台。这类试车台设备庞大复杂，自动化程度高，造价昂贵，动辄数千万元，甚至过亿元。我们国家一穷二白，当然不能照搬这一套。

张贵田和攻关团队从我国的实际出发，独辟蹊径，攀绝壁，越溪涧，披荆斩棘，苦苦探索新的路径。他们土法上马，先做了一个试验。把一种推进剂放在真空容器里，将装有另一种推进剂的小玻璃球放到上面，落锤，小球破裂，看推进剂接触后反应时间的快慢。他们还将原有的试验台根据任务需要，进行改造，并抽成真空，然后做高空点火模拟试验，从推进剂的燃烧性能角度进行研究，让两种推进剂在真空条件下碰撞，测它们点火的时间。结果，确实发现，由于两种推进剂在真空中相遇以后点火时间延长，推力室里的推进剂相对多了，点火后会产生压力峰。

根据发动机燃料和氧化剂相遇就燃烧的情况，经过反复的分析、研究、试验、对比和验证，张贵田和攻关团队发现：在三相（固、液、气）点以上环境下，会出现点火延迟而增加进入燃烧室的组元积存，还可能引起爆燃，导致压力峰值突增过高，破坏发动机的正常工作，造成发动机部件损坏。面对这个棘手的问题，他们没有畏缩不前，而是打磨利器，继续拼搏。

通过多次模拟高空试验，张贵田和攻关团队利用模拟真空舱得出了一组令人惊喜的试验数据，眼前豁然开朗。

为了保证 YF-3 发动机在高空与在地面点火和启动环境一致，他们把发动机和外界连接的所有接口都堵起来，使发动机系统的空腔里保持一个大气压，为发动机高空点火创造了和地面一样的环境条件——地面试好了，天上也应该可以。这个办法既简单、又省钱，但是又带来一个大问题——要把燃烧室封住。那么，到底用多大的压力封堵呢？如果封得太牢靠，推进剂需要燃烧的时候开不了口，推进剂积得太多就会爆炸；如果封得不牢靠，导弹上天后，当高空压力变小时，封口就会被鼓开。所以，怎么封、用什么材料封，是一个亟待解决的问题。这里涉及结构和力学等方面的知识，需要做大量试验，堵的材料既要有一定的强度，最后还要能被烧掉。经过多次反复试验，张贵田和同事们最后决定：燃烧室用铝质堵盖，涡轮泵排气口选取降落伞的尼龙布，推力室喷管处则使用复合材料，用金属膜片粘上一层东西，温度一高就被烧掉了……

功夫不负有心人！

张贵田和他的攻关团队经过精心研究试验，反复仔细琢磨，终于为二级发动机 YF-3 创造了一个恒定的点火环境，进一步改进了发动机的有关系统，保证两组元进入燃烧室有合适的时差。他们采取了在燃烧室喉部黏合堵盖、副系统加薄膜等措施，确保了发动机在启动时所有腔道保持一个大气压，从而顺利地解决了 YF-3 发动机高空点火的难题。

用什么办法在地面上测定 YF-3 发动机的高空性能参数——这是横亘在张贵田和攻关团队面前的第二座险峻的大山。人未卸甲，马未解鞍，张贵田带领技术攻关团队又开始了新的冲刺。

为了获得 YF-3 发动机的高空性能参数，张贵田和同事们起早贪黑，埋头苦干。经过不断摸索、反复讨论、精心计算、多次试验，他们最终决定选用发动机引射抽真空的试验方案。这个方案既简单又省钱，而且还赢得了时间。该方案最为关键之处是设计制造一个抽真空扩散器试验舱。张贵田和攻关团队说干就干，争分夺秒，从 1965 年 4 月方案论证到全部建成，只用了短短 14 个月的时间。

1966 年 11 月首次试车的那天上午，张贵田和同事们既激动，又紧张，凝神屏气地注视着试车台。当“点火”命令下达后，YF-3 发动机工作仅两秒钟，抽真空扩散器试验舱的压力就达到了稳定的预期值，获得了发动机高空性能参数。面对试验圆满成功，大家激动的心情难以用语言来形容……

YF-3 发动机是在接近真空条件下工作的。提高发动机的比冲是研制东风四号导弹的重大技术关键——这是横亘在张贵田和攻关团队面前的第三座更高更险峻的大山。快马加鞭，乘胜追击，张贵田和他的攻关团队又向更高的险峰攀登。

“在战略上藐视敌人，在战术上重视敌人。”在提高发动机比冲的关键技术攻关中，张贵田充分体现出一位“帅才”应有的特质。

找准研制方向，才能事半功倍！张贵田带领攻关团队在研制 YF-3 发动机之初，就将“建队伍、做计划”作为工作的重中之重，并牵头规划出常规工作和关键技术攻关专题。用他的话说：“既要避免将苍蝇当老虎打浪费时间，又要避免将老虎当苍蝇打造成技术风险。”张贵田和同事们搜集了国外有关提高火箭发动机比冲的资料，虽说是只言片语、皮毛文章，但大致也能据此推测出研究的方向。经过分析、对比，研究结论为：只有增大燃烧室喷管的膨胀比，才能提高发动机的比冲。只有这样，才能使燃烧室喷出来的高温、高压燃气进一步膨胀，将推进剂的化学能最大限度地转化为发动机的动能，提高发动机的比冲。

要增大膨胀比，就必须设计、制造一个新的大喷管延伸段。然而，在国家工业落后的情况下，制造大喷管延伸段，谈何容易！

“有条件要造，没有条件，创造条件也要造出大喷管延伸段！”张贵田和攻关团队硬是不信邪，用复合材料玻璃钢制造出了大喷管延伸段。

这种复合材料玻璃钢大喷管延伸段在中国是第一次研制，最大优点是耐高温。生产玻璃钢大喷管延伸段的厂家是251厂，位于八达岭长城以北的康庄。为了配合玻璃钢大喷管延伸段的科研生产，张贵田他们经常要去251厂。通向康庄的道路并非“康庄大道”，长城外都是石子路，路面坑坑洼洼，来回坐的都是大卡车，颠簸得人屁股、腿肚子发疼。夏天，太阳毒得冒火，晒得人浑身冒汗，口干舌燥；冬天，西北风像刀子，即使戴皮帽子、穿皮大衣还是冻得直打哆嗦。这时候，张贵田总是把驾驶室的位子让给体弱多病的同志坐，他自己则坐在车箱里。

当玻璃钢大喷管延伸段在251厂争分夺秒地研制时，“文化大革命”的风暴愈演愈烈。“以生产压革命”的帽子随时在头顶盘旋，谁也不知道灾难下一瞬间会不会降临到自己头上，就连张贵田这样新中国自己培养的科技人员也难以幸免。他曾一度被扣上“苏修特务”“走白专道路的典型”等帽子，被夺权和靠边站。在那人妖颠倒、坏人作恶、好人受气的日子里，张贵田一面忘我地为导弹事业呕心沥血，一面接受轮番不断的政审，晚上“交代问题”“写检查”，白天和同事们一起坐车去康庄。看着他憔悴的面容，同事们都劝他休息几天。他说：“在这关键的时刻，我怎么能休息呢？咱们只有早一天把大喷管干成功了，我的身心才会好受些。”

每当研制工作进展得不顺利、同事们心情焦躁时，张贵田就鼓励大家：“潜下心来，不要急躁，我们不是天天经过长城吗？要拿出‘不到长城非好汉’的精神来，不找到问题誓不罢休，一点点去排查，问题总能找到的。”而当工作推进得顺利时，他又会及时提醒：“要静下心来，去回顾所做的工作，不要留下一丝一毫的隐患。”

玻璃钢是一种性能鲜明的复合材料。玻璃钢大喷管延伸段就是把玻璃丝和环氧树脂，绕成一个喇叭口的形状。这活儿说起来容易，做起来可是难上加难。张贵田带领同事们不断地探索、实践，在失败—改进—再失败—再改进中苦苦求索，几番拼搏之后，终于掌握了它的设计方法和加工工艺——用浸过树脂的玻璃布在模胎上层层缠绕、固化、加工、黏结法兰，然后再贴蜂窝、缠加强层和外层等。这种大喷管延伸段，取材易、成本低，缺点是工艺复杂，操作时的环境条件和操作水平对质量有很大影响。

对玻璃钢大喷管延伸段进行固化是在秦皇岛的玻璃钢厂进行的，一去就是半个月，生活很艰苦。张贵田对同事们说："生活再苦，我们也能忍，但产品的质量，可千万马虎不得。"

为了降低玻璃钢大喷管延伸段内表面温度和减小碳化层厚度，张贵田带领同事们通过多次模拟热试车和各种型式试验件的风洞吹风试验，想方设法，用涡轮废气对它进行冷却，终于获得了合理的结构型式，选择了较好的涡轮废气利用系统的设计方案，圆满地解决了涡轮背压升高的问题。

1968 年 10 月 18 日和 25 日，是两个极为振奋人心的日子。采用玻璃钢大喷管的东风四号 YF-3 发动机进行了两次验收性试车，玻璃钢大喷管工作完好，试车取得完满成功。

在此期间，东风四号 YF-3 发动机还进行了 110 秒的长程试车，发动机推力室性能指标符合设计要求，玻璃钢大喷管完好无损，验收合格。

至此，在张贵田的带领下，浸润着技术攻关团队汗水、心血和智慧的我国第一台高空火箭发动机——东风四号 YF-3 完美收官。

YF-3 高空发动机从 1965 年开始研制，到 1968 年研制成功，前后不到三年。其中玻璃钢大喷管延伸段几经磨难，终于研制成功。令张贵田特别欣慰的是，产品成功的同时，也打造了一支高素质的设计师队伍，而后者，是作为副主任设计师的他，更为看重的。

回望我国第一台高空火箭发动机——YF-3 研制的艰难历程，张贵田和同事们的心中感到从未有过的欣慰。但他们没有停下攀登的脚步，而是揩干脸上辛勤的汗水，乘风破浪，百尺竿头，更进一步。

3. 大漠孤烟寻宝急　长河落日追梦忙

1970年1月30日，东风四号试验弹在酒泉导弹试验基地首次发射成功，使中国拥有了射程更远的弹道导弹，不仅拉开了中国后续的远程、洲际导弹研制的序幕，也为用于发射中国第一颗人造地球卫星的长征一号运载火箭研制，提供了宝贵的经验和教训，奠定了坚实的技术基础。

从发射场的监测数据看，虽说二级发动机——YF-3高空点火、启动、关机等环节的工作情况均正常，但到底正常到什么程度，对于眼见为实、精益求精的张贵田来说，掌握第一手资料更令人放心。他想：必须找到试验弹发动机的残骸，以便分析其质量与可靠性，为以后的研制打下坚实的基础。

"任主任，"张贵田对任新民说，"我想带几个人到新疆民丰的试验弹沙漠落点去找发动机残骸。"

"春节马上就到了，你去呀？！"任新民关心地说，"塔克拉玛干大沙漠——那地方可是飞沙走石，千里无人烟，苦得很哪！"

"再苦也得去！"张贵田斩钉截铁地说，"我就是想看看发动机在天上工作以后的真实情况，以便将来定型改进有针对性。"

"嗯……也好，你想什么时候走？"

"越快越好！去晚了，流沙就把发动机残骸掩埋了。"

"行……哎！千万要注意安全，多穿衣服，那地方夜里冷得很！"

"我知道了！"

酒泉导弹试验基地距酒泉机场还有100多千米，当张贵田带领任吉杰、李香保及508所几位同志坐汽车风尘仆仆地赶到酒泉机场时，已经是大年三十了——飞机停飞，要到大年初二才有飞往乌鲁木齐的航班。张贵田和同事们被滞留在了酒泉机场。

此时的神州大地，到处张灯结彩，喜气洋洋。阖家团圆的除夕夜，辞旧迎新的鞭炮声此起彼伏，欢快的锣鼓声铿锵作响。一种别样的滋味，涌上张贵田和同事们的心头。

“独在异乡为异客，每逢佳节倍思亲。”

想起独撑家庭重担的贤惠妻子郁畹兰，想起坐在他怀里，奶声奶气地给他唱“我爱北京天安门，天安门上太阳升”的三岁多的女儿张郁那红彤彤的脸蛋，想起耽搁久了发动机的残骸会被流沙埋掉……一夜之间，张贵田的嘴角就起了泡。

令人心中温暖的是，酒泉机场为他们这些滞留的客人准备了丰盛的年夜饭——羊肉抓饭。

正月初二，张贵田和同事们从酒泉飞到了乌鲁木齐，接着又从乌鲁木齐往和田飞。从飞机上往下看，结冰的天池晶莹得似一块巨大的白玉盘。四周群山环抱，挺拔苍翠的云杉、塔松，漫山遍岭。天池东南面就是雄伟的海拔 5445 米的博格达主峰。主峰左右又有两峰相连，三峰并起，状如笔架。峰顶的冰川积雪，闪烁着皑皑银光，神峻异常。

飞机很快到达塔克拉玛干大沙漠上空，千万个沙丘宛若憩息在大地上的条条巨龙，呈现出蜂窝状、羽毛状和鱼鳞状。塔克拉玛干沙漠，位于新疆南部塔里木盆地，维吾尔语意为“进去出不来的地方”，当地人通常称它为“死亡之海”。整个沙漠，东西长 1000 余千米，南北宽 400 多千米，是中国境内最大的沙漠，也是世界第十大沙漠。

飞机在昆仑山北麓的和田机场降落后，张贵田和同事们就住在 20 基地落点搜寻队的指挥部。部队的同志们很热情，尽自己最大的努力，用新鲜的羊肉来招待他们。剁成块儿的羊肉，放上辣椒和调料，吃起来味道非常独特。

正月初七一大早，张贵田带领同事们坐上了部队的军用六轮大卡车，从和田出发，沿着巍峨的昆仑山的北麓山根向东疾驰，奔向数百千米外的东风四号导弹的落点——民丰。公路很简陋，就是把大石头块搬一搬就可以走了。“天上没有鸟，地上不长草，沙飞天地暗，风吹沙石跑。”大家这才真正领教了新疆的大漠戈壁。大卡车在“搓板”公路上狂奔，人在上面痛苦地做着“震动试验”。长时间这样坐，还真受不了，屁股颠得不敢挨凳子。尘土飞扬，呛得人直想咳，脸上、身上都是土。

中午，战士们把卡车停在路旁，架起行军锅，把大米和军用豆角罐头放在锅内煮熟，大家胡乱凑合了一顿饭，又继续赶路。夜幕降临，一行人才赶到民丰落点的部队驻地。本想把一天的疲劳、满身的沙尘洗洗，谁料，这里水贵如油，部队要到很远的地方去拉水。入乡随俗，只好简单地擦把脸，胡乱吃点东西，就倒在大通铺上睡着了。

第二天一早，天还黑咕隆咚的，大家就被嘹亮的军号声“吹”起来了，活动活动浑身酸痛的身体，为进塔克拉玛干大沙漠做好准备。进沙漠要骑骆驼，两个人骑一匹。因为是第一次骑，还闹了个笑话——骆驼由维吾尔族老乡牵着，老乡指挥骆驼，骆驼就卧下了。两个同志一个坐前面，一个坐后面。骆驼是后腿先站起来，前腿再站起来，当前腿还未站起来时，正好形成四十五度角。坐在后边的同志一下子就滚下来了，把前面的同志也砸了下来。好几位同志都这么被摔了一下，大家一边揉着摔疼的身体，一边相互取笑着……

在维吾尔族老乡的带领下，张贵田带领同事们，用十多匹骆驼驮着人、水和生活用品，走进了大沙漠。

映入眼帘的大沙漠，看不见一棵树，也看不见一片草，就连鸟儿都不敢在沙漠上空飞过，怕渴死，怕晒死。天上没有一片云，蓝盈盈的。走到沙丘窝窝的时候，非常静，没有任何声音，静得瘆人。骆驼队整整走了一天，才到了落点。晚上，大家就住在一个干涸的河沟里。塔克拉玛干沙漠里的河沟比较奇怪，河岸都是直上直下的，这样倒也不错，还能稍微背点风。

大家用捡来的红柳、骆驼刺当柴禾烧，用行军锅把挂面煮熟了当晚饭。沙漠的夜里特别冷，张贵田和同志们穿着老羊皮的皮袄，戴着皮帽，脚上穿着毡靴，在河沟背风的骆驼刺旁顺势而睡。然而，睡不了十几分钟就被冻醒了，于是，大家就围着点着火的骆驼刺堆，一边烤火，一边聊天、讲故事，实在熬不住时，才背靠背地在火堆旁睡一会儿。

天蒙蒙亮，张贵田就带领大家在落区一字儿摆开往前走，两两之间相隔十几米远，开始了“沙海捞针”的行动。

在沙漠中行走，不同于陆地。因为沙子的流动，每前进一步，都要后退半步，同时由于脚面陷进沙子里，每走一步，就要拔出一次，对于没有走过沙漠的人来说，没多久，就会腰酸腿疼、汗流浃背。大家互相鼓励着前行，一会儿爬上沙丘，一会儿跌入谷底。二十几个人就像一把巨大的梳子，细心地梳理着落区的沙海。

时间，在一分一秒地度过；太阳，在一尺一尺地升高。不知不觉，12 点过了。因为没有找见目标，大家既口干舌燥，又心中焦急，寻找的步伐加快了许多。下午两点左右，个子高高的张贵田，突然看见前方的沙海里，有一个东西在太阳的照射下闪闪发光。他急忙喊：

“大家快看哪，前边好像有东西在闪光！”

“在哪儿？”

“左前方，60 多米处！”

“啊！看见了！看见了……快跑！”

大家雀跃着，呼喊着，比赛似地连滚带爬，看谁先到。

终于，大家上气不接下气地团团围住了那闪光的“宝贝”——二级发动机燃烧室和机架。

此刻，它静静地躺在沙丘上，浑身上下光溜溜的，像个惹人喜爱的胖娃娃。

“我的好伙计，几天不见，你跑到这里享清福来了！走，跟我们回家吧！”

张贵田和同事们说着，笑着，小心翼翼地抚摸着它，从里到外，仔仔细细地看了一遍又一遍——内壁光洁无损，连一点高温高压烧蚀冲刷过的疤痕都没有，漂亮极了……

大家乘胜追击，四处寻找，在太阳落山前，又找到了涡轮泵、玻璃钢大喷管残骸。

多么令人兴奋啊，该找到的都找到了。张贵田和同事们带着那些来之不易的“宝贝”，在维吾尔族老乡的带领下，找到了一条小河。流水潺潺，清澈见底，可以看见小鱼在水中游来游去。大家洗去了连日来的征尘，真舒服啊！战士们在熊熊的篝火上，架起行军锅，做了一锅胡萝卜罐头煮米饭。大家狼吞虎咽地吃了，这才感到疲劳一阵阵袭来，就在篝火旁或席地而卧，或背靠背地沉沉睡去……

天快亮时，大家被冻醒了。张贵田和同事们干脆爬起来，沿着河沟跑一圈儿，活动了一下冻僵的身体，然后打点行装，带上“宝贝”，在悠扬的驼铃声中，在大漠凛冽的寒风中，在东方天际嫩红的早霞映照下，踏上了归程……

4. 人造卫星入太空　寰宇响彻“东方红”

“坐地日行八万里，巡天遥看一千河。”

数千年来，人类凝望着太空：恒星、行星、卫星在各自的轨道上运动，放射或反射出绚丽夺目的光芒，像一颗颗美丽的宝石镶嵌在茫茫的太空之中，使人感到宇宙的高远、深邃和神秘莫测。

数千年来，人类梦想着太空：早在公元 1076 年，大文学家苏东坡就吟诵出欲上太空的千古名句：“明月几时有，把酒问青天。不知天上宫阙，今夕是何年？我欲乘风归去，又恐琼楼玉宇，高处不胜寒……”

人类遨游太空从幻想变为现实，走过了漫长的历程。

火药传到西方，进而衍生出炸药，大大地加速了历史的进程。而空气动力学的突飞猛进，使火箭成为现代高科技的标志。

令人遗憾的是，中国虽然是火药的故乡，但清政府闭关锁国的政策，使中华民族跌入万劫不复的深渊。当中华民族的科技水平几近停滞之时，西方的科学技术却在革命性地进步着。

1926 年，美国科学家戈达德成功地发射了世界上第一枚液体火箭。尽管这枚火箭的飞行高度只有 12.5 米，尽管其飞行距离只有 56 米，尽管其飞行时间只有 2.5 秒，却是人类迈向太空时代的重要一步。面对新闻界的嘲讽，戈达德说：“昨天的梦想，可以是今天的希望，而且还可以成为明天的现实！”

1944 年 6 月 13 日凌晨，一个快速运动的不明物体，越过 200 多千米的英吉利海峡，击中了伦敦泰晤士河畔的发电站——这是丧心病狂的希特勒第一次把令人毛骨悚然、威力巨大的 V-2 导弹用于实战。

1957 年 10 月 4 日，苏联成功地发射了世界上第一颗人造地球卫星，滔滔星海中出现了一朵人造的浪花！

中国，是火箭的故乡，炎黄子孙，是火药的发明者！龙的传人，要在浅水和夹缝中腾飞。

1958 年 5 月 17 日，北京。中南海波光潋滟，松柏苍翠，垂柳依依，亭台楼阁，金碧辉煌。在党的八大二次会议上，毛泽东雄姿英发，气吞山河，挥动着他那非常有号召力和感染力的手臂，慷慨激昂地大声疾呼：“苏联人造地球卫星上天，我们也要搞人造卫星！”

“我们也要搞人造卫星！”是伟人毛泽东的梦想，也是全中国各族人民的梦想，更是钱学森、任新民、张贵田等众多科学家的梦想。这是一种挥之不去的潜意识，是深藏在人们心灵深处最强烈的渴望。中国人民万众一心，众志成城，要将这一梦想变为现实！

1965 年 8 月 9 日至 10 日，周恩来主持召开中央专委第十三次会议，做出了我国第一颗人造地球卫星争取在 1970 年左右发射的决定。第一颗人造地球卫星研制任务的代号为“651”任务。

会议明确分工：由中国科学院研制卫星本体和地面跟踪测量系统，七机部研制运载火箭，国防科委研制酒泉发射基地地面设备。在中央有关部委召开的“651”会议上，把中国第一颗人造地球卫星的目标归结为 12 个字：上得去、抓得住、听得到、看得见。与会代表一致同意，第一颗人造地球卫星冠名为“东方红一号”，播送《东方红》乐曲，让全世界人民都听得到。

然而，正当卫星、运载火箭的研制顺利开展之时，1966 年 5 月，“文化大革命”爆发，科研生产几乎中断，大家心急如焚。

1967 年 3 月 17 日，经毛泽东批准，周恩来宣布：对七机部等 6 个国防工业部实行军事管制。

根据钱学森关于运载火箭尽量使用导弹成熟技术的主导思想，发射东方红一号卫星的运载火箭——“长征一号”的设计原则是：一、二级采用中远程导弹（东风四号）原型发动机不做修改，第三级采用新研制的固体发动机。这是一个多快好省的设计方案，既保证了运载火箭的可靠性，又满足了研制进度的要求。

去新疆塔克拉玛干大沙漠寻找发动机残骸，来回半月有余。当回到酒泉导弹试验基地时，张贵田和同事们都瘦了一圈，脸上爆皮，嘴角起泡。新疆地势高，空气污染少，紫外线强烈，大家都晒成了半个黑人。

正当张贵田全身心地投入到发射我国第一颗东方红卫星的准备工作时，突然接到军管会通知——火速回京！

张贵田的心里“咯噔”一下，忐忑不安起来。此时，“文化大革命”愈演愈烈，想起自己曾被冠以“苏修特务”“走白专道路的典型”而被批挨整的痛苦经历，他不知此行是福是祸。

或许是塔克拉玛干大沙漠搜寻发动机残骸劳累所致，或许是火速回京福祸未卜的压力所致，张贵田一回到北京就病倒了——发高烧。他头昏脑胀、浑身无力，躺在床上，沉沉睡去，整整一天滴水未进……

“贵田！贵田……”

昏睡之中，张贵田似乎听见有人叫他。他强睁开眼睛一看，是任吉杰、刘国球两人在叫他。

“你怎么了？哪儿不舒服？”任吉杰着急地问。

“我……发……烧……”张贵田有气无力地说。

刘国球一摸张贵田的额头，连声说：“烫得很！烫得很！怪不得嘴唇都烧得起泡了。”

任吉杰赶快倒了一大杯水让张贵田喝了。

“你们……怎么……来了？”张贵田喘了一口气问。

“我俩早晨、中午在食堂吃饭没看见你嘛，怕出啥事，就来看你了——果不其然。”任吉杰说。

“贵田病成这样，我看还是赶快送医院吧！”刘国球说。

“对！那咱们快走！”任吉杰说。于是两人架着张贵田到医院。经过检查，张贵田得的是腮腺炎。第二天，他的脖子开始肿大，愈来愈痛。

吃药、打针，打针、吃药……病情刚刚有了好转，张贵田便接到通知：革命委员会副主任马迎春“召见”。

“笃！笃！笃！”怀着忐忑不安的心情，张贵田敲响了马迎春的门。

门开了，一张微胖的脸，带着欢迎的笑容，出现在面前。马迎春的身材并不高大，却十分敦实，他握着张贵田的手，亲切地说：“贵田同志，快进来，屋里坐！”

两人坐定之后，马迎春关切地问："听说你前几天病了，最近穷忙，也没来得及看你，现在恢复得怎么样了？"

"多谢马主任关心，住了几天院，现在好一点了。"

"那就好。我听任新民副院长讲，你是一个工作起来不要命的拼命三郎。今后可千万要注意，身体是革命的本钱嘛！嗯……这次叫你回京，有两个目的：一是我国马上要发射第一颗人造地球卫星，其重要的政治意义我不多说，这个你比我更清楚。长征一号火箭，这是用东风四号的一、二级加上一个新的固体三级组合而成。而二级 YF-3 高空发动机又是在你的带领下研制成功的。在发射场上，发动机的质量与可靠性，你最有发言权。所以说，这次发射一定要精益求精，确保一次成功，这是组织对你的信任！"

"请组织放心，我一定竭尽全力，确保高空发动机不出任何问题！"张贵田对马迎春说。

"好！有你这句话，我就放心了……嗯，这第二个目的嘛——"马迎春看着张贵田的眼睛说，"组织上准备调你到三线去工作。"

"调我去三线？！"

"对，你愿意去吗？"

"愿意！"张贵田从心眼里往外高兴。

"这就对了！"马迎春赞许地说，"我看过你的档案——穷苦人家出身，抗日战争时期的儿童团长，解放战争时期的交通员，17 岁加入党组织，解放天津后的接管人员，速成中学毕业后考取大学，留苏 6 年，学习火箭发动机专业，刚一回国就一鸣惊人——攻克燃烧室高频不稳定燃烧世界性难题，研制成功我国第一台高空火箭发动机。正所谓根正苗红，前途无量啊！"

"马主任，您过奖了！这都是大家的功劳，我只是其中的一分子。"

"你能保持这种谦虚谨慎，更是一种美德。至于在运动中有人诬蔑你是什么‘苏修特务’‘走白专道路的典型’等，给你安上‘莫须有’的所谓‘罪名’，我们坚决反对，并置之不理。当然喽，运动嘛，正确对待就是了——他说他的，我们干我们的！我再说一遍——贵田同志，党组织是信任你的，你就大胆地干吧！当前对我们来说，把东方红一号卫星送入太空，就是最大的政治！你准备什么时候返回酒泉基地？”

“我想明天就走！”还有什么比党组织的充分信任更令人热血沸腾？张贵田恨不得马上飞到酒泉基地，在巴丹吉林大漠的发射塔架上，在发动机旁，为祖国的航天事业，挥洒热血和汗水……

“好！我等着你们胜利的消息，凯旋之后再喝庆功酒！”马迎春畅快地说，“嗯……贵田同志，要有个思想准备，回来之后你就去三线工作，那里的基建已基本就绪，现在就是缺人……”

“坚决服从组织决定！”张贵田回答得很坚决。

一回到住所，张贵田就开始收拾行李。任吉杰和刘国球出于对他身体的担心，在一旁劝阻他。

“贵田，我看你是疯了！病还未好，怎么能去酒泉？那地方天寒地冻，对一个病人来说，不是雪上加霜吗？我劝你还是把病养好再走吧！”任吉杰说。

“我感觉比以前好多了。”张贵田一边收拾行李一边说。

“坐火车要几天几夜，路上出了问题怎么办？”刘国球说。

“我的好伙计，你俩的心意我领了，放心吧，我没事的，我能挺得住！你们想想，酒泉基地我能不去吗？高空发动机是咱们自己亲手研制的，有谁比咱更熟悉它的构造呢？在卫星发射前的节骨眼上，有多少工作等着去干，我怎能不在现场呢……”

“唉，犟得很！简直拿你没办法！”任吉杰叹了口气。

“那好吧，我们送你去火车站！说一千，道一万，你要自己照顾好自己。”

刘国球说。

“我会注意的……”

“咣当……咣当……”北京至乌鲁木齐的列车在铁轨上飞驰，越过冀中平原，跨过黄河大桥，穿过八百里秦川。当列车行驶到天水与兰州之间时，张贵田感觉到病魔又开始向他袭来：先是浑身发热，大汗淋漓；继而浑身发冷，直打哆嗦。他后半夜解手，刚进厕所，便觉得眼冒金星，摇摇欲倒。

“要挺住！”张贵田在心中对自己说，“千万别倒在这冷风嗖嗖的厕所里，冻死都没人知道！”嘴里给自己鼓劲，可身体不听使唤，他挣扎着刚打开厕所门，只觉得眼前一黑，便栽倒在地，失去了知觉……

“同志！同志……醒醒！你快醒醒呀！”

冥冥之中，张贵田觉得有人在呼唤他，睁开眼睛一看，是列车员在对他说话：“同志，你怎么啦？怎么倒在这车厢的过道里？你病了吗？”

张贵田点点头，有气无力地说：“我发烧了……”

“你看这多危险，过道风这么大，而你只穿了件毛衣，小心着凉啊！哎——同志，你的座位在哪儿？这儿不能再呆了！我扶你过去！”

“谢谢！谢谢……”

就这样，拖着羸弱的病体，张贵田赶到了酒泉基地，又强忍着病痛的折磨，和各路人马投入到紧张的发射前的准备工作中。

3 月份，在内地正是风和日丽、花红柳绿的好时节。然而在塞外，巴丹吉林大漠的天气，却仿佛娃娃的脸，说变就变。前一刻还是晴空朗朗，顷刻间，大漠朔风便像一个个凶神恶煞的魔鬼，或狂笑着，或尖叫着，或怒号着，从西北方向以排山倒海之势，向大漠深处的酒泉基地袭来。它裹挟着戈壁滩的沙尘和牛、羊、骆驼的粪屑，把它所经过的空间填塞起来，使天地间骤然变成灰蒙蒙的一片。广袤的巴丹吉林大漠顿时翻腾起滚滚沙浪，仿佛风暴中汹涌澎湃的大海。沙浪在疯狂地起伏着，一个个巨大的沙尘柱，以不可思议的速度旋转着、嘶吼着向发射塔架扑过来：肆虐的沙尘扑向正在发射塔架上工作着的张贵田和同事们的嘴里、眼睛里、鼻子里和耳朵里；凛冽的朔风撕扯着他们的衣服，抽打着他们的脸颊，刺痛着他们的肌肤。虽然一个个冻得手脚发麻，但大家依然坚守着自己的阵地，一丝不苟地工作着——这种突然变化的恶劣天气对他们来说，已经是家常便饭，见怪不怪了。

东方红一号卫星在一定意义上可以说是一颗“政治卫星”，所以，张贵田最大的压力，莫过于“一次成功”的要求。为了把问题尽一切可能消灭在地面，他和同事们根据导弹发射情况及发动机过去出现的一些问题，一项又一项、一次又一次地进行认真细致的检查，提心吊胆，生怕遗漏什么问题。因为张贵田和同事们知道，发射东方红一号卫星，这是中华民族亘古未有、千百年来的第一次啊！它的伟大意义，是不言而喻的。现在，就需要他们认真再认真，仔细再仔细，检查再检查，不放过一个疑点，不放过一个问题。张贵田和同事们日夜鏖战，穿梭在发射塔架上。有时候，其他系统的技术人员进入发动机舱测试仪器，张贵田和同事们都要陪着进去，生怕他们一不小心拉扯、碰坏了发动机的管线……经过近两个月的艰苦工作，发射前的一切准备工作终于就绪，而张贵田的心，仍然悬在那高高的发射塔架上。

1970 年 4 月 24 日，当黑夜在戈壁滩上伸展开它那漆黑的翅膀时，星星们开始了它们神秘的夜生活——大熊星座在闪闪发光，勺形的小熊星座和它尾部的北极星忽明忽暗；繁星围拱的银河，仿佛一条宽阔的银带穿过无垠的天际，向远方伸延而去……

此刻，大漠深处的酒泉基地，发射塔架灯火通明，四周的聚光灯把发射场坪照得如同白昼，巨大的长征一号运载火箭屹立在发射台上。空气紧张而凝重，人们正在焦急地等待着那一神圣时刻的到来。

“一小时准备！”发射场指挥员一声命令，在发射塔架上作最后检查的张贵田和同事们，深深地看了一眼发动机，依依不舍地和所有的工作人员井然有序地撤离到了安全地点。

21时20分，发射场的广播喇叭里传来了周恩来总理的指示：“关键是工作要准确，不要慌张，不要性急，要沉着谨慎，把工作做好！”亲耳聆听着周总理的讲话，仿佛周总理就在身边——一股暖流注入张贵田的心田。

21时35分，随着指挥员一声洪亮有力的“点火”口令，平地响春雷，只见长征一号运载火箭四台发动机喷射出几十米长的纺锤形橘红色火焰，拔地而起，巨大的气流以排山倒海之势，将发射塔架底部导流槽中的冷却水吹出百米远。火箭在撼天动地的轰鸣声中飞上夜空，越飞越高，越飞越快，越飞越远，渐渐消失在东南方的夜空中……

紧接着，广播里连续传来：

“跟踪正常！”

“飞行正常！”

“一、二级分离！”

“二、三级分离！”

“星箭分离！”

“卫星入轨！”

“噢——！”一霎时，人群沸腾了！掌声、欢呼声响彻巴丹吉林的夜空。张贵田和同事们蹦着、跳着，互相拥抱着，用泪花代替了语言，沉浸在成功的幸福之中……

4月24日晚，《人民日报》发了号外，中央人民广播电台向全世界插播了我国第一颗人造地球卫星一举发射成功的喜讯，转播了东方红一号卫星上传来的清晰的《东方红》乐曲……

怀着无比喜悦和激动的心情，海内外炎黄子孙，带着收音机和望远镜，成群结队地争看夜空中的这颗卫星，收听《东方红》乐曲。

东方红一号卫星质量为173千克，超过了苏、美、法、日四个国家第一颗卫星质量的总和。

东方红一号卫星上天，震惊了世界，也征服了世界。新加坡《民报》说：“中国成功地发射了第一颗人造地球卫星，从天外飞来的音波，不但震荡了举世的人心，也使美、苏两国闻之相顾失色。”

“我们也要搞人造卫星！”

毛泽东的伟大梦想终于实现了！

炎黄子孙的伟大梦想终于实现了！

从此，中国当之无愧地进入“太空俱乐部”！

张贵田

张贵田院士传记

Academician Zhang Guitian's Biography

第四章

带长剑兮挟秦弓 “YF-40”露峥嵘

张贵田主持研制的我国第一台高空二次启动、双向摇摆、可储存推进剂的常规三级发动机，在长达30年的飞行试验中屡建功勋，并荣获国家科技进步奖特等奖。

张贵田主持研制成功了我国第一台高空二次启动、双向摇摆、可储存推进剂的常规三级发动机——YF-40发动机。30年来，由它作为三级高空发动机的长征四号甲运载火箭，多次成功地将风云一号等近40颗卫星送入太阳同步轨道，成功率为100%。

1. 云横秦岭家何在　密林深处建三线

20世纪60年代，国际形势严峻，“高天滚滚寒流急”；中国周边环境阴云密布，“黑云压城城欲摧”——1964年8月，美国第七舰队125艘军舰、600余架飞机开进北部湾，悍然袭击越南北部，把炸弹丢到了中国边界，白宫扬言要教训中国；蒋介石不断对大陆进行骚扰；中印边境自卫反击战之后，两国边境对峙并未缓和下来；苏联在中苏边境陈兵百万，大战有一触即发之势。作为战略家的毛泽东，总是居安思危，重视有备无患。在他脑子里有两根弦是始终不松的，一是阶级斗争，二是准备打仗。

众所周知，由于地理和历史的原因，中国70%的工业均分布于沿海，而新中国当时脆弱的防空力量，很难抵御敌人的空中打击。于是，中央做出了将一部分与国防有关的电子、能源、航空、航天、兵器等相关工业相继内迁的决定，并将这项中国历史上罕见的工业“大搬家”，起名“大三线建设”。

毛泽东高瞻远瞩，做出了战略部署——把全国划分为前线、中间地带和后方三类地区，分别称为一线、二线、三线地区。所谓一、二、三线，是对中国地理区域作的战略划分。沿海地区为一线，中部地区为二线，后方内陆地区为三线。从广义上讲，三线是指长城以南、广东省韶关以北、京广铁路以西、甘肃乌鞘岭以东的广大地区。三线有两片：云、贵、川、湘西、鄂西为西南三线；陕、甘、宁、青、豫西、晋西为西北三线。这两片统称“大三线”。

毛泽东告诫全国：“要准备打仗，准备大打，准备打常规战争，也要准备打核战争！”“三线建设搞不好，我睡不好觉；没有钱，把我的工资拿出来；没有路，骑毛驴去……”

在“靠山近水扎大营”的建设大三线的思想指导下，七机部把液体发动机的落脚点放在了秦岭深处——陕西凤县的一条名不见经传的蜿蜒山沟，将之命名为“红光沟”，把它作为我国大型液体火箭发动机设计、生产、试验的三线基地——067 基地。从 1965 年到 1970 年，经过夜以继日的紧张建设，这里成为七机部第一家投产的三线单位。

1970 年 6 月 8 日，对于张贵田来说，是终生难忘的日子。这一天，他离别了首都北京，告别了朝夕相处的同事们和至亲至爱的亲朋好友，坐上了北京至成都的列车，经过一天一夜的驰骋，黎明前到达“黄鹤之飞尚不得过，猿猱欲度愁攀援”的秦岭深处。

张贵田在宝成铁路线上秦岭腹地嘉陵江与安河交汇处的一个小站——凤州车站下了车。“你是新来的张主任吧？”067 基地发动机设计所接人的卡车司机小李，帮张贵田把铺盖卷和几个提包放到卡车上后问。

“对，我刚调来，这是第一次进红光沟。”张贵田坐进驾驶室里说。说话间，东方淡青色的天际与犬牙交错的群峰间射出了万道金光，接着，一个仿佛红宝石般的圆盘，从山尖冉冉升起，绮丽的朝霞，突然间变得金光灿灿，太阳耀眼的光线把一个个山峰连接起来，从一个山谷伸展到另一个山谷。

卡车沿着嘉陵江畔蜿蜒的公路急驰。

“这是咱们 067 基地的自用火车站，停放产品车的，代号四区。”小李是个热心人，自动当起了向导，边开车边介绍。

“这个车站规模还挺大。”张贵田说。

“这是宝成铁路安河大桥。你看，中国河流基本上是从西向东流，然而这安河却相反，河水由东向西流，河水从桥下往西 300 多米处，汇入嘉陵江。

沿着这桥下公路，傍着安河向东，就进入咱们要去的红光沟了。”

“看，解放军站岗的那儿——是201洞！”

“涡轮泵水力试验室，名气挺大。”张贵田说。

“这是邓家台，发动机生产厂——7103厂的大本营，代号二区。”

“嗬！厂房、家属楼鳞次栉比，建得真不少。”

“这里是零区，发动机试验站——165站的大本营，你看，安河北边的鹿母寺沟里，代号五区，试车台就建在那里。”

“那可是亚洲第一台！”

“这里是青崖沟，代号一区，发动机总装厂房就建在这条沟里。”

“两峰相峙，山高林密，够隐蔽的。”张贵田说。

沿着青翠的安河山谷，拐了一个弯，又拐了一个弯，穿过一片茂林修竹之后，卡车“吱”的一声停了。

“到了，”小李说，“这就是咱们居住的六区，发动机设计所11所的大本营国安寺。”

张贵田下车四顾，又是另一番景象，“水流曲曲树重重，树里春山一两峰”。马路南边，所办公楼和各实验室倚山而建，绿树掩映；马路北边，几十栋两层高的家属楼一座座、一排排，一直延伸到安河边，与潺潺流水为伴。

正看着，一群人向张贵田奔来，一边跑一边喊：

“老贵，你来啦！”

“贵主任，路上辛苦啦！”

“老伙计，好想你啊！”

前来迎接的人，都是和张贵田在北京南苑航天大院一起工作过的老同事、老战友，只不过比他早进沟几个月或一两年。自从三线红光沟后，“老贵”“贵主任”等“贵”字系列的称呼，就在整个067基地叫开了，不分长幼，都这么叫着张贵田，而张贵田自己也感觉这么称呼他，特别亲切、亲近。

张贵田的双手被同事们的手轮番地握着，心中的热浪一阵阵翻滚：“大家都好吧！我们又到一起了！”同事们相互问这问那，似乎有说不完的话。

“走！快去看你的新家，我们都给你收拾好了！”大家把张贵田的行李从卡车上取下来，有说有笑地朝家属楼走去……

从此，张贵田就真正变成了红光沟人。

红光沟地理位置偏僻，交通和通信等都极不方便。生活也十分艰苦，70%都是粗粮，每月只有 4 两肉、4 两油。为了解决职工的生活问题，领导们便想方设法，组织一批人到安徽、沿海等地拉大米、鱼、肉等回来给大家分——如果哪天有带鱼拉回来，就家家吃鱼，全沟里都是带鱼味道；过些天有猪肉拉回来，就家家吃肉，全沟里都是猪肉味道。由于没有冰箱，肉一次吃不完会坏掉，大家就想了个办法——把肉做成酱肉，这样可以存放很多天。当地的农民没有种菜的习惯，蔬菜很少。职工们都是从北京、天津、上海、沈阳等大城市来的，想要吃菜，却很难吃到。于是，各个连队便开荒种菜——辣椒、茄子、西红柿、豆角、萝卜、白菜等，这才解决了吃菜问题。

红光沟没有大米，同志们到沈阳出差，回来时会在北京用粮票换大米，一旅行袋能装四五十斤大米。张贵田有一次从北京回来，一个人带了 21 个提包，其中只有他自己一个包。幸亏北京有人送，不然他一个人还真拎不了。进北京站的时候，因为怕超重不让上车，40 多岁的张贵田，提了四五十斤重的大米和包，还要装着很轻松的样子给检票员递票。当时包太多，担心和别人的东西混淆，张贵田养成了给包编号的习惯。这样一来，不管是谁在凤州站接东西，都不会出差错……

为解决烧的问题，同志们大冬天坐着大卡车去煤窑装车拉煤，弄回来以后，利用星期天打一二百块蜂窝煤，累得浑身都疼。住房面积小，各家就在房前搭一个草棚，把劈好的柴、打好的蜂窝煤和自行车等杂物放在里面。

沟里的文化生活非常单调，半个月或一个月看一次露天电影，冬天看的时候，人都冻得直打哆嗦。大伙坐着小板凳，一起看《地道战》《地雷战》《列宁在十月》……每一部片子都看过几十遍，电影里的台词都记得滚瓜烂熟。有时候小孩子会跟着电影一起说：粮食会有的，面包也会有的……

2. 八千里路云和月　三地研制苦与甘

1964 年 8 月 19 日，美国成功发射了世界上第一颗地球静止轨道通信卫星“辛康三号”。通信卫星越来越显示出其优越性，对我国这样一个幅员辽阔、地形复杂的国家来说，开展卫星通信更是迫在眉睫。

1970 年 4 月 24 日，我国成功地发射了第一颗人造地球卫星“东方红一号”，同年 6 月，七机部开展了通信卫星及其运载火箭技术的研究。这时，研制能够实现二次启动、可双向摇摆的高空发动机，被提上了议事日程。

这种二次启动、双向摇摆、可储存推进剂的高空发动机的研制，在我国尚属首次。面对物资奇缺、各种设施落后、科研条件极不完善、生活条件异常艰苦、缺乏总体牵引的现状，067 基地以国家航天大局为重，考虑到星箭发射对运载工具三级动力装置的潜在需求，开始了常规三级高空发动机这一全新课题的预先研究。

1972年5月，067基地召开了“三星一船”三级运载器方案论证会。067基地建议在常规一、二级发动机的基础上，增加一个使用常规推进剂的三级高空发动机，组成发射通信卫星的运载火箭。七机部领导同意了这一运载方案。一院也正式明确了发动机的研制要求。

1973年8月，七机部召开唐山会议，对“三星一船”三级运载器方案和卫星指标进行了论证，同意了常规三级方案，并确定常规三级高空发动机单机推力为5吨，能二次启动、双向摇摆。一院正式下发文件，提出了具体的研制要求。

1974年8月，七机部又召开“815会议”，决定将常规三级高空发动机方案作为第三级动力装置的第一方案，将液氢/液氧发动机作为第二方案。

1975年3月31日，中央军委召开第八次常委会，对国家计委和国防科委上报的《关于发展我国通信卫星问题的报告》表示赞同。报告经叶剑英副主席签署后，呈送毛泽东主席和党中央。

正患白内障眼疾的毛泽东，躺卧病榻，已停止了对一般文件的阅示。当他听到秘书说上报的是《关于发展我国通信卫星问题的报告》后，坚持逐字逐句地看完了报告，沉思片刻后，郑重地画了一个圈儿。

之后，中国的卫星通信工程，被定为“331 工程”。

凡事预则立，不预则废。

其实，早在 1971 年 9 月，067 基地发动机设计所就开始了常规三级高空发动机——YF-40 发动机的预先研究。

1974 年 1 月，067 基地发动机设计所正式组建了由张贵田主持的常规三级高空发动机（YF-40 发动机）研究室，开展方案论证和设计工作。

按照上级要求，通信卫星的发射定于 1977 年年底进行。常规发动机作为第一方案，其研制进度要求更为迫切。张贵田和同事们清楚地认识到：一方面，上级既然把常规三级高空发动机作为第一方案，其研制进度就应该走在第二方案——氢氧发动机的前面；另一方面，常规三级发动机是高空发动机，这是一个全新的课题，在研制过程中，不知道前面有多少拦路虎。张贵田和同事们承受的压力可想而知。

在那难忘的日子里，张贵田带领攻关团队日夜鏖战，只争朝夕，放弃了所有的节假日，加班加点，当年 5 月就完成了常规三级发动机系统和总体方案的论证；当年 10 月，所有组合件的图纸设计工作均顺利完成。正当发动机设计所准备将常规三级高空发动机图纸下发到发动机生产厂时，情况有了变化——067 基地发动机生产厂的生产任务非常饱满，常规三级发动机的生产一时难以安排。

怎么办?

在常规三级高空发动机的研制进度刻不容缓的紧要形势下，突然面临如此困境，张贵田和攻关团队心急如焚。他们没有消极等待，而是四面出击——寻找生产厂家。抱着不达目的、誓不罢休的坚强信念，张贵田和同事们穿越大江南北、长城内外——北京、宣化、本溪、鞍山、南京、泸州等地十几家工厂留下了他们调研的足迹。在安排了各个部组件的加工点之后，常规三级发动机却难觅合适的总装地点。正在人们心中焦急、“山重水复疑无路”之际，突然迎来了“柳暗花明又一村”。

张贵田与两个同事来到沈阳调研时，十分凑巧，在街上迎面碰见了沈阳111厂的生产长李玉玺。双方都觉得对方面熟，很快就都认出了对方——

“哎呀，这不是老贵吗？”

“这不是李生产长吗？”

两双手紧紧地握在了一起。

“你这是——”李玉玺记问。

“唉，一言难尽哪——”张贵田便把常规三级高空发动机的研制情况及现在的处境一一告诉了他。

“嗯——你看这样行不行？”仔细地听了张贵田的讲述之后，李玉玺低头沉思了一下，然后抬起头来，郑重其事地说，“如果你们同意的话，我们厂愿意承揽常规三级高空发动机的生产任务！”

“哎呀！那太好了！这是我们求之不得、打着灯笼也难找的好事啊！”张贵田喜出望外，情不自禁地说，“你们厂可是咱们国家生产液体火箭发动机最早的工厂，可以算是液体火箭发动机的‘老家’，当年仿制‘1059’时，发动机就是你们厂生产的嘛。”

“谁说不是呢？当年研制生产的那些工艺人员、技术工人还都在，这回他们又可以大显身手了。好！咱们现在就去厂里，你们可以实地考察一下，看行不行。”李玉玺说。

“行！”

就这样，经过双方认真、细致和充分地协商之后，常规三级高空发动机的生产点被定在沈阳111厂。

与此同时，试验点的选择也是好事多磨，费尽周折，最后定点在北京云岗的101试验站（几年以后转到秦岭深处的067基地165试验站）。这样，常规三级高空发动机从一开始就形成设计在秦岭深处的067基地，生产在沈阳，试验在北京的特殊研制局面。再加上一些其他地区组合件的协作，张贵田和同事们几乎跑遍了大半个中国。为了加快研制进度，设计员们忘了小家顾大家，常年奔波在各地设计、生产、试验第一线……

兵马未动，粮草先行。生产制造发动机，必须准备足够的金属材料。

由于液体火箭发动机的特殊性，沈阳111厂生产常规三级高空发动机所用的金属材料全部由067基地发动机设计所提供。在“文化大革命”的混乱时期，生产秩序很不正常，无人下料、搬运和装车。

“时间不等人！没有人干，咱们自己干！”

张贵田和同事们急事业之所急，大家齐心协力，手拉肩扛，起早贪黑。肩膀抬肿了，咬着牙忍着；手掌被毛刺划破了，简单地包扎一下接着干。没有人叫苦叫累，没有人临阵脱逃。整整40吨金属材料，先从发动机生产厂7103厂一卡车、一卡车地运到17千米外的凤州火车站，接着又从卡车上卸下来装上车皮，发往沈阳。张贵田和胡鸿福、张恩昭、任吉杰、唐祖怡、廖春晶、张璞、郑毅、章本立等同志一起，硬是把这些材料安全地运到了沈阳111厂。

要生产出一台高水平、高质量的常规三级高空发动机，一切都得从头开始，工装、夹具和模具等均须重新设计制造。张贵田和同事们深入沈阳 111 厂各生产车间，配合生产。他们既要当设计员，又要当资料员、计划员、调度员、检验员、材料员、押运员和采购员，“八大员”的任务集于一身，重若千钧——既要精心熟悉其各自不同的业务，又要让每一环节丝丝相扣，不能出现任何纰漏。然而困难再大，也没有张贵田和同事们的决心大。他们在沈阳 111 厂扎下根来，每天在车间巡视。当零件加工遇到工艺难题时，他们从技术层面予以指导；当零部件遇到质量问题时，他们细心查找原因；当进度卡壳、调度不畅时，他们找有关单位和人员去协调、疏通……一句话，哪里有困难，哪里就有他们的身影。

设计员们饱满的工作热情和认真负责的劳动态度，深深地感染了沈阳 111 厂的厂长，他对张贵田开玩笑说：“老贵同志啊！你们把应该是我干的事情都替我干了，我倒变得无事可干、无官一身轻了！”

张贵田哈哈大笑：“厂长啊，给我一个胆，我也不敢夺您的位子！我们只不过是想让常规三级高空发动机的研制进度快一点，仅此而已。”

“说实话，我真是被你们这种没日没夜、忘了小家顾大家、一心扑在工作上的精神感动了。我对我们的同志讲，当两家的产品同时进行的时候，一定要把你们的放在前面干，把我们的放在后面干。首先要确保你们的进度和质量！”

“厂长啊，有您这句话，我们就感激不尽了！”

“咱们两家谁跟谁呀？保质保量，尽快给你们生产出合格的产品，就是咱们最大的政治……”

3. 负重冒雪赶火车　忍饥买肉为协作

“吉杰！吉杰！快起来！”张贵田一边摇着任吉杰，一边喊，“时间到了！”

“几点了？”任吉杰从梦中醒来问。

“凌晨 3 点。”接着，张贵田又叫醒了张恩昭。

因为燃烧室要带到北京 101 试验站进行热试，他们必须在凌晨 3 点起床，赶早晨 6 点开往北京的火车。

在双方全力以赴的竭诚合作下，常规三级发动机的一些重要组合件很快就生产出来了。然而，沈阳 111 厂没有试验的条件，必须到北京 101 站进行试验。如果按照军品要求托运，一是运输周期太长，不知要等到猴年马月，时间不允许；二是如果遇上野蛮装卸，碰伤了发动机的组合件，那可不得了！为了确保产品组合件万无一失，张贵田和同事们决定自己出苦力，“背”着产品坐火车去北京做试验。

一打开招待所的大门，刺骨的寒风狂啸怒号着，裹挟着大片大片的雪花，向他们的身上、脸上、口中猛扑，教人迈不开步、透不过气、说不出话。寒风方向变化无常，发狂地摇撼着树枝，肆无忌惮地蹂躏着枯枝败叶，一会儿把它们刮向半空，一会儿把它们抛向大地……

虽然风雪吹得人站不稳脚跟，但张贵田和同事们还是挺身迈步，扑进风雪中。一个人扛着几十千克重的用麻袋装着的“宝贝”——常规三级高空发动机燃烧室，两个人左右搀扶着，在雪地上艰难前行……他们最提心吊胆的就是怕滑倒。自己摔倒了，身上的疼痛可以忍受，但他们汗水、心血和智慧的结晶——燃烧室却要全身心地保护，不能有一丝一毫的损伤。

三个人互相搀扶着往前走一会儿，就替换一个人扛燃烧室。就这样从沈阳大东区的滂江走到大东门，然后再乘电车去沈阳南站。

好不容易赶到火车站，进站口检票又是一个关口。他们给几十千克重的用麻袋装着的燃烧室外面再裹上一件工作服，在进站口检票时，往胳膊下使劲一夹，然后挺直腰板，装作所带东西很轻便的样子。进站、出站、上车都是如此过关。虽然张贵田和同事们吃了不少苦，但是节省了时间，也为单位节约了大量的经费。

在"文化大革命"的混乱时期，别说卧铺车票很难买到，就是买到了普通硬座，也很少有座位。好不容易挤上了车，打眼一看，车厢过道都站满了人，整个车厢里充溢着一股汗臭味。三个人的眼睛开始向硬座下面搜寻——好，终于找到了一块空地儿，三个人就把那"宝贝疙瘩"小心翼翼地塞进硬座下面那块空地儿。接着，一个人"站岗放哨"，另外两个人"站着睡觉"，两个小时一轮换。如此经过十几个小时的颠簸，才到了北京……

在北京 101 站做试验，非常辛苦。三人住在南苑，从南苑到云岗近百千米，每天乘着大卡车站着去、站着回来。每天早上 5 点 30 分起床，6 点出发，晚上回来都是 8 点左右。冬天寒风刺骨，雪花飘飞，大卡车飞奔着，站在车厢里穿着棉大衣也不管用，冷风刺骨，浑身哆嗦。到了目的地，人却下不来——腿脚都冻僵了。三人互相搀扶着，才一个一个从卡车上爬下来。后来，三人住在云岗招待所，睡的是 40 多人的大通铺。卖瓜的、卖鱼的、卖鸡卖鸭的人，晚上也和他们住在一起，什么气味都有。晚上睡觉前，他们三人会坐在大通铺上，或拉拉家常，或打打牌。虽然干活吃苦受累，但是大家的心情是舒畅的，为了把事情做成功，他们毫无怨言。

在研制常规三级高空发动机期间，三人每年去沈阳值班两次，一次三个月，一年至少有半年多在外面奔波。家里的父母、爱人、孩子都顾不上。这种情况从1974年一直延续到1978年，直到首发飞行试验成功。张贵田和同事们只有一个坚定的信念：齐心协力，胼手胝足，拼死拼活，也要把YF-40发动机研制成功！

当常规三级发动机燃烧室在北京的试验工作圆满结束之后，在返回沈阳之前，还有一项重要的任务等待着张贵田和同事们去完成：为111厂的工人师傅采购肉、糖、奶粉、酒、肥皂、固体酱油甚至面粉等生活日用品。

“文革”时期的沈阳，物资供应十分短缺，一个月供应三两油，基本不供应肉。111厂的食堂，一天三顿饭都是用粗粮做的。有一个主任设计师，患了严重的胃病，吃粗粮难以消化，只好喝豆腐脑充饥。北京的物质条件相对好一些。出于工作需要，张贵田和同事们经常往返于北京与沈阳之间。应工人师傅们之请，他们去北京出差时都要带回些肉和生活必需品。为了早日生产出发动机，帮助工人师傅解决一点生活上的困难是完全应该的，张贵田他们每次都做到了有求必应。

由于在北京买肉的人多，要排队，张贵田和同事们凌晨5点多就从热被窝中爬起来，匆匆忙忙直奔肉店。雪后初晴的北京，早晨干冷干冷的，冻得人耳朵、鼻子生疼。张贵田和同事们紧赶慢赶地到了肉店，还好，前面只排了十几个人。还没到开门时间，早到的人们只有耐心地等待。几只冻雀在光秃秃的树杈上飞来飞去，“唧唧、喳喳”地叫着，惹得人心烦。赶路的时候，两只脚不觉得冷，现在不行了，寒风吹着，雪地上站着，脚一会儿就冻得麻木了。人们望眼欲穿地看着肉店的门，盼着快点儿开。人群里不时响起一片“噼里、啪啦”的跺脚声和搓手声。

谢天谢地，肉店终于开门了！一个人最多只允许买 10 斤肉，而他们需要买 100 多斤才够工人师傅们分的。办法只有一个——三人分别排三次队，才能买够所需数目。就这样，他们排队买完一次，再到后面去排队。眼看快 10 点了，早饭也没有时间吃，肚子饿得“咕咕”乱叫。然而肚子再提意见也得忍着，现在，排队买肉比什么都要紧。第三次好不容易排到肉案跟前了，得，肉卖完了！卖肉的师傅抱歉地说：“对不起，明天再来吧！”

万分失望的张贵田对卖肉的师傅说：“师傅，哪儿还有肉店？”

“从这条街往南走，走过第二个十字路口，朝北开门的有一家！”

于是，三人又急急忙忙往南走。还好，这家肉店的肉没有卖完，于是他们赶紧排队……等到买好肉，已是下午两点半了，肚子饿得实在撑不住了。正好路边有一家包子店，买了六笼包子，三个人风卷残云，狼吞虎咽地吃了，这才安下了神。后来，三个人再吃包子，都觉得没有那顿包子香。

虽然很累，但还不能休息，他们必须赶在晚 8 点半乘坐去沈阳的列车之前，再买齐工人师傅们的鱼、糖、奶粉、肥皂、粉丝、固体酱油等生活日用品，等所买的东西装好之后，又是十几个装得鼓鼓囊囊的大提包。这么多，肯定上不了车。还是以前的老办法——联系北京的亲朋好友买站台票把他们送上车，再给沈阳的工人师傅打电话，在那边站台上接……

急急忙忙地赶到北京火车站，还好，刚过晚上 7 点。张恩昭、任吉杰和帮忙的亲朋好友去上厕所，张贵田便一个人坐在车站广场的花池子台阶上，照看一大堆行李。

“老大爷！”一个小伙子在张贵田旁边叫。

张贵田在看报，周围人很多，不知道那小伙子在叫谁。

“老大爷！”小伙子走到张贵田跟前，看着他，又叫了一声。

张贵田抬起头，放下报纸，疑惑地对小伙子说：“你……叫我？”

“对！老大爷。”小伙子肯定地点头。

张贵田不觉一阵心酸——我这才四十二三岁，就有人叫我老大爷了？“你看我有多大岁数？”

“你至少五十七八，或六十出头——瞧，头发都花白了嘛！”小伙子很自信地说。

张贵田用手摸了摸自己的花白头发，笑了笑，既没肯定，也没否定：“你找我有啥事？”

“我想问一下去沈阳的火车什么时候开，我还没买票，不知道来得及不？”

“8 点半，来得及！赶快去买吧！”

“谢谢老大爷！”小伙子高兴地走了。

坐了一夜的火车，等第二天到 111 厂后，张贵田和同事们又仔细地把所带的东西分成若干份，再分给那些对加工、装配和进度等起关键作用的工人师傅们。

“实在不好意思，又给你们添麻烦了！”装配工王师傅感激得似乎要把心掏出来，“家中 70 多岁的老母亲，躺在病床上想吃一口肉，可哪儿有啊？现在好了，我也能表一下孝心了！”王师傅拿着分到的肉说。

“真不知道怎么感谢你们。”女车工小李拿着奶粉说，“儿子 8 个月了，我突然没奶给他吃了，只好熬面糊糊，儿子不爱吃，‘哇哇’地哭。这下好了，儿子又有奶吃了！老贵师傅，您放心，我加工的那活儿，保证提前完成！”

“不用感谢！”张贵田笑着说，“毛主席不是说过嘛——我们都是来自五湖四海，为了一个共同的革命目标，走到一起来了。咱们一家人不说两家话……”

“好！一家人不说两家话，干活！干活……”

4.“另案”催生凌云志 “编外”激活攻关情

正当张贵田带领攻关团队日夜鏖战，奔波在秦岭、北京、沈阳三地，全身心地研制常规三级高空发动机时，1976 年 8 月，七机部决定变更“331 工程”发动机方案——将氢氧发动机由“另一提案”改为“第一方案”，而将常规三级高空发动机由“第一方案”改为“另一提案”。

常规三级高空发动机突然被“另案”的决定传来，仿佛从塞北吹来一股寒流，使得原本就困难重重的研制工作雪上加霜。张贵田和同事们饱受失落和痛苦的煎熬——发动机如果不能为火箭型号配套，就没有资金支持。这就好像是无藤的瓜，难以生存，难以为继。

“多好的发动机啊，高空二次启动，填补我国空白，眼看着功亏一篑，可惜啊！”有人惋惜地说。

“既然打入‘另案’，研制它还有什么用？干脆把我们这个研制团队解散得了！”有人赌气地说。

“解散？！那怎么行？‘苟利国家生死以，岂因福祸避趋之’！我们正在干着前人没有干过的伟大事业，只要国家的航天事业用得着，我们就一定要干下去！所里支持你们！”主管型号研制的所领导李伯勇坚定地说。

“李所长，有你这句话，我心里就有底了！”张贵田目光炯炯，斩钉截铁地说，“‘另案’也罢，不‘另案’也罢，我们都要排除万难，坚持下去！而且要快、要好好地搞下去！只要我们把常规三级高空发动机研制成功了，我坚信，国家的航天事业总有用得着的一天！”

怀着对祖国航天事业的无限热爱和对国防事业的高度责任感，张贵田带领常规三级高空发动机的研制团队，在千钧重压之下，没有轻言放弃，而是挺起了不屈的腰杆，在067基地和兄弟单位的大力支持下，毅然决然地继续进行着发动机的研制工作。

火箭发动机高空模拟点火及二次启动技术是世界航天领域的核心技术和关键技术，美国等西方发达国家一直对我国进行严密的技术封锁，该技术既换不来，也买不到，必须走自主创新的发展道路。

高空模拟试验，就是在地面上能模拟火箭发动机高空工作环境和使用工况并获取其工作性能/特性的高空台上进行的发动机试验。因高空台特有的发动机工作条件具备模拟范围宽、测试能力强、试验效率高、风险易控和重复性好等优势，使得高空模拟试验成为自主研制先进火箭发动机和推进系统不可或缺的最有效的试验手段。事实上，高空台和高空模拟试验是在发动机研制过程中实现其全部工作特性、摸索与考核的唯一手段，是发动机研制过程中最有效的性能调试和技术攻关手段，是先进火箭发动机关键部件研制的重要途径。

我们没有发动机高空台怎么办？张贵田启发大家：既然大型模拟试验设备一时难以建成，我们能否在力所能及的范围内，将完整的模拟试验分成几种试验进行。这样做虽然模拟效果差一些，但还是能检验出不少问题。

要研制高空二次启动、双向摇摆、可贮存推进剂三级高空发动机，首先要搞清楚真空失重条件下，在第一次关机后至第二次启动前，腔道中残存推进剂的物态变化。但国内没有这种真空失重的现代化试验设备。

没有条件就自己创造条件，没有设备就自己制造设备。张贵田带领攻关团队动脑筋，想办法，和介质实验室的技术人员集思广益，决定先做真空条件下的推进剂物态变化试验。大家因陋就简，自己动手，利用一个闲置的105立方米的容器和一台功率不大的真空泵，再购置真空阀、真空计，仅用了一个星期，就建成了一套简陋的真空试验装置。

但是在第一次做抽真空试验时，真空度达不到要求。张贵田和同事们一边分析原因，一边去宝鸡902厂参观，虚心学习人家是如何抽真空的。这一学习还真长了见识——原来要在管路接头和法兰处粘上真空腻子或真空脂。尽管大家又累又困，但心中还是特别高兴。

任何物体都有三态的变化——固态、液态和气态，压力、温度到某一个值后，物态就会变化，所处的环境不同，所表现的物态也不同。大家先给烧瓶装进四氧化二氮，把真空罐抽成真空，达到要求以后，把烧瓶与真空罐连接处的阀门突然打开。四氧化二氮和真空环境一接触，奇迹出现了——张贵田和同事们终于第一次直观地看到了四氧化二氮在低于其三相点压力条件下的沸腾、蒸发、凝固和升华的物理现象，终于得到了解决二次启动问题的第一手资料，也使真空试验技术迈出了可喜的第一步。

有了一个好的开头，大家的信心就更足了。

高空发动机第一次停车以后，在高空二次启动前推进剂在燃烧室的腔道里会产生什么变化呢？国外零星的资料讲得很简单：高空停车，四氧化二氮凝固点比较高，零下10度左右就凝固了。如果高空停车，四氧化二氮在低温下就会凝固，凝固以后堵住通道，二次启动推进剂就无法进入。于是张贵田和同事们自己做模拟试验件，遗憾的是，模拟试验件可以模拟真空，却模拟不了失重。

为了最终实现真空和失重并存的模拟条件，1976年夏天，张贵田和攻关团队来到西安市阎良区——亚洲地区最大的集飞机研究设计、生产制造、强度检测、试飞鉴定、航空教学五位一体的“航空城”。他们与试飞中心领导协商，将他们设计生产的试验系统、控制系统和摄像系统安装在超声速飞机上，利用飞机做抛物线飞行，创造失重条件；利用控制系统使真空环境与失重条件协调；利用高速摄影机将真空失重条件下的物理现象记录下来。

飞机做失重飞行的时间是很短暂的。飞机飞到一定高度后将发动机关机，飞机往下俯冲，就会出现失重状态。做这种危险的飞行，要冒极大的风险——飞机关机再启动是一个极危险的动作，不到万不得已绝不采用。好在试飞中心领导非常支持祖国航天事业的试验工作。他们采取了很多措施，在确保飞机和机组人员安全的前提下，同意了做失重试验。

在阎良试飞中心进行失重试验的日子里，大家工作特别认真。飞机在空中飞行了多少次，张贵田就带领大家做了多少次失重试验。最后的判断结果是：贮箱的推进剂在失重条件下气液混合成一体，排出的推进剂迅速凝固，但不是很坚硬，而是疏松的，不至于堵塞燃烧室的冷却通道喷嘴。

如果说发动机是火箭的“心脏”，那么，涡轮泵就是发动机的“心脏”。为了给常规三级高空发动机打造一颗高质量的“心脏”，张贵田带领攻关团队，不知挥洒了多少汗水，耗费了多少心血和智慧，经历了多少艰难的造“心”历程。

涡轮泵的设计工作是1974年春天开始的。高空发动机的技术性能要求很高，而且要求质量要轻，可靠性要高。

为了达到设计的目标要求，张贵田要求大家在设计每一个零组件时都要充分进行分析计算和优化设计。

气蚀性能是液体火箭发动机涡轮泵的重要性能之一，提高涡轮泵的气蚀性能是非常专业的技术课题。在设计中，对零件的每个部位大家都仔细地推敲。除了涡轮泵的气蚀课题外，对泵的效率、轴向力和涡轮的强度、耐高温等一系列课题，大家也都认真地逐项进行分析、计算和研究。

关于质量的设计就更为直观。常规三级高空发动机的涡轮泵外表面上除有几条凸出的肋片，还有一些凹坑。这些都是在设计时，在不影响强度的条件下，为减少每一克质量所下的功夫。整个涡轮泵的质量减少到了最低值，一个人出差即使带上两台涡轮泵，也不会感到特别重。

涡轮泵是高速旋转的叶片式机械，同时又具有高温和高压的特点，这就决定了它的加工精度高、要求严格、工艺复杂，必须交由专业生产厂才能完成整个生产过程。

当张贵田决定把涡轮泵交给067基地发动机生产厂——7103厂生产后，设计人员就跟踪生产，寸步不离。零件生产到哪里，就跟踪到哪里；哪里出现问题，就在哪里处理，没有半点拖延；哪里生产工序衔接不上，就马上帮助疏通渠道，理顺关系，并主动把工件送到下道工序加工车间，交给加工的师傅。

涡轮泵的同轴度对涡轮泵的运转与平稳性至关重要，保证装配质量的核心问题是同轴度。为了解决好这一问题，设计人员首先在技术文件上做了充分准备，为车间提供同轴度检查图，使车间能很清楚地掌握同轴度的检查要点，采取加工定位销和采用同心轴两种方法，保证了涡轮泵的装配同轴度和运行精度。

涡轮泵产品终于生产出来了。然而，令人遗憾的是，试验过程中却出现了涡轮泵叶片几乎全部断裂，即所谓“剃光头”现象。

为了解决涡轮叶片断裂问题，张贵田和攻关团队开过无数次技术方案讨论会，从试车的启动、停机的程序、密封的泄漏等问题，一直研究到涡轮叶片的重心位置问题。

“甭急躁！”张贵田劝慰同事们，“心急吃不了热豆腐。要静下心来，一个问题一个问题地耐心查找。”

终于，所有问题得到了改善和解决。试车时间由20秒、100秒、500秒……1000秒、1500秒，最后竟达到了2000秒。

接着，在涡轮泵密封研制中，大家一鼓作气，接连攻克了“大吐血”“大开锅”“瞬时高压”等技术难关。

常规三级高空发动机涡轮泵的两泵与涡轮之间的密封是高转速的动密封，

在液体火箭发动机上首次采用膜盒石墨式端面密封。在试验台上进行试验时，有时焊接膜盒出现开裂或石墨破裂，棕红色的四氧化二氮成股地流出来。这种现象被形象地称为“大吐血”。为了攻克这一难关，搞密封的设计人员在膜盒的焊接与处理上，在石墨的材料和形状上进行了许多研究改进，提出了双端面密封、中间加注润滑油的改进方案。然而在进行试验时，两道密封中间又出现了“瞬时高压”现象，压力超出了压力表的量程。怎么办？攻关小组成员靳治礼提了一条建议：加一个气体蓄压器——这就是后来的“背油壶”方案。这一方案既解决了压力升高的问题，又解决了摩擦面的润滑问题，进而彻底解决了轴密封问题。

“大开锅”也是轴密封使用过程中发生的一种问题。一般涡轮泵在进行试验以后，还要检查其密封性。通常是把泄漏出来的气体引入水中，看一分钟冒出几个气泡，来判断其密封的完好程度。如果试验中密封破坏了，在气密性试验中就会出现气泡在水中连续冒出的现象，这种现象被称为“大开锅”。“大开锅”是设计人员最不愿意看到的现象，这个问题随着端面密封的不断改进，也被张贵田和攻关团队攻克了。

“在科学上没有平坦的大道，只有不畏劳苦沿着陡峭山路攀登的人，才有希望达到光辉的顶点。”当常规三级发动机的“心脏”——涡轮泵浸润着汗水、心血和智慧，经过无数个日日夜夜，终于研制成功之后，张贵田和攻关团队，对伟人的这句话有了更加深刻的体会。

1976 年 5 月，首台常规三级高空发动机具备了在北京 101 站整机热试车的条件。作为首次整机热试车，既要考核发动机，又要考核试车台。为确保试车成功，张贵田和试验队员们提前赶赴北京，配合 101 站对试车台进行技术改造，同时对参试发动机进行测试检查。在各项准备工作都完成后的试车前夜，大家围坐在一起召开首次试车预想会。从涡轮泵、燃烧室、阀门等零组件的生产、试验，直到整台发动机的调整计算、总装测试，一个环节一个环节地进行回忆讨论，预想会一直开到了深夜。大家回想以往工作的难点和疑点，把所有能预想到的问题都进行了认真的归纳和梳理，觉得都做到了心中有数之后，才坦然安睡。

1976 年 5 月 26 日上午，地处平原与山峦交界处的北京 101 站周围，夏风流暖，碧空如洗，燕鸟低徊，群峰如屏。道路两旁，鲜红的野蔷薇花、亭亭玉立的金针花，仿佛丝绒锦绣，装饰着大地。

10 点整，试车台指挥员一声令下，常规三级高空发动机首次整机热试车顺利开车。在雷霆万钧的吼声中，一股橘红色的火焰从发动机喷管轰然喷射而出，直扑导流槽，一瞬间，平地腾起数十丈高的水雾，铺天盖地，蔚为壮观，接着又化成乳白色的云团，袅袅而去。

发动机在轰鸣着，5 秒……10 秒……15 秒……当“20 秒”刚从操作员口中报出，发动机的烁烁烈焰突然回缩，试车顺利关机。常规三级高空发动机首次整机地面试车获得圆满成功！此刻，控制间里响起了热烈的掌声，张贵田和同事们激动得热泪盈眶。首次整机试车成功，标志着研制工作迈出了可喜的第一步，极大地激励了常规三级高空发动机的研制者们。

5. 一次启动惊风雷　风云一号遨苍穹

1979年初春，上海黄浦江畔的早晨，景色绚丽。放眼望去，“鸭头绿一江浪花，鱼尾红几缕残霞”，琼楼林立，巨厦巍峨。

2月15日这天，在上海召开的长征四号运载火箭方案论证会上，常规三级高空发动机被选为三级动力装置。

喜讯传来，张贵田和同事们无比兴奋。自从1976年8月将长征三号运载火箭常规三级高空发动机由“第一方案”改为“另一方案”，两年多来，该发动机就像个没娘的孩子，大家抑郁的心绪就没有舒展开过。如今常规三级高空发动机这只羽毛丰满的大鸟，终于派上了用场，要展翅高飞了。

6月14日，国防科委正式批复七机部：同意长征四号运载火箭的总体技术方案。

1985年8月1日，七机部下发文件，常规三级高空发动机正式用作长征四号甲的三级发动机，只要求一次启动工作。从此，常规三级发动机按照上海航天局一次启动型要求进行研制。

常规三级高空发动机研制过程分初样研制和试样研制两个阶段，从1976年到1985年为初样研制阶段，1985年以后为试样研制阶段。

为了使常规三级高空发动机早日研制成功，张贵田带领攻关团队日夜鏖战，锲而不舍，创新不息，研制不止。

张贵田在1979年担任发动机设计所副所长、1981年担任所长、1984年担任067基地主任之后，常规三级高空发动机设计室主任由胡鸿福、张恩昭等同志相继担任。但张贵田依然对常规高空三级发动机常抓不懈，经常深入研制现场，和同事们一起摸爬滚打，攻艰克难。

常规三级高空发动机在研制中经历了不断探索、不断实践、不断认识的历程。

在首次地面热试车成功后的三年时间里，发动机结构出现了诸多问题，经历了多次试车失败。怀着不达目的、誓不罢休的坚定信念，张贵田、胡鸿福和攻关团队不灰心丧气，不怨天尤人，而是冷静地分析故障、寻找故障症结，采取了一个又一个改进措施，新状态发动机终于取得了连续 5 次试车成功的好成绩。

长征四号运载火箭的第三级，是用两台常规三级高空发动机并联工作的。为了检验双机并联工作的可靠性和对箭体的影响，还必须按发动机实际工作状态进行双机并联综合试车。

1984 年 1 月 13 日，朔风凛冽，天寒地冻。常规三级高空发动机双机并联地面工作首次可靠性试车，在北京 101 站进行。试车过程中，试验舱段突然冒出了一股黄烟，发动机紧急关机，试车失败。

经过仔细的检查，发现问题是由系统接头处铝垫片被压偏引起泄漏造成的。为了彻底解决发动机的局部泄漏问题，大家冷静地对系统中所有的密封结构进行了全面分析，并进行了大范围、较为彻底的改进。

1987 年，在一次启动型常规三级高空发动机交付飞行前的可靠性试车过程中，有两次试车氧化剂泵在前稳定段出现了局部汽蚀。由于临近交付日期，考虑到可能会影响长征四号甲运载火箭的总进度，必须在短时间内对发动机泵及泵前系统进行改进。为此，067基地和发动机设计所组织攻关团队多次研究和反复计算，并进行了大量的泵及泵前系统联试，考察了不同情况下的汽蚀性能，终于搞清了泵前系统对泵汽蚀性能的影响。接着，攻关团队一鼓作气，从降低泵前推进剂流阻入手，加大了隔离活门进口的转弯半径，使泵的汽蚀裕度由原来的18%提高到84%。随后，攻关团队从球阀加工、活门研究试验，到活门典型试验合格，再到最终提供产品，仅用了一个月的时间。在一系列强有力的技术改进措施实施之后，试车结果证明，泵汽蚀问题得到了彻底解决。

随后，一次启动型常规三级高空发动机在165试验站二号台经受了多次试车考验，发动机可靠性和性能指标完全达到了上海航天局的要求，具备了参加飞行的条件。

1988年6月，067基地风云一号气象卫星发射试验分队一行17人在褚祥生、张恩昭的带领下，满怀激情地向太原卫星发射中心进发。这是长征四号甲运载火箭第一次发射太阳同步轨道卫星——风云一号气象卫星。

发射风云一号的长征四号甲运载火箭动力系统一、二、三级发动机全部由067基地研制。一、二级发动机经过了多次飞行试验的考验，而常规三级高空发动机则是第一次参加飞行试验，所以，发射试验中队领导格外重视，出了三道“考题”，专门抽出两个晚上的时间，听取067基地风云一号气象卫星发射试验分队关于发动机的汇报。精心准备之后，参试队员们用数据说话，对三道“考题”一是一,二是二，做了圆满的回答，严谨清晰，面面俱到，几乎是无懈可击。发射试验中队领导和总师们对此非常满意，最后做出了常规三级高空发动机可以放心使用的结论。

风云一号卫星发射前的检查工作，紧张而有序。太原卫星发射中心实行岗位责任制，一、二、三级发动机各设置13个岗位，每个岗位要有两个人检查。不到20个人的试验分队，要承担78个检查岗位，大家争先恐后，都要求多承担几个岗位。风云一号卫星发射前的那些日子，不管是白天还是黑夜，赤日炎炎还是急风暴雨，参试队员们都专心致志，全身心地战斗在自己的岗位上，每天在技术阵地、发射阵地间来回奔波，汗流浃背，不怕苦和累。

9月7日凌晨4点30分，太原卫星发射中心灯火通明。在惊天动地的轰鸣声中，长征四号甲运载火箭拖着橘红色的火焰，昂首直刺苍穹，在蓝天里划出一道壮美航迹，从人们的视野中消失。

首枚长征四号甲运载火箭顺利升空，成功地将风云一号气象卫星送入预定轨道。

从1988年首飞到2008年，一次启动型常规三级高空发动机先后成功地完成了长征四号甲运载火箭等共计17次飞行，各次飞行的遥控数据结果表明，发动机性能稳定，满足工作要求。

6. 二次启动凌高空 “长四”荣立特等功

YF-40常规三级高空发动机在从1974年到1984年的10年时间里，一直按照二次启动型的要求研制。1985年改做长征四号甲运载火箭的三级发动机后，按照上海航天局一次启动型要求研制，二次启动型的研制工作暂时停止。

随着国内外航天技术的不断发展，为适应长征四号乙运载火箭发射卫星的需要，同时考虑到未来发射多用途卫星和一箭多星的市场需求，上海航天局要求在一次启动型常规三级高空发动机的基础上进行改进，使其具有可靠的二次启动能力。为此，从 1993 年开始，二次启动型常规三级高空发动机重新上马，开始了争分夺秒的研制工作。

其实，YF-40 发动机最初的设计，就是按二次启动设计的。早在 1974 年年初，张贵田带领攻关团队，就进行过大量的二次启动研究工作，积累了宝贵的研制经验。二次启动型常规三级高空发动机的重新上马，极大地调动了设计人员的研制热情。大家根据当年二次启动型发动机 20 余次热试车情况的统计分析，认为现在的首要目标，是对涡轮泵等组合件进行改进研制，以提高其可靠性。

对涡轮泵、二次启动器及氧化剂隔离阀等组合件的改进研制，是从 1993 年开始至 1995 年年底结束的。其中，对涡轮泵的改动量最大。三年时间里，无论是主任设计师还是普通设计员，都以饱满的精神和昂扬的斗志，全身心地投入

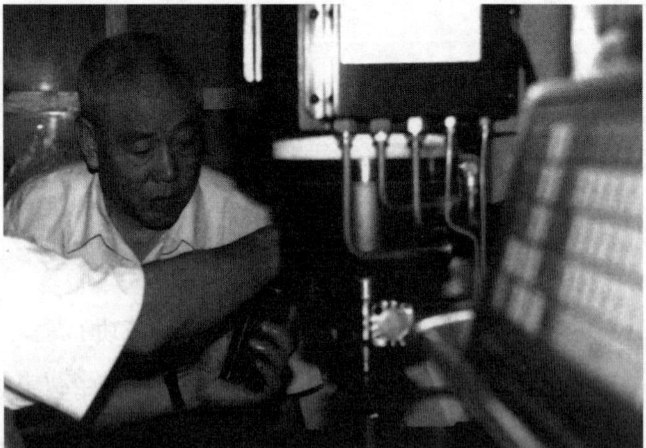
张贵田深入科研生产一线

到研制当中。为加快研制生产进度，设计人员经常深入车间生产第一线，指导和协调产品生产。其间从改进方案论证、设计出图、制作模具、壳体铸造、零件机加再到涡轮泵装配，仅用了一年多的时间。设计人员工作热情之高、对二次启动型期盼之热烈、进展速度之快，前所未有。

1994 年 12 月 19 日，在 067 基地发动机试验站进行的组合件改进研制阶段的第一次涡轮泵联试中，涡轮泵转子叶片严重烧毁，试验以失败告终。设计人员忍受着心中的痛苦，没有灰心丧气，而是仔细检查问题到底出在哪里。通过对试验现场和试验数据进行仔细分析，确认故障是由于第一次关机后吹除程序不当引起的，并制定了新的吹除程序。在之后进行的涡轮泵多次联试中，故障得以彻底消除，涡轮泵二次工作性能和结构可靠性均得到了显著的提高。

从 1996 年 6 月 26 日到 1997 年 8 月 31 日，二次启动型常规三级高空发动机，在 067 基地发动机试验站进行了三次整机研制阶段试车，均发生了“热泵启动”故障——或是推力室局部烧坏，或是燃气发生器身部收敛段烧穿。设计人员的心头仿佛压上了一块沉甸甸的大石头。

这时候，因年龄关系不再担任 067 基地主任而改任科技委主任的张贵田，又一次来到了设计人员中间。他情真意切、苦口婆心地给大家“打气”：

“……要知道，二次启动型常规三级高空发动机，是世界性的难题，遇到失败，完全在情理之中，所以，千万不要怕失败。有时候，失败比成功更重要，它和成功一样对我们都有价值。我们要从失败的教训中找出通往成功的路径……最困难、最艰苦的时候，也就是离成功近在咫尺的时候。要记住：历史上所有伟大的成就，都是由于战胜了看来是不可能战胜的困难而取得的。我记得钱学森说过一句话：‘不流大汗，不受大累，出不了大成果。’只要我们牢固树立‘咬定青山不放松’的坚定信念，就一定能够战胜‘热泵启动’这只拦路虎！”

张贵田的一席话，好像一股温泉流进大家的心里，大家顿时觉得身体里似乎有了一股用不完的劲儿。

在随后的两年时间里，设计人员用“咬定青山不放松”的钢铁意志支撑着自己，用“不流大汗，不受大累，出不了大成果”的坚定信念勉励着自己，重点对“热泵启动”故障展开了深入的研究，制定了一系列改进措施——改进排空系统、增加泵后排放系统、增加副系统吹除系统等。从2000年9月至2004年7月，二次启动型常规三级高空发动机共进行了五次可靠性试车，各次试车均取得了圆满成功，经试车后分解检查，各组合件完好，完全达到了指标要求。

2006年4月27日，是张贵田和所有参加常规三级高空发动机设计、生产、试验人员永远难以忘怀的日子——这一天，在太原卫星发射中心，长征四号丙运载火箭托举着遥感一号卫星以雷霆万钧之力，呼啸着拔地而起，奔向浩瀚的太空。遥感一号卫星在人们的欢呼声中，发射圆满成功！这是YF-40发动机首次在太空中实现二次启动！

这是30年的功力和汗水，这是30年的艰辛与智慧。

这是30年的心血和砥砺，这是30年的逐梦与收获。

1988年至2014年，由一次启动型、二次启动型常规三级高空发动机配套的长征四号系列运载火箭，已成功发射各种卫星40多次，为我国航天事业立下了赫赫战功，对我国国民经济发展起到了巨大的推动作用，这一丰硕成果必将载入我国航天事业发展的史册。常规三级高空发动机的研制经验，还被成功地用于其他型号发动机的研制之中。通过常规三级高空发动机的研制，锻炼出了一大批液体动力技术和管理领域的专家级人才，为中国航天事业的蓬勃发展建立了不朽的功勋。

常规三级高空发动机YF-40发动机荣获部级以上各类奖项30多项，其中特等奖一项、一等奖一项。

“志不休者虽难必易，行不止者虽远必臻。”

奇迹多是在对逆境的征服中出现的，梦想多是在不懈追求的努力下实现的。常规三级高空发动机由“梦”而为，由“梦”而起，由“梦”而成。

现在，常规三级高空发动机的研制人员，正以“快马加鞭未下鞍”的冲天干劲，进行着各种大胆的尝试，积极扩展常规三级高空发动机的应用领域，在探月工程、深空探测等领域寻找其更广阔的用途，誓为中国航天再立新功！

张贵田作为主要完成人参与研制的长征四号甲运载火箭，获得1991年国家科学技术进步奖特等奖

1991年12月，张贵田（前排左三）参加国家科学技术进步奖颁奖大会

张贵田

张贵田院士传记

Academician Zhang Guitian's Biography

第五章

捆绑火箭闯国际 “澳星”排云冲碧霄

仅用14个月，研制出长征二号捆绑火箭发动机，首飞获得圆满成功。张贵田带领他的攻关团队，用神奇的速度，创造了液体火箭发动机研制的奇迹。

张贵田自1984年担任067基地主任后，带领基地干部职工披坚执锐、顽强拼搏，用14个月时间，主持研制生产出大推力长征二号捆绑火箭发动机，并于1990年7月16日首飞，成功发射“澳星”模拟星和巴基斯坦卫星。

1992年3月22日，“澳星”发射失利之后，张贵田用“完不成任务，我宁愿当杨继业，头撞李陵碑为国捐躯”的钢铁誓言，立下军令状。他带领067基地人殚精竭虑，日夜鏖战，装配出8台“长二捆”大发动机，于1992年8月14日，成功地将“澳星”送入预定轨道。

长二捆的研制成功，是中国挺进世界航天领域的一个重要里程碑，使中国在竞争激烈的国际卫星发射市场有了一席之地。

1. 世界航天灾难年　横空出世“长二捆”

1986年1月28日晚上，张贵田惊愕地从电视新闻报道中看到，美国航天飞机“挑战者”号从佛罗里达州的肯尼迪航天中心的发射架点火起飞，在升空73秒钟后，突然爆炸，价值12亿美元的航天飞机被炸成碎片坠入大西洋，7名机组人员全部遇难，其中包括美国37岁的中学女教师麦考利夫——从一万多名申请者中选出来的美国第一名参加航天飞行的普通公民。

张贵田不由得顿足长叹：“太可惜了！”

然而，让张贵田更没有想到的是，1986年上半年，美国、欧洲火箭接二连三地发射失败，全世界惊愕不已。

4月28日，马丁·玛丽埃塔公司为填补运载工具空白，为美国空军制造的大力神34D火箭点火升空仅几秒便瞬间爆炸，烈焰冲天，残骸遍地。

5月3日，麦道公司的德尔塔火箭升空91秒后失去控制，火箭载着卫星在空中自毁爆炸，如同“天女散花”。

5月30日，已经赢得世界半数以上卫星发射合同、享有良好声誉的欧洲航天局阿里安火箭，因第三级未及时点火而发射失败。

一连串的致命打击，使美国、欧洲的航天发射活动几乎陷于瘫痪。

1986年，被称为世界航天灾难年。

几天后，张贵田去北京开会，见到了一起留学苏联莫斯科航空学院的老同学——中国运载火箭技术研究院院长王永志。王永志是中国著名火箭专家，曾多次参与我国重大航天工程的论证，后来担任了中国载人航天工程总设计师。

王永志、张贵田两人一路从“莫航”走来，互为对方的品德和才华吸引，意气相投，形同莫逆。几句寒暄问候，张贵田便迫不及待地说出了自己想了好多天的心里话："老王，最近几个月，美国的航天飞机、欧洲运载火箭接二连三地失败，国际卫星发射市场呈现出青黄不接的局面。这可是个千载难逢的好机会啊，我们的长征火箭何不趁机打入国际市场，发射国外卫星？"

"说下去！老贵！"王永志两眼灼灼，闪烁着期待的目光。

"你看，经过几十年的自力更生、艰苦奋斗，中国航天工业已经形成了一整套设计、生产、试验、发射体系，无论是火箭技术、卫星技术、发射能力，还是跟踪测量能力、配套保障水平……都在向世界先进水平迈进。更重要的是，中国航天工业拥有一批'全球稀缺'的装备制造资源、有一支高水平的技术研发团队，尤其难得的是，中国航天'雪藏'了一支优秀的工人技师队伍。"

"分析得头头是道啊！老贵，把你心里想到的都说出来！"王永志继续鼓励。

"自从中国连续成功发射返回式遥感卫星和地球同步轨道通信卫星之后，已经具备了承揽发射外星的基本条件。用中国的运载火箭发射外国卫星，不仅是一件壮国威、振民心的大事，而且可以为科研生产任务尚不饱满的航天产业带来勃勃生机。通过饱满的科研任务，能进一步培养、锻炼新一代航天科技人员，能进一步加快设备的利用率和更新换代，能进一步提高一线工人的技术水平，更重要的是，能进一步保本创汇，增加经济效益，更能增强海外华侨的爱国凝聚力。机不可失，时不再来！‘好风凭借力，送我上青云’啊！”

“好啊，老同学，你还是那样，总往远处走，向高处看啊！”亲切地拍着张贵田的肩膀，王永志说，“实话告诉你，咱们想到一块儿去啦——英雄所见略同啊！现在最大的问题是，咱们长征火箭的推力太小。我思谋着，咱们要赶快搞一枚高质量、大推力的运载火箭，才能打入国际市场，把国外大质量的卫星送上太空。”

“老王，我们 067 基地几年前就开始预研增大推力的大喷管发动机，目前正处在研制的关键时刻，再加一把劲儿就能成功！”张贵田满怀信心地说。

“那太好了！老贵啊，你们可一定要抓紧干，争取早日拿出大喷管发动机来！现在，面对美国和欧洲航天局一蹶不振的局面，国防科工委、航天工业部，还有我们研究院，都和你一样，已敏锐地感觉到，这是一个绝好机遇，绝不能眼睁睁地让它从我们手中溜掉。要抓住机遇，迎接挑战，尽快搞出咱们中国特色的大推力运载火箭，不失时机地打入国际商业卫星发射市场！”

“咱们共同努力吧，我等着你们火箭总体院承揽任务的好消息！”张贵田说。

王永志、张贵田，这两位在业内极具影响的“老航天”，以他们敏锐的眼光、丰富的经验、对中国航天的钟情和在航天界的影响力以及人格魅力，满怀神圣的使命感，想中国航天发展之所想，急中国航天发展之所急，两人的灵感一经碰撞，便立即迸发出智慧的火花，一拍即合。

美国、欧洲的航天发射接连惨败，令世界航天界的同行唏嘘不已。国际商业卫星发射市场的元气大伤，造成了运载火箭短缺、用户排队等待发射卫星的局面。更令世界各卫星用户心焦的是，美国和欧洲航天局的火箭不知道何时才能恢复正常发射。他们不得不开始寻觅新的安全可靠的运载火箭来发射自己的卫星。在这种情况下，他们把目光小心翼翼地移向了世界的东方——打量起中国航天工业的实力。

长二捆火箭这一构想，最早是由中国长城公司驻美国洛杉矶总代表、火箭专家黄作义于1986年3月提出来的，得到了王永志的支持和认可。

1986年春夏之交的夜晚，微风习习，柳丝拂面。

在北京南郊航天大院一间普普通通的办公室里，中国运载火箭技术研究院的几位领导王永志、沈辛荪、于龙淮、王德臣，正围着一张桌子，仔细地审阅着经过他们缜密思考而精心绘制的三张原理草图——在发射成功率很高的长征二号火箭的基础上，加长箭体作为芯极，再在原有4个发动机的第一级箭体上捆绑4个液体火箭助推器，从而构成一个新的两级液体火箭。正如人们常说的，“一个好汉三个帮，一个篱笆三个桩”。一级8台发动机同时点火后所产生的推力接近原来的2倍，从而大幅度地提高火箭的运载能力——这就是大名鼎鼎的大推力长二捆火箭的雏形。

令中国航天人万万没想到的是，美国航空航天局的高层对中国提出承揽发射他们研制的卫星表现出极大的兴趣。美国休斯公司正好为澳大利亚制造了一颗大质量的新一代商用通信卫星，卫星连同它的上面级火箭，总质量约7.5吨，拟对外进行发射招标。然而，休斯公司的条件十分苛刻：如果想参加竞标，大推力火箭是前提条件。应标者必须在1990年6月30日之前成功发射第一枚大推力运载火箭，然后才能发射休斯公司的卫星。如果不能如期实现，休斯公司将终止合同，并索赔100万美元。

听到这个消息后，中国运载火箭技术研究院领导非常重视，马上组织总体设计部进行方案设计——在长征二号丙火箭的基础上，捆绑四个助推器，形成新型大推力运载火箭——长征二号E（即长二捆火箭），争取用最快的速度走向国际商用卫星发射市场。

7月17日上午，中南海碧波荡漾，林木葱葱。中央专委正在第十三会议室开会。

在认真听取了国防科工委主任丁衡高、航天工业部副部长刘纪原等关于发射国外卫星的工作汇报后，中央专委领导明确指示：原则同意并尽快开展这项工作。为国外发射卫星，一是要组织得力，二是要注意信誉，确保卫星发射成功。做好这件事，不仅在经济上可以获益，在政治上也会产生重大影响，有利于团结凝聚海内外炎黄子孙，共同振兴中华。

中央专委很快向全国下发了通知，确定将发射国外卫星列入国家重点项目，代号为“867工程”，并给予必要的特殊政策，由国防科工委组织实施，要求有关部门予以大力支持和积极配合。

1986年10月，美国休斯公司派来专家，与中方就发射他们研制的澳大利亚卫星进行谈判，中国运载火箭技术研究院院长王永志与美方谈到了大推力运载火箭研制方案和进度，休斯公司专家表现出浓厚的兴趣和意向。

1987年5月，中国航天界高层在北京怀柔召开了一次决定“长二捆”命运的论证会。刘纪原、屠守锷、王永志、王德臣等领导和专家出席会议。067基地主任、液体火箭发动机专家张贵田和发动机生产厂厂长张志新，也作为液体火箭发动机研制和生产单位的代表，参加了这次会议。

然而，会议一开始，长二捆火箭的怀疑者、反对者和支持者的不同声音就交织在一起，争论得很厉害。

“像‘长二捆’这样的大推力火箭，我们从来没有搞过，难度太大，必须三思而行，千万不可莽撞行事。”怀疑者说。

“要把8台火箭捆绑在一起，同时点火，那可不是小孩子玩儿过家家。中国没有经验可循，外国技术又保密，要搞，那是劳民伤财，根本搞不出来！”反对者说。

“我看行！”这时张贵田站起身来，花白的头发下面，一双深邃的眼睛炯炯有神。

他直抒胸臆，侃侃而谈：“研制长二捆运载火箭，投放世界商业市场，这无疑是一个适时而明智的选择；是中国航天技术发展的必由之路；是炎黄子孙对人类的一份责任；更是中国航天摆脱旧体制，挺进世界航天领域，走向市场的良好开端。搞航天高科技哪能没有困难，没有风险？我们切不可长他人之威风，灭自己之志气。想想看，在我们几十年来搞航天的艰苦历程中，哪一件事情是等着四平八稳了才去干的？哪一次成功的险途不是踩着荆棘、冒着风险闯过来的？在某种程度上，风险大，意义更大。冒些风险是值得的。如果瞻前顾后，前怕狼后怕虎，什么事情也干不成！我之所以赞成搞长二捆火箭，是立足于中国航天在几十年自力更生、艰苦奋斗的征程中，已经造就的一支经验丰富、水平一流、作风过硬的航天科技队伍，这是我们挺进国际航天发射市场的条件和实力。”

望着众人投来的目光，张贵田稍作停顿，接着说：“上‘长二捆’，我们有充分的理由——第一，有成功的技术铺垫；第二，‘长二捆’发动机推力完全可以满足大质量的新一代商用通信卫星发射要求；第三，可以少花钱，办大事。像这样的好事，我们何乐而不为？不上‘长二捆’，我们会失掉这千载难逢、稍纵即逝的机遇，我们会后悔一辈子，会成为千古罪人！长二捆火箭能否造出来，关键在其‘心脏’——火箭发动机。我在此代表 067 基地表个态，我们决心按照长二捆火箭总体院的技术要求，不惜一切代价，在规定的时间内，制造出高质量、高可靠性的发动机来……”

张贵田斩钉截铁、掷地有声的慷慨陈词，赢得了大多数与会高层和专家们热烈的掌声。

“老贵啊，你讲得太好啦！你完全讲出了我的心里话。”王永志在会议休息时，紧紧地握着张贵田的手，感慨万千地说，“还记得咱俩暗暗地在‘莫航’立下的钢铁誓言吗？”

“努力学习，发愤图强，日后研制出咱们中国自己的顶尖火箭！”张贵田脱口而出，“我一辈子都会记在心中！”

“看来这钢铁誓言，咱俩都没有忘记。”王永志说，“一眨眼 20 多年过去了，人生能有几回搏啊！”

“是啊，机不可失，时不再来。此时不搏何时搏！”张贵田说。

“眼下，对于长二捆这种大推力火箭，议论很多，阻力很大。我们以前没干过，技术上有风险；时间这么紧，进度上有风险。所以，这就要求我们在设计、生产、试验这三个主要环节上稳扎稳打，精益求精。必须确保一次成功，不能有任何反复，不允许有任何闪失，否则后果不堪设想啊！老贵啊，总之一句话——路在人走，事在人为，哪怕是天大的困难，我们也要竭尽全力克服，把巨大的风险化为成功的喜悦，变成美好的现实！”王永志说。

“老王，我还是那句老话——心中有了大目标，泰山压顶不弯腰。你就领着大家往前闯吧！我们当你的坚强后盾。”

张贵田接着说：“将风险化为成功，前提是要研制出高质量、高可靠性的发动机。告诉你，难度最大的大喷管发动机经过夜以继日的艰难攻关，近期有望突破。我可以立军令状——发动机绝不会拖长二捆火箭总体院的后腿！”

“哎呀老贵！这个消息太让我高兴了！只要大喷管发动机的难关能突破，‘长二捆’成功就有了多一半的希望。”

“只有不快的斧，没有劈不开的柴！你就等着好消息吧！”张贵田目光炯炯，面容刚毅，信心百倍，雄心勃勃。

9月，怀揣着“长二捆”的草图，王德臣到美国与休斯公司进行技术协调。凭借着敏捷的思维、严谨的推论、昂扬的气势，王德臣把休斯公司的专家“侃”得心服口服，连喊“OK”。

1988年6月16日，由于中方的不懈努力和休斯公司、奥赛特公司慧眼识珠的大胆选择，由中国长城公司用长二捆火箭发射两颗休斯公司的HS-601卫星的方案，在世界航天界四个强有力的国际宇航集团参加的澳大利亚卫星工程招标中一举中标，史无前例地把中国的航天技术推上了世界舞台。

后来人们常说，在世界航天史上，中国航天人首先创造了先拿一张火箭图纸与用户签订发射合同，然后再拿发射合同找贷款，拿贷款造火箭，拿火箭交市场的这样一种国际商业运行模式。就这样，长二捆火箭成为世界上第一个为市场量体定做的火箭。

长二捆火箭能否在18个月内一举升空，关键在其心脏——液体火箭发动机的质量与可靠性。

为了验证中国长二捆火箭有无发射大质量通信卫星的能力，美国和澳大利亚航天专家在签订合同前特别提出要“眼见为实”，先看一看中国液体火箭发动机的研制情况。中国航天高层同意了这一要求。于是，美国休斯公司火箭专家史密斯先生一行，在航空航天工业部科研局总工程师陈寿椿等人的陪同下，来到了研制长二捆液体火箭发动机的 067 基地所在地——秦岭深处的红光沟。创建 20 多年，处于极度保密的中国航天 067 基地，第一次向外国人亮出了她的“庐山真面目”。

1988 年 9 月 15 日的秦岭深处，“万壑泉声松外去，数行秋色雁边来”。

数辆小轿车在红光沟蜿蜒的公路上急驰。美国代表团团长、火箭专家史密斯先生向车外看去，但见峰峦起伏、青松滴翠、枫叶火红，安河水清澈碧透，山光云影倒映水中。

“美，太美了！”史密斯先生对身边陪同的中国代表团团长、067 基地主任张贵田说，“我实在没有想到，贵国会把液体火箭发动机的设计、生产、试验基地放在这样一个如此神秘、如此秀丽的峡谷之中，实在是太出人意料了！”

“是啊，这地方四季分明，空气清新，是研制火箭发动机的好地方。”张贵田说。

在发动机试验站招待所二楼会议室，张贵田和史密斯带领双方代表团举行了亲切友好的交流和谈判。谈判结束后，在站长徐庆安的带领下，史密斯先生一行参观了高大、雄伟的发动机试验台和各种设施。一行人边看边赞不绝口："你们的试验设备是世界一流的。"

在发动机设计所参观考察时，当所长胡鸿福为代表团介绍了发动机的设计、生产、试验后，史密斯先生说："我很想知道，你们是如何保证发动机的性能和精度的？"

"我们有一套完整的质量保证体系，如试验系统的校准装置，可以保证试验系统工作的稳定性，有效地消除试验系统存在的系统偏差……"胡鸿福说。

"OK，我明白了！"史密斯先生在留言簿上写道："中国的火箭发动机设备、试验、技术水平都是一流的！"

人常说，外行看热闹，内行看门道。当张贵田带着史密斯先生一行参观完发动机生产厂安排的车间之后，史密斯先生专门提出要看涡轮泵和喷注器盘的生产和实物。这两个部件是发动机的核心部件。当看到张志新厂长拿来的整体加工的涡轮盘转子时，史密斯先生十分惊讶，情不自禁地说："OK！太漂亮了！能允许我们看看加工过程吗？"

"嗯……可以。"张志新说："不过，涡轮盘转子

美国休斯公司专家来067基地考察

加工车间离这里太远，时间恐怕来不及了——这样吧，我带你们去参观发动机头部喷注器盘的加工生产吧！”

展现在史密斯先生面前的是大大小小、形态各异的发动机喷注器盘。史密斯先生和他的同事们饶有兴趣地仔细看着。他们对小孔加工能达到这样高的质量表示惊异。

当一个亮晶晶的拇指般大小的工件放在史密斯先生的掌心里时，专家们无不惊奇得睁大了眼睛，仿佛在欣赏着一件稀世珍宝。显微镜下的喷注器盘，直径为 0.15 毫米的斜角对称交叉的 400 对微型小孔密密麻麻、井井有条。中国工人精湛的技艺，令专家们不约而同地竖起了大拇指，连连称赞：“OK!OK! 中国工人了不起！”并在现场与中国工人合影留念。

干出这一手“绝活”的人，就是后来成为全国劳动模范的曹化桥，他为掌握这一尖端技术，整整花了 10 年功夫。

参观完发动机生产厂后，史密斯先生对张贵田和张志新说：“发动机的质量之好，完全出乎我的意料。在美国，发动机的各种组合件是分别由不同的厂家生产的，最后由发动机厂总装。给我印象特别深刻的是，你们对发动机的全封闭式生产与管理，对保证产品质量非常有利。”

告别宴会上，史密斯先生紧紧地握着张贵田的手，动情地说：“这次我在最难忘的秀丽峡谷，参观了最难忘的火箭基地，见到了最难忘的 067 基地航天人和一流的发动机设计、生产和试验设施。更重要的是，你们的产品质量，给我留下了最难忘的印象——张主任，你就等着好消息吧！”史密斯先生的美国式告白，赢得了在场的中、美、澳与会领导、专家的热烈掌声。

张贵田说：“史密斯先生，十分感谢你和你的同事来067基地参观和考察。我坚信，我们的竭诚合作会取得最满意的成果，我们将会在合同规定的时间内，生产出令你们最满意的火箭发动机！”

1988年11月1日，中国长城工业公司与美国休斯公司正式签署了用长二捆火箭发射“澳星”的服务合同。

正式合同签署之后，国内外各种负面言论随之而起。

“中国人是不是吃了鸦片，产生了幻觉？”美国航天界同行觉得特别不可理喻。他们知道，在美国，按常规研制这种大推力运载火箭，至少也需要三四年的时间，而中国人要在18个月完成美国人三四年完成的工作，那简直就是天方夜谭。

“这是头脑发热！要在没有现成产品、没有成功先例的情况下，18个月拿出全新的长二捆火箭，无疑是纸上谈兵！”国内的一些同行说。因为在中国，研制一种新型大推力火箭，按常规起码需要四五年的时间。更何况还是以前没干过的大推力运载火箭，难度就更大。

“不管风吹浪打，胜似闲庭信步。”

长二捆火箭的研制者并没有因为国内外的不和谐声音而停滞不前，而是以前所未有的速度迈上了研制的快车道。

1988年12月14日，在国务院关于研制长二捆火箭的专门会议上，李鹏总理、姚依林副总理和与会领导非常支持研制长二捆火箭。姚依林说：国际市场永远是你争我夺的态势，你不开拓，别人开拓；你不往里挤，就永远也进不去。

会议批准实施研制长二捆火箭。

于是，一场感动中国、震惊世界航天界的研制长二捆火箭的攻坚战拉开了序幕……

2. 情注“机架”攀险峰　力倾“洗槽”克难关

1989 年 10 月的秦岭深处红光沟，“山明水净夜来霜，数树深红出浅黄”。

11 日上午，067 基地召开“大干 100 天，决战长二捆，全面完成科研生产任务动员大会”。基地机关、发动机设计所、发动机生产厂和发动机试验站领导和军品主产品车间及相关处、室领导参加了会议。基地礼堂座无虚席。

基地副主任肖乾芬首先讲了任务的紧迫性和研制要求，她说：“按照火箭总体院的安排，长二捆火箭的研制总周期为 18 个月；我们 067 基地承担着全部 25 台大小发动机的研制任务，而研制周期只有短短的 14 个月。时间紧、难度大、任务重，这无疑是一场硬仗、恶仗，更是我们基地天字第一号任务……”

067 基地党委书记戴证良在会上发出号召：“全基地干部职工要紧密配合长二捆的研制生产，心往一处想，劲往一处使，汗往一处流。像‘长二捆’的 4 个助推器一样，同舟共济，齐心协力，誓把‘长二捆’送入苍穹……”

基地主任张贵田在会上做了热情洋溢、激动人心的动员报告：

“……党中央、国务院十分重视长二捆火箭的研制进展。国务院、中央专委向全国下发了通知，确定将发射国外卫星列入国家重点项目，代号为‘867工程’，并给予必要的特殊政策。中央88号文件明确指出：‘发射外星不仅可以保持我们火箭技术的发展势头，赚取外汇，还是团结海内外炎黄子孙共同振兴中华的大事。’从某种意义上来讲，航天事业，代表着一个国家科技的最高水平。‘长二捆’走向国际商业市场，既是国际高科技的竞争，又是综合国力的体现。尽管这条路风险重重，但我们一定要不遗余力、毫不犹豫地走下去！完成这项史无前例的艰巨任务，关系到国家航天事业的发展和我们基地的兴衰，具有重大的政治意义和国际意义。沧海横流，方显出英雄本色。养兵千日，用兵一时，现在是考验我们的时候了！破釜沉舟，背水一战！14个月研制生产出25台发动机，我们的决心下定了！我们一定要拿下它！我们也一定能够拿下它！”

张贵田激动人心的话音刚落，大礼堂内掌声雷动。

古人云：“兵马未到，粮草先行。”

按惯例，物资订货会是一年一次，过了这个村就没有这个店。由于长二捆火箭是突然上马，当年的订货会早已开过，第二年的订货会还没有开始，正处在两不挂的境地。这样一来，“长二捆”发动机研制所需的500多项物资、器材等，没有订货的平台。巧妇难为无米之炊，物资订货迫在眉睫。

为了加快长二捆火箭的研制进度，确保物资供应，特事特办，国务院总理李鹏亲自就原材料、元器件和外购成品件，专门组织了一次有关部委和省市领导参加的长二捆火箭订货协调会。

机不可失，时不再来。张贵田立刻召集紧急会议，组织全基地有关单位物资计划人员全体出动，与发动机设计、工艺人员充分交换意见，根据图纸提供的材料标准、牌号、规格、零件尺寸和技术要求，以及过去积累的材料供应经验，适当考虑工艺余量，自己计算需要量，加班加点，编制出了物资申请计划，终于赶上了长二捆火箭物资订货协调会。

紧接着，发动机生产厂先后派出近百人次，分赴全国21个省市上百家生产厂催货。采购员们在物资生产厂家一待就是一两个月，深入生产厂家的车间，和工人们一起上下班，从投料、生产、质量、包装，一直到发货，全过程跟踪，一跟到底。有供货单位称赞采购员说：“你给我们当了一个月的调度员。”就这样，全体物资采购人员通过不懈努力，确保了“长二捆”发动机研制所需原材料、元器件等物资的质量和按时交货。

在那些难忘的日子里，发动机设计所的设计大楼里，常常彻夜灯火通明。数十位设计精英，为攀登“长二捆”发动机设计技术的险峰，展开了一场创新战役。数千张图纸、数万个数据，从可行性研究到最后确定设计，设计人员对最初的方案进行了大大小小数十次的优化、深化和修改，每一次优化都是一次大无畏的自我否定、自我超越。

在“长二捆”发动机研制过程中，张贵田简直就是一个现场主任，隔三差五下基层，到工厂，蹲班组。在他的倡导和带领下，基地在行政和技术管理上实行了两个捆绑——一个是厂所捆绑在一起，一个是行政指挥和技术指挥捆绑在一起。张贵田还要求打破常规，设计白图到厂进行工艺会签，设计、工艺要现场处理问题。这在之前是从来没有过的，以前都是设计到厂会签以后出蓝图进行生产。大力协同、密切配合，是“长二捆”研制中的一条重要经验，如果没有这些措施，14 个月生产出“长二捆”发动机是无法想象的。

“长二捆”研制，时间短，任务重。因为是新产品，新技术、新工艺问题比较多。特别是两大关键技术难题：一是助推机架的加工，机架和发动机连接孔、常平座的加工；二是二级主机大喷管铣槽的加工。这些，都是在张贵田的领导下攻克的。

1988 年 12 月到 1989 年 3 月，是“长二捆”发动机白图设计文件到厂进行工艺审查的大忙季节。在短短的几个月中，几十份、数百页的设计文件源源不断地由发动机设计所送到发动机生产厂工艺部门。一份设计文件尚未审查完毕，另一份或几份文件又送来了。人员很少的厂工艺处，即使是昼夜兼程、加班加点、节假日不休息，也无法按照进度完成任务。

怎么办？为了确保长二捆火箭发动机的生产进度，厂工艺部门想方设法，组织各个车间工艺室的同志，采用了平行交叉作业的办法——即在相同的时间内，交叉审查设计文件。同志们热情很高，夜以继日地工作着，常常是利用晚上分析、消化设计文件，白天进行设计与工艺之间的技术协调。大家自觉放弃了探亲休假，栉风沐雨，奔波于各个生产区、各个车间。工艺室灯火通明，工艺员们通宵达旦地工作着。

由于“长二捆”是一枚全新的火箭，生产发动机时需要 70 余项新工装、百余项复制工装和名目繁多的自制工装。这是一项技术复杂且难度极大的任务，单靠工装制造车间在短时间内是无法完成的。为此，发动机生产厂各车间大力协同，除一些大型复杂的工装由工装制造车间完成外，其余工装凡是各车间自己能制造的，一律自己承担。由于发挥了群体的作用，170 项新工装和复制工装在很短的时间内被赶制出来，为长二捆火箭发动机的研制生产创造了良好的条件。

“长二捆”作为我国第一枚新型大推力运载火箭，其心脏——发动机的研制，从设计到加工工艺技术，大大小小的技术难关不下几十个，如毛坯制造、钣金成型、热表处理、机械加工、组装焊接、计量检测等，都有一些技术难关需要攻克。然而，在张贵田的心中，需要花大力气、下大功夫的，主要有两项：一是助推机架的研制，二是二级发动机大喷管燃烧室铣槽的研制。他经常深入到这两项工作中去，关心、指导研制过程中出现的技术问题，为攻克难关指点迷津。

“长二捆”发动机助推机架的设计任务，落在了大发动机研究室见习主任谭永华的身上。谭永华是1987年西北工业大学毕业的硕士研究生，刚刚工作不到两年。

自从接受了设计助推机架的任务，谭永华仿佛肩负着千斤重担，但迎接挑战的强烈使命感和责任感，促使他全身心地投入到设计中去。他虚心向老同志请教，孜孜不倦，认真查阅可借鉴的资料。白天，他打电话与总体院协商，红日西坠时又挑灯夜战，方案设计了一个又一个，草图画了一张又一张……

“小谭啊——”谭永华正聚精会神地又画又写，

张贵田不知什么时候走进了设计室。

“最近进展如何？”张贵田走到桌前看图纸。

“有了些眉目，还需要进一步论证。您看，这样……”谭永华边说边比划。

“嗯，嗯，不错，很有创意！就照着这个思路往下走。小谭，这担子，对你来说，压力太重了！”仔仔细细地看完了图纸，张贵田推心置腹地说，“在没有任何资料的情况下，要把助推机架变成事实，实在是太难了！‘长二捆’的捆绑和分离，犹如一只拦路虎。如果心中没有底，设计不当，会造成火箭在空中失稳和损坏；如果连接不好，火箭或在空中‘天女散花’，或无法分离；只要捆绑的四个助推器任何一个不点火，升空后推力不平衡，火箭都会在空中‘倒栽葱’。人总是要有一点精神的。组织上把这副重担交给你，相信你会用手中的点睛之笔，画出一幅壮美的图画。干吧，不要怕和‘失败’打交道，要乐于和‘成功’交朋友。九百九十九次落空了，还有一千次呢！所有的挑战没有任何侥幸，只有必胜的信念，才会给自己一个机会，还世界一个奇迹！好了，不说了，早点休息！”

尽管路上布满荆棘，但对于目标明确的跋涉者来说，荆棘的刺痛是微不足道的。谭永华深知，在通往成功的道路上，艰辛和苦难永远是不能逃避的。

为了工作，他未能在病入膏肓的父亲身边尽孝。

把悲伤、思念和内疚深深地埋在心中，谭永华毅然决然地钻进设计助推机架的荆天棘地里。经过无数个日日夜夜的刻苦攻关，谭永华终于圆满地完成了助推机架的设计任务，保证了交付周期。

当对助推机架进行静力试验时，离发动机系统试车仅剩 11 天的时间了。这成了摆在静力试验攻关小组面前最大的问题——8 吨重的试验平台要到位，5 米高的支架要安装，几千个紧固件，上百个测点焊接、连线……为了使新一代航天型号早日走进国际市场，谭永华和攻关小组成员轮换工作，日夜不停。1989 年 10 月中旬，首台助推机架终于在专为它准备的试验台上就位。经过反复试验，助推机架完全达到设计要求。

让张贵田十分欣慰的是，谭永华设计的“三梁交叉式”结构助推机架，实现了捆绑技术的重大突破，属国内首创，获得了一次设计、一次成功的显著效果。在“长二捆”助推机架设计中崭露头角的谭永华，1993 年成为当时航天系统最年轻的主任设计师，并被授予“全国新长征突击手”称号。

当长二捆火箭总体院要求 067 基地 14 个月生产出全部 25 台发动机时，在张贵田的心中，长二捆火箭二级发动机大喷管铣槽的研制，便成了所有难题中的第二大难题。

早在 1982 年，067 基地就把大喷管发动机和推进剂利用系统作为预研项目。大喷管发动机和推进剂利用系统，可以显著提高发动机的性能。为此，发动机设计所组织精兵强将，日夜鏖战，开展了“发动机大喷管技术”和“推进剂利用系统”的研究，加班加点，完成了图样设计。

大喷管设计出来了，如何完成铣槽加工却成为最大的拦路虎。普通机床无法完成，国内也没有现成的专用设备。为了填补我国大型液体火箭发动机大喷管内壁铣槽加工设备的空白，为长二捆火箭和将来天地往返运输系统的动力装置提供必要的条件，经航天部批准，大喷管发动机铣槽机床由 067 基地发动机生产厂——7103厂提前研制，由工厂高级工程师方群担任研制铣槽机床的负责人。

张贵田焦急地向窗外看去，雪花铺天盖地地飘着，山野一片洁白。天气预报说，北京地区也有大雪，方群刚去北京机床厂采购零组件，不知情况如何……

此刻，面容憔悴、精神极度疲惫的方群刚走出北京火车站——车上人太多，他几乎是站了一天一夜。风卷着雪花，怒吼着，咆哮着，蛮横地掀起了雪幔，向他扑来。迎着风雪，方群踉踉跄跄地走着，忽然脚往后一滑，整个人朝前重重地摔倒了，面部着地，两颗门牙磕掉在雪地上。方群挣扎着爬起来，步履蹒跚地向汽车站走去……

"王厂长，"方群用手绢擦一下嘴里伤口流出来的血，对北京机床厂厂长说，"关于数控仿型机床的 ×× 部件，我们急等着用，希望你们赶快交货……"

"哎呀，你怎么成了这般模样？"王厂长望着他肿得老高的嘴唇，忙让他到厂医院去治疗。

"不要紧，办完公事再说吧！"方群连连摇手，"我们着急呀！"

"行，就冲着你这精神，咱们马上就办！"

方群和攻关小组的陈永利、徐新等同志，不但没有搞过数控机床设计，就连普通机床设计也没有搞过。而现在要搞一台大型数控仿形铣槽机床，谈何容易！

美国一家火箭公司知道后，愿意出售这种机床，要价250万美元。

发动机生产厂严词拒绝。

"你们肯定干不了的，等你们干不了的时候，可以随时来找我们。"美国人说。

"外国人能干出来的，我们中国人也能干出来！不等、不靠、不要！中国的大型数控仿形铣槽机床，要淌着中国航天人自己的血液！"张贵田坚决支持发动机生产厂自力更生，自己研制。方群带领攻关小组坚定地选择了一条布满荆棘的道路。

研制小组对总体方案和机床的技术指标，经过多次调整设计思路，多次进行理论推导，多次开展试验验证，终于找到了一条较为实际的数控仿形铣槽机床方案——有针对性地购买国内各机床厂最先进的部件，进行改装和组装，自己只设计生产一些必要的联接件和专用工装。这样，不仅不需要去开发一套全新的系统和技术，而且可动用全国最先进的产品组合大型铣床。

铣槽机床配备的大型数控滑台，如到机床厂订货，需要 30 多万元，而且需要两年后才能交货。方群为了省钱，在这家机床厂的废料堆里找到一台废滑台，以废铁价格——每千克 0.17 元买了回来，另找一家机床厂加工；又买来滚珠丝杠、伺服电机进行组合装配。这样只用了一年时间，花了不到 7 万元就把承重 7 吨的数控滑台加工好了。数控分度装置，买一台需要 25 万元。方群他们自己设计制造零部件，只花了两万多元买了一个分度头，便使数控分度装置投入使用。

1989 年春，铣槽机床进入了安装调试的关键时刻，工艺审查亦进入大忙季节。

为了按时交付“长二捆”大喷管发动机，厂领导采取应急措施，准备购进以前搞协作的北京第一机床厂那台液压仿形机床。这不但要花费几十万元，而且会降低“长二捆”大喷管铣槽的技术要求。

方群听后，心急如焚。他代表攻关小组向厂领导立下了军令状：我们攻关小组一定按时研制出数控仿形铣床，保质保量地完成大喷管铣槽加工任务，绝不能让“长二捆”的列车在我们这里误点！请不要外购那台已经过时的机床，把这几十万元省下来，支援新点建设吧。

厂领导深受感动，立即取消了外购计划。

“方工啊，”握着方群的手，张贵田感慨地说，“你们攻关小组的军令状我看了，可佩可敬！表现出了咱们067人艰苦奋斗、发愤图强的可贵精神。百尺竿头，更进一步！我深信你们能够排除万难，再接再厉，早日研制出大喷管铣槽机床！”

军令状，激发了攻关小组的凝聚力；好创意，激活了攻关小组的创造力。大家夜以继日，向大喷管铣槽机倾注着烈火一样的热情，绞尽脑汁、集思广益、独辟蹊径……为了抢时间、争速度，方群等人全方位一条龙作战。他们既是设计员，又是工艺员；既当采购员，又当搬运工；既当安装工，又当操作工……工作中需要干什么就干什么，根本没有份内份外之分。

“千淘万漉虽辛苦，吹尽狂沙始到金。”

1989年5月，大型液体火箭发动机大喷管数控仿形铣槽机床终于研制成功，研制经费仅用了 41 万元。用它加工的“长二捆”二级发动机大喷管燃烧室完全符合设计要求，经受住了主机 600 秒长程大推力的试车考验。

发动机生产厂加班加点，热火朝天。在他们的日历上，没有星期天，没有节假日，1990 年的新年钟声，他们是在机床旁边听到的。仅仅用了 7 天时间，他们就装配了一台二级五机发动机，这在发动机研制史上，绝无仅有。

“小史啊，”气喘吁吁地爬上了五六层楼高的发动机试验台，张贵田对正在领着人检查、维修设备的室主任史峰章说，“试车前的准备工作做得怎么样了？”

“哎呀，贵主任来了。”用棉纱擦着手上的油污，史峰章向张贵田汇报，“‘长二捆’发动机试车任务下达后，面对试车台设备陈旧老化的严峻问题，我们对 5 个燃料主容器的安全阀进行拆卸维修，奋战了两天，全部复位后，经测试全部合格。”

“好！”

“在对系统主管路做气密性检查时，发现有两个容器底部微漏，我们立即进行修复，大家一直干到夜里 12 点半，终于排除了故障，为产品上台赢得了宝贵的时间。”

“好！”

“前些天在试验另一台发动机时，试车台上的活门没有按指令动作，‘装聋作哑’。这可是大问题！我们认真研究图纸，查找资料，经过反复论证，最终确定是气缸内腔漏气，问题出在 O 型密封圈上。经过 5 个小时的苦战，终于将这只拦路虎彻底制服了。”

“小史啊，干得不错！”望着试车台周围密密麻麻、四通八达的管路、线路，张贵田说，“这次‘长二捆’发动机试车，由于咱们采用了许多新技术、新材料、新工艺，性能和质量到底如何，要靠发动机试车来提供数据，来检

1988年，美国休斯公司专家在067基地考察，张贵田（前排左二）陪同代表团参观7103厂车间

验发动机的性能、质量和可靠性。所以，万万不可粗心大意，必须做到一丝不苟，精益求精。”

“贵主任，我们一定严格按照规章制度办事，细之又细，严上加严，确保试车成功！”

“好，就得这么办！。”

1989年11月10日上午，细雨斜潲过来，树枝上挂着亮晶晶的水珠儿。静静的山谷里，似有似无地飘着薄薄的、流动的、潮湿的烟雾。

12点47分，在雷霆万钧的轰鸣声中，“长二捆”二级大推力大喷管发动机在试车台上喷吐着熊熊烈焰，经过了主机600秒、游机1100秒（均超过额定工作时间的一倍）的可靠性试车，获得了圆满成功。

此刻，在一号试车台观察室观看试车的航空航天部副部长刘纪原、陕西省副省长刘春茂及西安市、宝鸡市等有关领导，纷纷向067基地主任张贵田和参试人员表示祝贺。

“早就听说秦岭深处有一个藏龙卧虎的单位——067基地，百闻不如一见，果不其然。说实话，我从来没有见过这么震撼、这么壮观、这么魂魄激荡的场面。我为你们壮国威、振民心的工作感到骄傲，我为咱省有你们这样的单位感到自豪！”刘春茂副省长握着张贵田的手，感慨万千地说。

“刘副省长，这是我们应该做的。”张贵田谦虚地说。

当刘纪原副部长握着试车指挥员史峰章的双手表示祝贺时，史峰章，这位“男儿有泪不轻弹”的中年汉子，竟然热泪盈眶，激动得说不出话来。

“老贵啊，你知道吗？‘长二捆’大推力发动机试车成功，我心中的压力顿时减轻了一半。这下好了，发射‘澳星’的任务有了最基本的保证。”刘纪原掩饰不住从心里洋溢到脸上的喜悦，“怎么样，老伙计，14个月拿出‘长二捆’全部发动机，有把握吗？”

“没问题！”张贵田胸有成竹地说，“我们的战斗口号是‘决不让长二捆的列车在067基地误点！’”

当天下午，航空航天部部长林宗棠从北京发来了热情洋溢的贺电。

为了确保1990年6月30日前将长二捆火箭竖立在发射架上，067基地马年春节前进行了7次试车，均获成功。用汗水、心血和智慧立下的军令状，换来了航空航天部的通电嘉奖。

也许有人会问：067人为“长二捆”发动机日夜鏖战，奋力拼搏，奖励一定不少吧？说起来没人相信，当基地主任张贵田等领导到厂、所、站加班现场慰问时，带去的慰问品就是每人一袋2元5角钱的麦乳精。

1990 年 5 月，067 基地组成了以张贵田、胡鸿福为正、副队长的“长二捆”发射试验队，到西昌卫星发射中心执行“长二捆”首飞试验任务。

就在张贵田带领试验队员在西昌卫星发射中心竭尽全力完成试验任务时，7 月 6 日，067 基地所在地——凤县地区的发动机设计所、发动机生产厂和发动机试验站遇到大暴雨和泥石流的袭击，降水量达 147 毫米。基地厂、所、站驻地公路桥涵被泥石流堵塞、冲毁；厂房进水，机床设备被淹；宿舍进水，家属楼或被洪水冲走，或被洪水和泥石流围困；断电、断水、断粮食、断交通、断通信；基地广大职工忍饥挨饿，夜以继日地投入到抗洪抢险之中。7107 厂 24 岁的青年工人杨小林在抗洪抢险中光荣牺牲……

7 月 16 日 9 点 40 分，西昌卫星发射中心。

随着指挥员“点火！”“起飞！”口令的下达，托举着“澳星”模拟星和巴基斯坦科学试验卫星的长二捆火箭喷吐着 8 条火舌，在震耳欲聋的轰鸣声中，横空出世，直刺苍穹……

望着长二捆火箭一骑绝尘，张贵田心潮澎湃，百感交集：14 个月的酸甜苦辣，14 个月的废寝忘食，一起涌上心头。而此刻，秦岭深处那些研制生产“长二捆”发动机的 067 人，正在被洪水和泥石流分割包围的十几个孤岛中挣扎，在断电、断水、断粮食、断交通、断通信的困境中，齐心协力，开展生产、生活自救……当从收音机中听到长二捆火箭发射首发成功的消息时，正在抗洪抢险战场上满身泥水的职工和家属们群情振奋，喜泪长流……

7 月 17 日，江泽民总书记、李鹏总理打电话给国防科工委，向参加长二捆火箭研制和试验发射的全体同志表示祝贺和感谢：“这次发射成功，说明我国航天技术有了新的发展和提高，标志着我国航天事业进入了一个新的阶段。希望大家再接再厉，取得新的成绩。”

聂荣臻元帅打电话给国防科工委：“欣悉发射试验取得圆满成功，这是有关专家、科技人员、干部、工人和全体参试人员共同奋斗取得的硕果，是无私奉献、一丝不苟精神的胜利。大推力火箭的研制，对我国航天事业和国民经济的发展都有重要意义……”

长二捆火箭飞天之后，张爱萍将军心情激荡，夜不能寐，遥望南天，欣然命笔：

火箭排云上九重，惊弦霹雳震长空。

卅年踏破关山路，风霜雨雪数英雄。

3.“三·二二”舍生忘死 “八·一四”一飞冲天

1992年3月22日，在时间的长河中只不过是短短的一瞬，然而，对于067基地主任张贵田

1992年3月，张贵田在西昌卫星发射中心“澳星”发射现场

和他的试验队员来说，却是今生今世永远难以忘怀的日子。这一天，他们经受了一次血与火、生与死的考验。

下午6点30分左右，西昌卫星发射中心，总长50米的长二捆火箭托举着“澳星”，耸立在发射台上。一级箭体上并联着四枚长15.3米、直径2.25米的液体助推器，火箭总起飞质量462吨，起飞推力600吨，能把9.2吨有效载荷送入近地轨道。

发射现场空无一人，参观发射的中外记者和观众都在发射场周围的小山包上静静地等待着那激动人心的一刻。由于是现场直播，电视机前的观众都屏住了呼吸，紧张地盯着屏幕。

发射中心指挥大厅里，中国、美国、澳大利亚三方指挥员早已在第一排指挥席就座。观察席前排坐着一位满头银丝的老人——此次长二捆火箭发射现场副总指挥、067基地主任、火箭专家张贵田。

此刻，远在秦岭深处的067人早早地就准备了横幅、标语、彩旗、锣鼓，焦急地坐在电视机前，等待那激动人心时刻的到来。

18点40分。

“1分钟准备——”随着现场指挥员“……5、4、3、2、1，点火！”口令的发出，长二捆火箭发出雷霆万钧的吼声——一级8台发动机同时喷出了橘红色的火焰。突然，震耳的轰鸣声骤然停止，火焰急剧收缩，并逐渐熄灭。长二捆火箭巨大的身躯微微摇晃了一下，并没有腾空而起。

发射中心指挥大厅里的观察席上，张贵田脑袋“嗡嗡”作响，眼前金星闪烁。他使劲地眨几下眼睛：出事了！快到现场去看看！到底是怎么回事？他第一个站了起来，从发射中心指挥大厅向发射架旁边的测控中心奔去……

此刻，现场和电视机前几亿人的心都悬到了嗓子眼。尽管火箭发动机已经关机，但火箭泄漏的推进剂烟雾依然笼罩着整个箭体。业内人士都知道，400多吨重的火箭只靠发射台上的4个支点支撑着。而现在，这4个支点中的3个已经离开了原位，火箭就像一颗巨大的烈性炸弹。如果火箭在地面瞬时爆炸，发射场内的设施和人员都将被熊熊烈火吞噬，燃烧将吸去地面半径6千米内的氧气，靠肺呼吸的动物都将窒息。

“快跑啊！……”当聚集在附近小山包上的中外记者和现场观众明白将要发生什么事情时，人们一下子失去了控制，慌乱地向离发射场更远的地方跑去。呐喊声、哭叫声、找人声、奔跑声乱成一团……

而张贵田和067基地的试验队员却一起向相反的方向——发射架奔去。

“站住！你们不能进去！那边太危险！”值勤战士挡住了他们的去路。

1992年，张贵田（左一）和国防科工委副主任沈荣骏（中）、航空航天部科技委副主任王永志（右）在西昌卫星发射中心

“我们要去现场检查火箭发动机！”试验队员们着急地说。

“那也不行，指挥部有命令，不许进入危险区！”值勤战士照章办事，态度坚决。

“情况特殊，需要紧急检查，是我同意他们进去的！”张贵田对值勤战士说。

“是！首长！”看到满头银发的老者脖子上挂着“副总指挥”的胸牌，值勤战士这才同意放他们进去……

为彻底查清长二捆火箭发射失利的原因，现场指挥部决定：第二天的首要任务是进入火箭舱体，详细查看发动机的有关情况，找到火箭没有起飞的原因。

第二天一大早，张贵田和试验队员早早地来到了发射区。

1992年，张贵田（左二）和孙家栋（中）、白拜尔（右二）、沈辛荪（左一）、胡鸿福（右一）在西昌卫星发射中心

“贵主任，让我进去吧！我对发动机最了解、最熟悉，所有的零组件都是我们一件一件组装起来的。”试验队员、火箭发动机装配班长刘文勤主动请缨。

“好！刘师傅，你马上准备进舱。”张贵田说，“一定要注意安全！”

“我知道了！”刘文勤开始准备。

“老贵，这位刘师傅怎么样？能担当重任吗？”航空航天部副部长刘纪原小声地问张贵田。

“他行！”张贵田肯定地回答，“刘师傅装配发动机近30年，对发动机的结构了如指掌，是一位工人出身的火箭发动机‘专家’。”

“那好。”刘纪原听完张贵田的介绍，放心了。

这时，火箭内的推进剂刚刚泄完，残存的有毒推进剂依然冒着黄色的烟雾

1992年3月，张贵田（右二）在“澳星”发射前与刘纪原副部长（中）在察看箭上发动机

从发动机中溢出。人们心中明白，进舱，将意味着什么。

“张主任，如果我牺牲了，请组织上照看一下老婆、孩子！”刘文勤边穿防毒服，边对张贵田说。

“刘师傅，千万别这样说！当你感觉身体不适时，就赶快出来！我们会千方百计为你保驾护航的。”张贵田一边帮刘文勤穿防毒服，一边说。

进入舱体后，虽说穿着防毒服，但舱内残存的推进剂毒气依然侵袭着刘文勤。他感到头晕、胸闷、呼吸道疼痒，继而大汗淋漓。他咬紧牙关坚持着。舱内零件挨零件，导管密如蜘蛛网，他小心翼翼地上下攀援，唯恐碰到零组件。他把发动机燃气副系统断流活门、连接导管及零组件一件一件地卸下来……他两次进舱，在里边工作了3个多小时，每次挣扎着从舱里爬出来时，从防毒服的靴子里都能“哗哗”地倒出汗水……

中央电视台现场播出了这动人心魄、感人肺腑的一幕。

“刘师傅，我们代表部党组为你进舱查找原因表示衷心的感谢！”航空航天部部长林宗棠、副部长刘纪原紧紧握着刘文勤的手，十分感动地说。

“没有什么，这是我应该做的！”极度疲乏的刘文勤说着，汗珠从苍白的脸上不断滚落。

“刘师傅，洗个热水澡，赶快休息吧！”张贵田说。试验队员们急忙把刘文勤扶上救护车。

事后，经张贵田提议，067基地为刘文勤记功一次。

托载着“澳星”的长二捆火箭没有飞起来，人们首先怀疑是火箭发动机出了故障。沉重的阴霾笼罩在张贵田和067人的头顶，迟迟不肯散去。压力之大，局外人是难以体会的。

3月26日，火箭程序配电器被拆下来。经检查，发现第4簧片已被烧化，第5簧片已烧黑——最终查明原因是负责点火控制的程序配电器有铝质多余物。

1992年，张贵田（右）和林宗棠（中）、王永志（左）在西昌卫星发射中心

而火箭发动机经过检查，没有任何质量问题。

美国休斯公司高级顾问、火箭专家史密斯握着张贵田的手，发自内心地感慨道：“说实话，我在美国搞了一辈子火箭，重大的失利经历过好多次，但像这样的失利却是第一次。虽然发射没有成功，但发射故障出现后，中国火箭独特的‘紧急刹车’技术，却给我留下了深刻难忘的印象。我敢说，这种‘紧急刹车’技术，在世界航天界绝对是独树一帜。如果没有它，我们看到的将是‘挑战者号’失事后的又一次大灾难。由此，我感受到了中国航天业在国际空间市场上坚实的竞争力。首发‘澳星’虽然失利，但卫星和发射场都完好无损，人员无一伤亡，这是最理想的失利！美、澳航天高层决定，对中国发射能力表示完全信赖，委托中国发射‘澳星’的计划不变。”

“谢谢！我们一定竭尽全力，确保再次发射成功！”张贵田说。

“三·二二”后来被航空航天部定为“航天质

1992年，张贵田（右一）在西昌卫星发射中心和刘纪原（右四）、屠守锷（前排左三）、黄纬禄（前排左四）等领导和专家合影

量日”。

“……现在，摆在我们面前的是一副沉甸甸的重担——经过长城公司与休斯公司协商，再次发射‘澳星’的时间定为 1992 年 8 月。航空航天部要求我们 067 基地在两个月内必须交付 8 台大发动机，确保后墙不倒。当刘纪原副部长问我能不能完成任务时，我当即立下军令状，说完不成任务，我张贵田宁愿当杨继业，头撞李陵碑为国捐躯！”

在 067 基地召开的基地、厂、所、站两级党政领导“大干两个月，交付 8 台大发动机动员大会”上，张贵田强调指出：“从现在开始，我们基地进入非常时期——一切为了‘长二捆’，一切服从‘长二捆’。行政、技术、物资、质量、政工和后勤保障六大系统要紧紧地围绕交付 8 台大发动机这个目标，各司其职。各有关业务处室和产品零组件车间，要精心组织、周密安排、有条不紊地做好计划和协调工作，科学合理地安排加工工序，搞好平行交叉作业，做到紧张有序、忙而不乱。产品从零件加工到装配出厂，严格实行‘质量跟踪’，关键岗位实行‘双岗制’，产品实行‘双检制’，制度坚持到底，措施落实到人，确保产品不带任何问题出厂，不带任何隐患上天，一丝不苟把住发动机出厂前铁的质量关口。同志们，‘天行健，君子以自强不息’。在我们这支政治素质好、技术水平高、敢打硬仗、善打恶仗的队伍面前，没有克服不了的困难。磨剑自有试刃日，甩开膀子大干吧！我们一定能够完成上级交给我们的光荣而艰巨的任务！”

于是，这些刚刚遭受特大山洪和泥石流无情洗劫的人们，又义无反顾地投入了战斗。

托举共和国神箭的，是一群任劳任怨的精英；

创造民族辉煌的，是一代无私奉献的航天人！

要在两个月时间内，交付8台质量绝对可靠的大发动机，在067基地成立几十年的历史上，从来没有过。任务之艰巨，前所未有；时间之紧迫，争分夺秒。067人怀着对共和国无比深沉而炽热的爱，在决战“长二捆”的各条战线和各个岗位上挥洒着汗水。

张贵田、戴证良、肖乾芬等基地领导，深入研究所、工厂车间、试验站，现场办公，和技术人员、工人战斗在第一线，解决生产中的技术难题，经常加班到深夜。

发动机设计所二室是“长二捆”发动机研究室。为了确保发动机按时交付，全室停止一切休假，分成4个小组：一组全力调整计算；二组积极配合大喷管加工；三组配合涡轮泵装配；四组配合活门试验——深入车间现场，及时解决问题。

发动机试验站在接受“长二捆”助推发动机冷试车的紧急任务后，组织精兵强将，对试验台的安全阀、主管道、容器、线路，以及各种测试仪器、仪表进行仔细的检查、维修，确保试验不出任何问题。

最令张贵田牵肠挂肚的，还是发动机生产厂生产的8台发动机的进度和质量。这可是板上钉钉、立了军令状的大事——两个月，只能提前，不能推迟一天！

令张贵田感到欣慰的是，在厂长郑东方、党委书记李盈旭的带领下，发动机生产厂掀起了大干热潮，“为国争光，为航天争气”，这是工厂的钢铁誓言。5个主产品车间机床昼夜旋转，焊弧日夜闪烁。3月26日，厂生产处把“长二捆”收敛管的加工任务交到3车间，要求次日完成。车工马大军和钳工、检验等人员二话不说，连续干了一整夜，终于在27日清晨6点30分完成了任务。承担发动机活门生产任务的25车间，倒排生产计划，将产品零件落实到每个人、每台设备。老师傅曹之标快要退休了，接到任务后，立即投入战斗，连中午吃饭也舍不得离开现场。

燃气发生器是“长二捆”一级发动机生产中短线中的短线。3月27日晚7点30分，当19台燃气发生器送到一区检验组做X光探伤时，全组10人连夜加班，原来3天的工作量，大家只用了11个小时就完成了。当组长高春生让大家休息一会儿时，老师傅龚国良和徐世清说：“任务这么急，有活就赶快干，就是拼了这把老骨头，也不能让“长二捆”的列车在咱们这里误点啊！”承担发动机涡轮泵装配任务的35车间装配工段的同志们，在时间紧、任务重、周期短、人员少的情况下，连续作战、顽强拼搏，在工段长毕可喜的带领下，实行任务承包，每天干十几个小时。孙延年老师傅发高烧，一直不下火线，坚持干完了最后一道工序。在5车间，由于白天黑夜长期站着工作，好多同志的双腿都站肿了，晚上疼得睡不着觉，但没有一人叫苦叫累。就这样，原本40天的工作量，仅用了20天就完成了。

4月15日，“长二捆”发动机在总装车间正式开装。张贵田代表基地领导班子鼓励大家说：“要在一个月的时间内总装出 8 台高质量的发动机，这在我们 067 基地的历史上是没有先例的。我们要以实际行动，回报党中央和全国人民的关怀。要以泰山压顶不弯腰的气概，勇敢地迎着困难上，就是拼了命，也要把任务拿下来！以确保后墙不倒，后线不破，按时完成任务。拜托大家了！”

三个装配班轮流作战，昼夜加班，人机不停，做到任务到人、责任到人、进度到人。车间领导亲自担任现场质量总监督员，轮流跟班作业，严把质量关、配套关、装配关、检验关，严格执行现场管理，控制多余物，做到“严肃认真、周到细致、稳妥可靠、万无一失”。

57 岁的装配班长王玉成，由于日夜加班，犯了严重的肩周炎，疼得他胳膊都举不起来。大家劝他休息几天，他说：“我干总装 30 多年，这是最关键的一次，为了‘长二捆’，我豁出去了！宁叫自己这把老骨头散了架，也不叫发动机松个铆！”焊工班长杜凯，带领全班同志承担着发动机的总装焊接任务，由于白天黑夜连轴转，长时间焊接，眼睛被电弧烤得红肿，加之又患了扁桃腺溃疡，疼得连吃饭、喝水、说话都十分困难。医生告诉他，病情严重，要尽快去西安大医院治疗。望着眼前 8 台急待焊接的发动机，他心急如焚，还有什么比祖国的荣誉和航天事业的发展更重要呢？他把转院证明默默地装进口袋，又拿起了心爱的焊枪……

披着星星出门，又戴着月亮回家，这对于主管生产的“长二捆”发动机调度指挥和行政指挥的副厂长郝忠文来说，早已习以为常。为了组织好非常时期全厂的科研生产，做到忙而不乱，紧张而有序，他绞尽了脑汁，费尽了心血。在计划管理中，他采用了“网络计划技术”“专题计划法”“倒排进度法”等先进有效的计划管理法；在生产调度中，他建立了“五一坚持制度”，加强了短线管理；他采取了“分卡流水作业”“调度人员工序跟踪”等有效措施，确保了发动机按期交付。这是4月的一个星期天早上，郝忠文坐骨神经和骨质增生病同时发作，疼得他浑身直冒冷汗，既不能坐，又不能弯腰。照例，又是妻子帮他穿好衣服、袜子和鞋；照例，他又到办公室去（他没有星期天，只有星期七）；照例，中午12点，妻子把午饭送上办公楼。一推门，她呆住了，只见丈夫站在办公桌前，桌子上放着他的椅子——“伏椅疾书”，她心里一阵酸楚……她曾含泪劝丈夫去医院检查，而他总是摇头说：“现在哪有时间？等发射完‘澳星’再说吧！”后来，郝忠文被航空航天部评为“发射‘澳星’功臣”。

张贵田心中比任何人都清楚，在那大干“长二捆”发动机的日日夜夜，整个基地有多少人一心扑在工作上，几天几夜不回家。住院的亲人、年幼的孩子、怀孕的妻子、年迈的父母都顾不上照顾，他们的心中只有“长二捆”，他们把自己和“长二捆”“捆”在一起了。白昼和黑夜交织在一起，热血和汗水交织在一起，怀着对祖国航天事业无比深沉而炽热的爱，人们苦鏖苦战，已经到了完全忘我的境界。

经过54个难忘的日夜鏖战，张贵田和全基地职工终于如愿以偿。5月19日，凝结着067基地广大职工心血和汗水的8台“长二捆”一级发动机总装完毕，带着职工的情和爱，被运往火箭总装厂……

1992年8月14日7点，西昌卫星发射中心。

随着指挥员的“点火”口令，“一声占尽秋山月，万火催开春树花”，长二捆火箭在惊天动地的轰鸣声中，托举着“澳星”扶摇直上，直指苍穹。

距发射场6千米的指挥控制大厅里，来宾们发出了一阵阵热烈的掌声，但坐在指挥席上的各方指挥员和航天专家却神情肃穆，平静异常。3月22日“澳星”首发失利，使大家丝毫不敢掉以轻心，更加如履薄冰，只要卫星没有进入预定轨道，就不能有任何懈怠。

“助推火箭分离！”

“一、二级火箭分离！”

“整流罩分离！”

“星箭分离！”

“卫星入轨！”

顿时，大厅里爆发出雷鸣般的掌声。张贵田和大家一样，眼睛里涌出了激动的泪花。火箭总师们被一个个抬起来，抛上去，落下来，再抛上去……人们欢呼跳跃，拍手拥抱。

此刻，在秦岭深处的067基地，彩旗飞舞，锣鼓铿锵，鞭炮声“噼啪”作响，欢呼声震耳欲聋。航天人笑啊，唱啊，跳啊，心头阴霾一扫而光。这是一个多么可敬可爱的英雄群体！此刻，还有什么比长二捆火箭升空，更能让他们高兴的呢？正是由于他们无私地倾注了汗水、心血和智慧，才会以如此神奇的速度，创造出了举世瞩目的辉煌成就；正是由于他们的顽强拼搏、锐意进取，才使得中国的航天技术，实现了一次又一次非凡的跨越……

让世界航天界惊奇的是，“澳星”被长二捆火箭准确地送入了预定轨道，发射角度精确到1%：在200千米距离的额定近地点高度上，仅差0.9千米，远远小于允许偏差“正负6千米”；在额定1050千米距离的远地点高度上，仅差3.8千米，远远超过“澳星”合同的技术要求，准确率达到世界一流水平。

张贵田

张贵田院士传记

Academician Zhang Guitian's Biography

第六章

洪水三袭红光沟 基地全迁长安城

面对三次洪水和泥石流袭击，张贵田带领干部职工抗洪抢险，恢复生产，重建家园，确保了抗洪抢险与科研生产“两不误”，谱写了一曲惊天动地的壮歌。

1980年、1981年、1990年，067基地遭受了三次特大洪水和泥石流的袭击。洪水和泥石流冲毁了道路、桥梁、厂房、家属楼和基础设施，致使整个基地交通、水电、通信全部中断。近两万名职工和家属被洪水围困在十几个孤岛之中，有四位同志在抗洪抢险中光荣牺牲，科研生产全面瘫痪。

当时的"美国之音"广播电台惊呼:"中国的一个导弹基地从地球上消失了！"然而，百折不挠的067人从泥水中爬起来，以"自己干，三不变"的豪迈气概，抗洪抢险，恢复生产，重建家园，谱写了一曲惊天地、泣鬼神的壮歌。国家十分关心067基地的生存和发展，1991年做出了067基地全迁西安的决定。为了早日实现从秦岭深山到古城西安的战略转移，基地主任张贵田带领干部、职工和家属，又开始了艰苦卓绝的抓科研生产、抓新点建设、抓搬迁西安的日夜鏖战……

1. 泥石流破门夺户　抗洪灾身先士卒

"轰隆隆……"

先是一阵低沉的闷雷滚过，接着就是风，就是大点的雨，雨一来就猛、就密，“噼里、啪啦”地打在窗户的玻璃上。张贵田醒了，一看表，6点刚过。

这是1981年8月21日的清晨。张贵田的妻子郁畹兰领着两个孩子趁暑假去西安姥姥家，一个人在家的张贵田，急忙起身穿衣，匆匆吃了早餐，便出了门。

抬眼望去，红光沟的崇山峻岭被雨雾遮掩，沉重的大雨点在风的作用下，如拧在一起的一条条残酷的鞭子，肆无忌惮地抽打着树木、庄稼、房屋、公路上的车辆和行人……

雨越下越大。8月10日刚被七机部任命为067基地副总工程师兼发动机设计所所长的张贵田，心里越来越焦虑，越来越紧张。这种焦虑和紧张是从去年夏天开始的。

从1980年6月15日开始，瓢泼大雨一连下了十多天，使地处陕西秦岭腹地的凤县地区的山河承受能力达到了极限，很快，大山被雨水“泡胀”了，河流被雨水填满了。

7月2日下午，067基地所处的嘉陵江支流——安河，60年来从未有过的特大洪水和泥石流爆发了！堤坝、公路、桥梁多处被冲毁，洪水和泥石流涌进厂房，仪器、机床等各种设备被埋；家属楼被冲垮，职工无家可归；交通、水电、通信全部中断。

令全所职工更为痛心的是，当时正沿着河堤

察看险情的设计所副所长宋承河和房产科副科长李宝良，在察看雨情时，因车队洗车台坍塌不幸落水，被咆哮的洪水卷走，英勇牺牲。所里即刻组织精干队伍沿安河向下游寻找。几天后，才在离驻地几十千米外的嘉陵江河滩上找到宋承河的遗体，遗体已被河石冲撞得变了形。李宝良的遗体一直没有找到。067基地厂、所、站全体职工化悲痛为力量，全力投入到抗洪抢险、重建家园的战斗中……

让张贵田十分忧虑的是，一年时间刚过，从8月14日开始，大雨又开始下个不停。8月21日，降雨量达到高峰，超过凤县地区百年来水文记载最高纪录的一倍多，达到610毫米。安河最大流量达574立方米/秒。大雨把山川沟壑浸泡得像发酵的面团，人脚一踩上去，马上就会陷进淤泥里。天空，大雨倾盆；地面，江河横溢。

这会不会是去年洪水和泥石流灾难的重演？张贵田感到十分揪心，他通知全所职工立即做好抗洪抢险的准备。

果不其然，8月21日下午4点，一场百年不遇的特大洪水和泥石流向凤县地区袭来……

洪水像发了疯的怪兽，撕裂、鞭笞、蹂躏着它所能触及的一切；波峰跳跃，舔食、裹挟着冲毁的房屋残骸、翻滚的树木和野兽的尸体，横冲直撞，呼啸而下，最大流量达3500立方米/秒。与此同时，被暴雨蛮横地脱了一层皮的山体，表层的泥土、沙石、树木混合在一起，演变成泥石流，与洪水遥相呼应，似脱缰的野马，从数十条山沟怒吼着奔涌而出，一出山谷便拥着巨石，裹着连根拔起的树木，铺天盖地而来，埋路填沟，冲桥毁涵，破门夺户。安河两岸的067基地发动机设计所、发动机生产厂和发动机试验站、医院等单位的厂房、试验区、家属区及当地农家住户，遭到了毁灭性的破坏——几十千米长、半米多宽的防洪堤坝，被冲得七零八落，十几座桥梁被冲断；沿河家属楼的地基被洪水掏空，两三层的楼房被推进汪洋，顿时便消失得无影无踪；厂房被冲毁，库房一半悬于河面，摇摇欲坠，机床、仪器被泥石流掩埋，高压线被冲断；公路被全面毁坏，铁路桥墩被冲断，钢轨成了悬在半空中的天桥……

这场百年不遇的特大洪水和泥石流，使067基地遭受了灭顶之灾。70%以上的公路、桥梁、电缆、管道和家属楼被冲毁，绝大部分厂房进水，上千台机床、仪器、设备被洪水和泥石流掩埋，几百户数千名职工和家属无家可归。洪水和泥石流给067基地和职工财产造成的损失，估计在1亿元以上。断电、断水、断粮、断交通、断通信，科研生产全面瘫痪。“美国之音”广播电台惊呼：“中国的一个导弹基地从地球上消失了！”

灾情就是命令！

被洪水和泥石流分别围困在十几个孤岛之中的基地、厂、所、站、医院等各单位，立即组织临时党支部，开展抗灾自救。

张贵田所在的发动机设计所的党政领导立即分工，分赴几个被洪水和泥石流围困的孤岛去救援职工、指导抗洪抢险。

下午，张贵田和设计所何友副所长、魏全林副书记蹚着泥水，深一脚、浅一脚地到距设计所3千米的生产试验区去查看实验室和职工宿舍冲毁情况。

此时，位于生产试验区的天河沟被泥石流堵死，水位升高，形成堰塞湖。

如果不及时疏通，将危及两岸的厂房和人员安全。张贵田他们和那里的职工一起，想方设法，该堵住的地方堵住，该疏通的地方疏通，大家一直干到天黑，终于疏通了河道，解除了危机。

天黑路险，回不了家，他们三人就在实验室里的几张办公桌上睡了一夜。第二天早上起来，在河边洗了洗脸，他们又踏着泥泞，赶往位于羊山沟的58机加车间去查看。就在离车间门口还有30多米远的时候，比他们早到的58车间副主任李秉钧，已经走到了车间大门口。突然间，对面山坡上"哗——"的一声巨响，腾起了一股漫天的黄烟——被雨水泡"酥"了的整个山坡，垮了下来，骤然间形成的泥石流似脱缰的野马，向58车间大门口扑去……

"老李——快……"张贵田一句话还未全喊出口，泥石流已张开血盆大口，吞掉了李秉钧，咆哮着涌向了50多米外的河沟……转眼间，有几十台机床、设备的58车间也在瞬时被摧毁吞噬，泥石流势不可挡，怒吼着像大浪一样向前推进……

当泥石流巨大的势能消耗殆尽，在河沟里淤住不动时，张贵田和同事们赶快从泥石流的淤泥中找到了李秉钧，小心翼翼地把他拉出来。李秉钧身上的衣服已被泥石流冲走，他只说了一句"我浑身好疼……"就昏了过去，经抢救无效，不到一天就去世了。067人把万分的悲痛埋藏在心中，又开始了抗洪抢险、重建家园的战斗……

洪水和泥石流造成了断电，断电造成了断水，发动机设计所1000多名职工和家属饮水、吃饭，成为亟待解决的头等大事。因为没有水，小孩子又渴又饿，"哇哇"大哭，大人们只好到玉米地里舀雨水给孩子喝。

8月23日，为了使居住在三区的职工和家属吃上干净的水，发动机设计所的党政领导开会商量对策。

"咦，我突然想起，咱们在磨弯的豆腐房不是有一辆手扶拖拉机吗？把那柴油机拆卸下来，抬回下坝，用它来带动抽水泵，不就有水吃了嘛！”张贵田说。

“好是好，可是从下坝到磨弯有17千米呢，公路和桥梁全被洪水和泥石流毁了，怎么去呀？”会上，有人忧虑地说。

“我看这样，咱们组织十几个人的突击队——最好由身强力壮的小伙子组成，带上抬扛、绳子等工具，把柴油机抬回来。”张贵田说。

8月24日，天蒙蒙亮，张贵田和魏全林副书记带领着突击队员已经踏上了去磨弯的征途。

抬眼望去，被洪水和泥石流蹂躏、袭击过的道路满目疮痍、一片狼藉。有的路段被泥石流掩埋，双脚踩进去，淤泥顷刻便将小腿淹没；有的路段被洪水冲毁，形成一个个不规则的呲牙咧嘴的深坑，得绕道而行；有的路段原来的路基已成了主河道，得涉水而过；有的路段被洪水冲垮，变成了悬崖峭壁，无路可走……

就这样，张贵田和突击队员们，时而深一脚、浅一脚地越过没膝的泥石流，时而绕过张着血盆大口的深坑，时而涉过卷着旋涡的急流，时而攀上陡峭的山崖……终于在中午12点左右赶到了磨弯。他们顾不上喝一口水、喘一口气，顾不上坐下来歇一歇酸痛的腿脚，便开始从手扶拖拉机上拆卸柴油机。

终于，柴油机被拆卸下来，捆绑在抬扛上。两人一前一后地扛上肩，前后多人护卫，开始了又一个 17 千米的征程——往三区抬。由于行走的道路非常危险，稍有差池，便会发生意外，张贵田和魏全林跑前跑后，千叮咛万嘱咐，要特别注意安全。

柴油机十分沉重，两个人抬一会儿，就由另外两个人替换。当张贵田和魏全林也要替换时，大家不依了。

“贵所长，你们年纪大了，哪能让你们抬，这活儿就交给我们年轻人干吧！”

“人家《三国》里的黄忠 80 岁了还披挂上阵呢，我才 50 岁，比黄忠年轻多了！我能行。”张贵田说。

“不行不行！”大家不让。

“让我们抬一会儿，不行了咱再换。”魏全林说。

“真拿你们没办法！”大家只好让两位领导抬了一阵子。两人累得气喘吁吁还不肯下肩，结果让突击队员们给解除了“武装”，这才极不情愿地到前边探路去了。

经过几个小时的艰难跋涉，突击队员们沿安河而上，终于把柴油机抬到了邓家台，这才走了一半的路程。

邓家台也叫二区，曾经是红光沟最繁华的工业区和家属区，现在却让洪水和泥石流蹂躏成了惨不忍睹的重灾区——数栋家属楼被洪水冲走，厂房、家属楼、菜站被泥石流淤塞。公路上塞涌着从山上滚下来的大小石头、树根和淤泥。突击队员们抬着柴油机在没膝深的淤泥中艰难跋涉。很快，淤泥中的尖利石块把张贵田和突击队员们的膝盖划出一道道血口子，血水从粘在小腿上的泥污中渗出来，大家强忍着刺骨的疼痛，互相鼓励着前行。

梯子崖到了，这里的路况更险恶。由于洪水把公路冲垮，要紧贴着悬崖，涉水而过。张贵田和突击队员们小心翼翼，在浑浊的河水中抬着柴油机，一步步前行。水流湍急，冲得人直打趔趄，大家手挽手、肩并肩，抬的抬、扶的扶，齐心协力，终于涉过了急流险滩……

不知不觉，天空暗云低垂，大黑山阴郁地沉默在昏暗的天宇中，安河水在单调地"哗哗"作响，带着沉重的澎湃，扑向两岸的悬崖……因为断电，曾经灯火辉煌的红光沟，此刻黑黢黢的。突击队员们轮流抬着柴油机，深一脚、浅一脚地往前走，空气里弥漫着沉闷和凝重，只听见大家沉重的脚步声和喘息声。

"哎，我说，咱们别光这么闷着走路，谁有笑话，给咱们讲一个好不好？"张贵田动员大家。

"我给讲一个。"小王道，"话说某同事每年到八月十五准时拉肚子，并且都要拉上好几天，而且是狂泻不止的那种。到医院看大夫，吃药、打针，都无济于事。后来，另一个同事亲自和那同事过了一次中秋节，才发现了秘密……"

"什么秘密？"大家问。

"他吃月饼的时候，先把月饼仔细地用刀切开，然后把随月饼附带的脱氧剂/干燥剂撕开，均匀地撒在上面……"

小王的笑话刚讲完，大家便"哈哈"大笑起来。

"我不明白，他为什么要把那脱氧剂/干燥剂均匀地撒在月饼上面？"

"他以为那是调料，和方便面的吃法一样。"

"哎呀，笑死我了，想不到世界上还有这样的人！"

大家被逗笑了，沉闷的空气一扫而光，不知不觉，目的地——三区下坝到了。

尽管一天来滴水未进，口舌生烟；尽管没吃一口饭，饥肠辘辘；尽管在泥石流横溢的路上跋涉 17 千米，双腿似乎灌进了铅，沉得不想迈一步；尽管双肩被抬杠压得红肿，但张贵田和突击队员们没有休息片刻，而是立即安装柴油机和水泵。此刻，在他们的心目中，没有什么比早一点让职工和家属喝上干净水更重要……

“轰隆隆……”只见柴油机使劲地抖动了一下，冒出了一股黑烟，皮带便欢快地带动着水泵转了起来。接着，粗壮的水管吐出一股白亮的水流……

“啊！水来了！”早已迫不及待的职工和家属纷纷拿着水桶、脸盆接水。有一个小学生一边接，一边喝，一边说着电影《南征北战》里的台词：

“终于喝到家乡的水了……”

水的问题解决了，没有粮食怎么办？张贵田和发动机设计所领导姜福来组织背粮队，并带队到 3 千米外的零区粮站去背粮。

有男、有女、有老、有少的背粮队出发了。大家互相搀扶着，照应着，从湍急的河流中，从没膝的淤泥中，从悬崖边的小路上，一步一步地走过去。有的人跌倒在淤泥里，丢了鞋子；有的人摔在水里，呛了一口；有的人被尖利的石头“咬”到，小腿、脚面上流出了血。走着走着，大家浑身上下粘满了泥巴，几乎成了泥人。经过两个多小时的艰难跋涉，越过了六道弯，翻过了三道梁，终于到达了零区粮站。

经过短暂的休息，每个人背了一袋 25 千克面粉往回返。刚开始还不觉得累，走到后来，面袋子的重量仿佛在不断增加，越走越沉重。小伙子倒无所谓，老人、妇女和孩子就不行了，气喘吁吁，越走越慢。张贵田和年轻力壮的队员把自己的面袋放在前面比较干净的路面上，然而回过头来把老人、妇女和孩子的

1981年8月，11所所长张贵田（中）参加“背粮队”

面袋放在自己的肩上，搀扶着他们从齐腰深的湍急水流中小心通过。

就这样，经过3个多小时的艰难跋涉，张贵田和背粮队员们终于把面粉扛回了六区大本营。

水的问题解决了，粮食的问题也解决了，张贵田心里感到一丝慰藉。然而这种慰藉很快就变成了忧虑——广大干部、职工和家属抗洪抢险，日夜鏖战，非常辛苦，光吃主食，没有蔬菜和副食，身体很快就会垮下来。可是凤县地区因为洪水和泥石流肆虐蹂躏，路断桥塌，关山重重，交通瘫痪，蔬菜和副食进不来，怎么办？

张贵田正愁着呢，管后勤的处长来了：

“贵所长，刚才有个农民来问，他家有一头大肥猪，想到集市去卖，可路断桥塌去不了。猪肥了要是不卖，天天养在家中反而是损失，他问咱们要不要？”

“要！”张贵田坚定地说，“这么好的事情送上门来，还能不要？这些天，职工和家属抗洪抢险，少吃没喝，累得精疲力竭，所里正在为给大家改善伙食发愁哩！”

“那我们就把肥猪买了！”管后勤的处长转身要走。

“哎……等等！”张贵田又叫住了他。

“贵所长，您这是——”

“你想啊，”张贵田拍着他的肩膀说，“咱们所职工和家属近两千人，这一头猪还不够大家塞牙缝的。”

“您的意思是——”

“我思量着，在这路断桥塌的特殊时期，想卖肥猪的老乡肯定不止这一家。现在的情况是，老乡为卖猪发愁，而咱们为吃肉发愁。这个老乡脑瓜灵活，找到咱们这里。反过来想，咱们也可以组织一个精干的小分队，到附近山区老乡那里，收购生猪。嗯……由于山路都冲垮了，生猪不好运输，我的意见是，哪里收购，咱们就在哪里宰杀，切成块，也好往回背呀！你看行不行？”

“行是行，只是我们不会杀猪啊！那可是个技术活。”

“不会就学嘛，我就不信，咱们能研制出尖端的火箭发动机，还杀不死一头猪！嗯……这样吧，附近老乡肯定有会杀猪的，找到他们，虚心拜他们为师，实习上几回，肯定能出师。”

“好，我马上去办！”

“我等着你们的好消息！”

就这样，发动机设计所收购宰杀生猪的 12 人小分队成立了。他们爬山越岭，走村串户，到老乡家买猪、杀猪。后来，大家干脆把他们叫成“杀猪队”。这些以前甚至连鸡也没有杀过的知识分子，因为灾情所迫，却不得不用绘制火箭发动机图纸的双手来学习杀猪。他们跟师傅学得很快，而且要领掌握得很好，很快练就了一手杀猪的绝活，短短几天就宰杀生猪 2000 千克。在他们的努力下，在泥里水里抗洪抢险、重建家园，进行着繁重体力劳动的职工和家属，伙食得到了很大的改善。

怀着“欲与天公试比高”的雄心壮志，在洪水和泥石流过后，张贵田和所领导一班人，带领职工和家属，立即投身到灾后重建中去。全所上下，男女老少，齐心协力，日夜鏖战。

最令张贵田牵肠挂肚的是，建在山洞中的泵水力实验室——“201”洞。那里也遭到了洪水和泥石流的袭击。洪水夹杂着石头、淤泥，冲毁上游洞口的铁门，从下游的洞口中泄出。洪水和泥石流过后，洞中淤积的泥沙达半米多深，而洞外小泵试验台厂房的淤泥深达两米多。

张贵田来到了“201”洞。

洞内空气浑浊、潮湿，充斥着一股被洪水和泥石流浸泡过的腐枝败叶的气息。在昏暗的煤油灯光下，室主任杨敏达带领“201”洞的同志们，正一锨一锨、一车一车地往洞外清除淤泥……

张贵田二话没说，抓起一把铁锨，也跟着干了起来。看到所长和自己一起抢险，大家的劳动热情更加高涨。在铁锨刺进沙石的“嚓嚓”声和小车滚动的“吱吖”声中，张贵田看到，杨敏达背心早已湿透，脸上滚动着汗珠，但他依然手脚不停。张贵田知道，杨敏达患有胃病、肝炎、高血压等多种疾病，这是一个

特大泥石流灾害后，11所所长张贵田（右）在检查灾害情况

工作认真负责、干起活来不要命的人。于是，他关切地说："老杨啊，你身体不好，干活时可千万要注意休息啊！"

"谢谢贵所长，我的病情我知道。等忙过了这几天，淤泥清理完后再说吧！这会儿正是紧张的时候，实在是顾不上……"话未说完，杨敏达又挥起了铁锨。张贵田不由心中一阵感动：有这样的好同志带领队伍，还有什么样的艰巨任务不能完成？

最令张贵田寝食不安的是，姿控发动机试验系统在洪水和泥石流的袭击中也受到了严重的毁坏。管路被淤泥堵塞，阀门变形。要想顺利进行点火试车，必须更换变形的阀门管道，并把灌进管道里的大量淤泥清理出来。

为此，张贵田与试验站领导多次研究，确定了清除淤泥的方案。在管道上切割开一个孔之后，姿控发动机试车台的李和卿副主任带着大家，钻进100多米长的恶臭气很浓的管路中清理污泥。爬一步，清一把污泥，硬是用手抠，用小桶舀，清理出十几车污泥。然后，又用钢刷子刷，用水冲，直到把管道清扫得干干净净。当他们从管道里钻出来时，全身的衣服已被汗水湿透，头发、耳朵、鼻子和嘴上粘满了污泥。尽管在管道里趴着干活，胳膊肘、膝盖磨破了皮，鲜血直流，恶臭气熏得人头昏脑胀，直到第二天还恶心得吃不下饭，但完成任务后心中的喜悦，局外人是很难体会得到的。

最令张贵田忧心如焚的是，1981年10月，发动机设计所接到参加远程飞行试验的通知，命令试验队立即起程，奔赴酒泉卫星发射中心，执行发射任务。

为此，发动机设计所立即组成远程飞行试验分队和敢死队。出发前，张贵田代表所领导做战前动员：

“同志们，由于洪水和泥石流的破坏，宝成铁路从油坊沟车站到黄牛铺车站之间，公路被彻底冲垮，铁路的桥墩被冲走，只有铁轨和枕木悬在嘉陵江的上空。为了确保飞行试验分队安全顺利到达，所里组织了一支30人的敢死队，由副所长带队，护送11名试验队员越过几十千米的险境，到达黄牛铺后，再由兄弟单位的汽车送往宝鸡，坐火车前往目的地。这是一次非常特殊、非常艰巨而又非常光荣的任务，我们别无选择，只有不讲条件、不打折扣地完成它！大家有没有信心？”

“有！”40多人的队伍精神抖擞，斗志昂扬。

“出发！”张贵田一声令下，远程飞行试验队员和敢死队员上了汽车，向油坊沟火车站绝尘而去……

经过几个小时的艰难行进，载着试验队员和敢死队员的大卡车，在临时修好的公路便道上颠簸着终于到达了油坊沟火车站。眼前的景象，比他们想象的还要残酷：蜿蜒于嘉陵江边的公路，被洪水冲垮，变成悬崖峭壁，根本无法通过。眼前只有一条“路”，那就是横跨嘉陵江的40多米长的悬空“铁路”。支撑铁轨的四个桥墩已被洪水全部冲走，只有两根铁轨连带着枕木悬在四五层楼高的空中。这就是试验队员和敢死队员们将跨越过去的唯一通道。一旦一脚踏空，后果不堪设想。更重要的是，他们携带的箱子里面装着为远程火箭飞行试验提供的仪器和资料，绝对不能出任何问题。

明知山有虎，偏向虎山行。冒着嘉陵江两岸山体随时垮塌的危险，试验队员和敢死队员抬着大木箱、仪器和行李，走到悬吊在滔滔江水上面的铁轨旁，毅然决然地踏上了一根根附着在铁轨上的枕木。为了防止大木箱掉入江中，敢死队员们将大木箱放在单根铁轨上，前面一个人拉，后边一个人推，小心翼翼地扶着前进。

山风呼啸着，夹杂着呻吟、尖叫和狂笑，在峡谷中横冲直撞。忽然像惊狂了的大精灵，扯天扯地地疾走；忽然又像张牙舞爪的恶魔，四面八方地乱卷；忽然横扫过来，吹得试验队员和敢死队员站不稳脚跟，直打趔趄。铁轨在狂风的席卷下，忽而左右摇晃，忽而上下颠簸。往下看，江水在巨石的冲撞下，激起了雪白的浪花。人站在飘摇的枕木上面，随时都有被大风刮落的危险。试验队员和敢死队员手拉着手，顶着狂风，用红军在枪林弹雨中飞夺泸定桥的大无畏精神鼓励自己，一步一步匍匐爬行，终于到达了对岸。

过桥以后，铁路前边的隧道，又张开了黑洞洞的大口，好像在看他们敢不敢过。试验队员和敢死队员毫不犹豫，挺身进洞。刚进洞时还有点光亮，越往里走越黑暗，不时有人绊倒。后来大家慢慢有了经验——抬着木箱，一只手扶着洞壁，深一脚、浅一脚地往前走。经过半个小时的艰难前行，终于走出了隧道。

就这样，试验队员和敢死队员一连通过 5 个隧道，在泥里、水里徒步几十千米，终于在下午 4 点多钟，到达了黄牛铺火车站。试验队员告别了敢死队员，乘坐兄弟单位派来的两辆卡车，顺利到达宝鸡火车站，如期赶往酒泉卫星发射中心。

当试验队员和敢死队员越急流、涉险滩、跨铁桥、穿隧洞，冒着巨大的危险往黄牛铺火车站艰难跋涉时，身在红光沟所部的张贵田同样在焦虑中煎熬着。同志们在抢渡横跨嘉陵江的 40 多米长的悬空“铁路”时会不会出现意外？能平安到达目的地吗？能按时到达靶场参加发射任务吗？一连串的担忧，让张贵田坐立不安、魂不守舍。吃中午饭时，他端起碗后一口吃不下就又放下了。时间在一分一秒地过去，他焦虑的心情在一分一分地增加。直到下午 6 点左右，试验队员到达宝鸡后，通过军用专线电话报平安时，张贵田一颗悬了几个小时的心这才放了下来。

1981 年 12 月 7 日，当飞行试验成功的消息传来时，张贵田和发动机设计所的职工和家属均感到无比的自豪和骄傲。

让 067 人深受感动的是，洪水和泥石流发生后，党中央、国务院、国防科委、七机部、陕西省及省国防工办、七机局、宝鸡市和凤县等各级党委和政府，给予了极大的关怀和大力支持。

国防科委主任张爱萍亲自指示解放军派直升机帮助抗洪抢险，为 067 基地空运了大批生活急需物资和应急药品。国防科委派汽车千里迢迢送来了军大衣、军用被褥及鞋帽各 800 套（件）。七机部先后派副部长杨培先、李昌安，政治部主任马云涛赶赴灾区，慰问基地职工和家属，察看灾情，指导工作，并紧急调拨 50 万元救灾款，又先后派两批医疗队深入灾区防病治病。陕西省委第一书记马文瑞和宝鸡市领导亲临基地视察慰问。七机部 27 个单位发来慰问电、慰问信，并捐赠现款 17 万元、粮食 30 吨。1981 年 10 月 10 日，以杨静仁副总理为团长的中央代表团赴基地慰问职工和家属，转达了党中央、国务院的亲切关怀和慰问。

2. 型号下马三轮转　卧薪尝胆谋全迁

1981 年 8 月 21 日的百年不遇的特大洪水和泥石流袭击，使 067 基地的生产和生活设施遭受到了毁灭性的打击。在这严重的自然灾害面前，067 基地承担的科研生产任务怎么办?

摆在面前的有两条道路：一是把任务交出去，这样的后果是，研制周期延长，任务交付时间推迟；二是重建家园，恢复生产，但是泥水横流，满目疮痍，恢复生产又谈何容易!

在基地党委于 9 月 18 日召开的党委扩大会议上，全体同志经过充分热烈的分析和讨论，毅然决然地选择了后者，决心率领基地干部职工，发扬大无畏的革命精神，恢复生产，提出了“自己干，三不变”（科研任务不变，交付时间不变，科研经费不变）的战斗口号。口号一经喊出，全基地上上下下、男男女女、老老少少，闻风而动。大家心往一处想，劲往一处使，汗往一处流，个个成了“拼命三郎”。人人都在为基地的前途命运奋力拼搏，舍小家、顾大家，先生产、后生活，迅速投入到抗洪抢险、恢复生产生活的各项工作中去。

厂房、车间冲坏了，一处一处地重新修补好；机床设备被泥石流淹没，一锹一锹地挖出来，一件一件地拆开清洗干净，再重新组装起来；家属楼被冲走了，临时搭起了一排一排的油毛毡棚；桥梁断了，一座一座地再建；道路毁了，一段一段地重修；防洪堤坝冲毁，一节一节地再垒……

总有一种力量让人泪流满面，总有一种精神长留人间不朽。“一切为了圆满完成型号任务”成为全基地干部职工的共同心声。大家按照上级规定的时间表倒排工期，日夜鏖战，挤时间、抢进度、抓短线。由于全基地干部职工劲往一处使，拧成了一股绳，一手抓抗洪救灾，一手抓科研生产，9月底，067基地的水、电、路、气四通；灾后30天，067基地的发动机把远程火箭准确地送往太平洋；灾后40天，一箭三星发射成功；几个月后的1982年1月9日，用于发射返回式卫星的长征二号丙运载火箭发动机顺利出厂。067基地创造了严重自然灾害下照样队伍不散、照样恢复生产、照样完成科研生产任务的人间奇迹，上演了一曲由洪水和泥石流伴唱的正气歌。067基地的干部职工在生死关头所展现的浩然正气和豪情壮志，身处逆境时的自强不息和舍命抗争，征服了世人。

1981年10月，七机部向全部发出“学习067基地英雄事迹”的号召，并决定067基地重新选建新址。

12月1日下午，七机部副部长张钧，来到了067基地发动机设计所，在张贵田等所领导的陪同下，在六区食堂做报告，提出了“恢复、收缩、转移”的六字方针，要求做到“从容计议、尽快选点、抓紧建设、适时搬迁”。

12月2日开始，由七机部基建局、第七设计院、067基地及所属厂、所、站、医院等单位组织的新址选点联合调查组，历时28天，行程4000千米，经过陕南汉中，四川达县、大竹，湖北襄樊，河南南阳、信阳等地，在4省13个地区察看了39个点，经历了反复辗转的选址征程。

1984年1月，国家下达文件同意067基地部分搬迁襄樊。1984年6月，当陕西省委听说067基地要搬迁湖北襄樊的消息后，省委第一书记马文瑞说：“这么重要的单位还是留在陕西好。你们就在西安附近选点，什么条件都能保证。”副省长张斌明确表态：“067基地对国家贡献很大，我们不让你们走，是为了更好地发展航天事业。只要不进西安市区，在长安县任何地方征地建设，省里都给予方便，有问题省政府帮助你们解决。”

虽然有地方政府的支持，但搬迁的工作并不顺利。

为了加快西安新点建设，张贵田可以说是呕心沥血，日夜操劳！面对着洪水和泥石流一次又一次的袭击，没有人不想早一天搬迁。于是，加快新点建设，早日搬迁西安，成为全基地近两万职工和家属人人关心、个个过问的一件大事。张贵田不知花费了多少心血，跑了多少路。在搬迁工作止步不前、求路无门的时候，他甚至当着部里领导的面，说了一句绝话：“就是盖一个厕所，大家也愿意去！”他不忍心让这些为航天事业忠心耿耿、无私奉献的067人看不到搬迁的希望。

在选点西安、等待任务书批下来之前的那段时间里，基地人心不太稳定。既不能生存又没有新任务，出路何在？基地主任张贵田非常着急，带着基地副主任周同到北京，向国防科工委、部机关和有关部委汇报，向各级领导汇报并解释067基地所处的具体困境，希望得到同情和支持，帮助尽快批准新点的任务书。

然而在听汇报的时候，上级机关的一位处长却用“现在有不同意见，一时难以解决”的话语回绝了张贵田。闻听此言，张贵田的内心如翻江倒海。步履蹒跚地走出大楼，他再也忍不住心中的悲伤，浑身颤抖着，抱着人行道上一棵大树恸哭起来。周同劝他：贵主任，别哭了，走吧！走吧！张贵田的双腿却像灌了铅一样，怎么也迈不动……回招待所前，周同在东高地买了两毛钱的泡蒜、淹白菜，准备早上喝粥。因为心情特别郁闷，张贵田就把两瓶准备送给老朋友的汾酒，打开一瓶，就着两毛钱的泡蒜、淹白菜，和周同用瓶盖一起喝闷酒。

住在北京南苑的招待所期间，周同起草任务书常常熬到夜里一两点才睡，张贵田便早早起来，到街上买了馄饨皮和馅，在女儿租住的房子里包好煮好，然后叫周同过来吃饭。那热气腾腾的馄饨，吃得周同浑身热乎乎的，也让他更加感受到张贵田人格的魅力。

1985年7月20日，国家计委、国防科工委正式批复：067基地部分搬迁西安市长安县北塬。终于，张贵田和周同在部里拿到了任务书。为了抢时间，他们马不停蹄地从北京赶回来，将国家有关部委给陕西省和西安市的批文，亲自送到省市相关部门。

搬迁西安，这对于两次重灾后新点地址久拖未决的067人来说，应当是梦寐以求的大喜讯。然而，面对文件上“部分搬迁”四个大字，张贵田眉宇紧锁，心情沉重，夜不能寐，辗转反侧——新点先是选在襄樊，任务书批下来是 8300 万元，搬迁 3500 人；后来选择西安，任务书批下来，8300 万元变成了 7000 万元，3500 人减到 2700 人。这意味着大部分人要留在灾区老点。

“你怎么啦？是不是哪儿不舒服？”老伴郁畹兰被他的不停翻身吵醒了，关切地问。

“还不是搬迁西安新点的事！”张贵田实话实说。

“听说西安市长安县北塬海拔 480 米，高出西安市 60 米，永远不再会有洪水的威胁了，你还怕什么？”郁畹兰以为张贵田担心搬到西安后还会遭遇洪水侵袭。

“那是另外一回事。文件上说，067 基地只是少一半的人搬迁。而多一半人还得继续留在红光沟，不能脱险。一想到这些，我就彻夜难眠。作为基地主任，说什么我也要把这近两万职工和家属全部带到西安！”

“唉……你现在光着急有什么用呢？来日方长，车到山前必有路，总会有解决问题的办法，睡吧！”郁畹兰劝他。

“嗯，睡……”张贵田嘴上说睡，可他哪里睡得着。正当搬迁的事搅得人心绪不宁时，让张贵田和基地干部职工没有想到的是，基地费了九牛二虎之力新研制的产品——某重点型号发动机突然下马，使基地陷入政策性大亏损的境地。

1979 年 7 月 4 日，七机部建立了该型号的总设计师系统——王永志为总设计师，张贵田为副总设计师兼发动机主任设计师。067 基地负责发动机研制，并组建设计队伍。

1980 年 4 月，一、二、三级发动机相继完成方案论证工作，蓝图陆续下厂。1980 年 6 月、1981 年 8 月，067 基地遭受两次特大洪水和泥石流的袭击，干部职工舍生忘死，抗洪抢险，一恢复生产，就开足马力，日夜鏖战，全身心地投入到型号研制中去。1982 年 5 月至 9 月，发动机通过了 5 次系统试车，证明设计方案正确，生产质量可靠。1983年5月20日，在067基地召开该型号一、二、三级发动机设计评审会，会议由张贵田主持，型号总设计师王永志、基地副主任李伯勇出席了会议。会议通过了评审报告，决定一、二、三级发动机转入试样研制。1984年10月，一级发动机、二级发动机分别通过200秒长程试车，发动机的研制工作取得突破性进展。

然而，天有不测风云。1984年年底，中央北戴河会议决定，这一类型的战略武器由液体向固体转变，该型号下马，集中力量研制固体战略导弹。

1985年2月12日，这一型号发动机停止研制生产，一大批在制的零组件、半成品、产成品及原材料，全部搁浅在生产线上。可惜呀，067人5年来的汗水、心血和智慧付之东流……

随着国家经济政策的调整，军费开支大幅度缩减，067基地的军品任务骤然间减了下来，所属企事业单位嗷嗷待哺，陷入了举步维艰的窘境……

东方不亮西方亮，世上没有过不去的坎！

张贵田和基地领导班子审时度势，运筹帷幄，坚定了067基地全面转轨变型，依托航天高科技优势发展民品，“以军为本，以民养军”的决心，更加坚定了067基地把民品发展作为基地的战略任务来抓的意志和斗志。

“……军品下马，迫使我们不得不在商海怒涛中搏风击浪，进入民品发展领域。在民品开发的道路上，机遇与挑战同在，希望与困难并存。我们唯有坚持‘高起点、高速度、高效益’的发展方针，发扬航天传统精神，发挥航天高科技的优势，发挥基地自身特长和技术优势，发挥核心企业的示范和带动优势，发挥重点项目的技术优势，发挥人才、设备优势，才能按照市场规律，打开一条生路。如果说 20 年前，我们自力更生、艰苦奋斗，军品创业获得成功的话，那么，开发民品对我们来说，也是第一次。同志们，天无绝人之路，置身绝境而后生。只要我们抓住机遇，克服困难，在布满荆棘的险途中奋力拼搏，背水一战，就一定能够踩出一条通向民品的康庄大道，确保二次创业一次成功！”

在 067 基地召开的“保军转民、以民养军二次创业大会上”，张贵田面对基地全体领导干部的动员报告，似战鼓催征，激动人心。发动机设计所、发动机生产厂、发动机试验站等单位，掀起了开发民品、进军民品的热潮。

发动机设计所首先在天津打开窗口，他们设计的减压器测试台，填补了国家一项空白，受到天津市政府和国防科工委的赞扬和肯定。截至 1985 年年底，与十几个省、市签订了 33 项正式协议，产值达 80 万元，加上民品生产协议 12 项，产值 20 多万元，总计产值达到106万元，完成效益达65万元以上。

发动机生产厂经过两年的奋斗，开发出能够发挥军工技术的高附加值产品——具有20世纪80年代先进水平的压力容器。稀释釜和反应釜被国家计委列为替代进口产品；1987年取得了制造三类压力容器的许可证；连续两次为牡丹江制药厂和中原制药厂生产了由德国斯达柯萨公司设计、填补了国内空白的葡萄糖生产线的65立方米压力容器；开发出具有世界先进水平的为叉车发动机配套的液力变矩器，在主要性能上达到同类进口产品水平——其中315变矩器已成为国内大吨位叉车唯一的生产厂家。

发动机试验站把主要从事研究、设计和为试验服务的部分单位从军品中划分出来，从事民品开发生产和经营工作，并在政策上给予扶持。他们把特种气体的制作提取作为主要民品项目之一，并对外开展了通用和特殊动力机械定型试验及技术鉴定业务。

随着军转民的不断深入，067基地建立并不断完善开发民品的管理体制，民品产值逐年提高：1984年不足500万元，1985年达到722万元，1986年达到824万元。

1990年，美国休斯公司来067基地参观考察

就这样，张贵田带领着习惯于军品铁饭碗的067人，在军品型号下马和政策性亏损的逆境中，破釜沉舟，杀出了一条生路，不仅一举甩掉了政策性亏损的帽子，而且逐步形成军品、民品、三产“三轮并转”的新局面。这无疑是一次飞跃、一次升华、一桩奇迹。

1990年7月初，又是连续几天的大暴雨。7月6日上午10时许，一场特大洪水和泥石流再次向凤县地区袭来。短短的几小时内，067基地第三次遭到灭顶之灾——7107厂26名职工被洪水包围，危在旦夕。为了营救被困职工，24岁的青工杨小林在抗洪抢险中光荣牺牲。

与此同时，被洪水和泥石流肆意摧毁、蹂躏的发动机设计所、发动机生产厂、发动机试验站等单位，厂房和家属楼，或被冲走，或被吞噬，或成危房；机床被埋，仪器被淹，家具被冲；桥塌路陷，断水、断电、断交通、断粮食、断通信。国家和职工的财产又一次遭到重大损失，初步估计经济损失达4100多万元。职工和家属在洪水和泥石流之中挣扎，又被围困在十几个孤岛中，苦雨凄风，何处安身？生产、生活陷入半瘫痪状态。

7月16日，正当大家汗流浃背地在河边搬石头垒堤坝、在厂房清除淤泥时，收音机里传来了长二捆火箭首次发射成功，把“澳星”模拟星送入太空的消息。浑身泥巴、满头汗水的067人击掌庆贺，相拥而泣。这一喜讯给痛苦中的067人以巨大的慰藉，令他们永生难忘。

洪灾过后，国务院三线调整办公室主任鲁大东和国家科委、国防科工委、航空航天部相关领导来到红光沟视察。当他们看到067基地干部职工挖淤泥、修水渠、搬石头、筑堤坝、清理厂房、洗涮机床时，大家的心情十分沉重，情不自禁地流下了热泪。在被职工们誉为“新加坡”的临时家属院，当他们看到研究员住的房子没有水、没有卫生间，老鼠在油毛毡棚子上面来回跑时，鲁大东对张贵田说：“看到你们航天高科技人员在这么艰苦的工作环境中，任劳任怨，无私奉献，真的，我非常感动。国务院三线调整办公室将向总理和有关部、委反映，全力支持你们快点搬迁！”

067人抗洪抢险，日夜鏖战，仅用了25天就全面恢复了生产。

7月17日，航空航天部“关于067基地遭受特大洪水灾害的简易恢复和加快新点建设的紧急请示”上报国务院、中央军委，请求批准067基地全部搬迁西安并减免067基地迁入西安市落户每人3000元的配套费用等。

7月21日，陕西省省委书记张勃兴一行11人，在067基地主任张贵田的陪同下，察看基地灾情，慰问受灾职工。在发动机生产厂的总装车间参观了大、小发动机以后，张勃兴感慨万千地对张贵田说：“你们生产的火箭发动机把几十颗国内外卫星送入太空，而你们在连续遭到三次洪水和泥石流袭击的情况下，依然在条件这么艰苦的秦岭深处任劳任怨，无私奉献，实在叫人钦佩。你们是民族的脊梁，你们更是咱们陕西的骄傲。省里决定，免收067基地职工在西安落户的城市人口综合开发费（每人3000元）。希望你们加快新点建设，调最好的施工队施工，确保质量，早日搬迁西安！”

067基地各级党组织在特大洪灾面前，带领干部、职工和家属，临危不惧，全力以赴，同特大洪水和泥石流展开了顽强的斗争，谱写了一曲保卫国家财产和人民生命安全、按时保质保量完成科研生产任务的壮歌，受到了上级领导的高度赞扬。

1990年12月30日至1991年1月2日，航空航天部副部长刘纪原率领航天系统各院、局、基地、公司领导54人，来到067基地，召开了“航天传统精神经验现场会”。刘纪原副部长在大会上高度赞誉067基地是一支“特别能吃苦、特别能战斗、特别能忍耐、特别能奉献、特别能顾全大局的队伍”，特别授予067基地“艰苦奋斗的楷模，无私奉献的榜样”锦旗。

在洪水和泥石流第三次袭击067基地之后，航空航天部副部长王礼恒在关于加快067基地西安新点建设的会议上强调指出：“067基地是非常重要的基地，是我国液体火箭发动机的抓总单位，没有火箭发动机就没有我国在国际上大三角的地

1991年，067基地主任张贵田（左二）接受锦旗

位。我们要尽快上报中央领导、国家计委和国防科工委，争取 067 基地早日全迁西安……”

3. 长安崛起航天城　红旗插上少陵原

1991 年 1 月 3 日，对于张贵田来说，绝对是难忘的一天。航空航天部《关于转发国家计委、国防科工委关于 067 基地搬迁工程调整设计方案及概算批复的通知》——“同意 067 基地基本全迁西安”的正式文件摆在了他的案头。

“职工和家属听到这消息后，不知有多高兴呢！”基地办公室主任顾维正说。

“是啊，从 1981 年第二次洪水和泥石流袭击之后，上级先是让我们选点，再是 1985 年批复少一半人搬迁西安，这期间经历了风风雨雨、绊绊磕磕，到现在——1991 年批复我们全迁西安，整整用了 10 年功夫——10 年搬迁非寻常啊！”张贵田十分感慨地说，“现在好了，在李鹏、刘华清等党和国家领导人的亲切关怀下，国家计委、国防科工委批准 067 基地全迁西安，并将之列为国家重点建设项目；国务院三线调整办公室也将“7067 工程”列为国家“八五”三线调整脱险项目，在具体费用上减免、优惠。”

“这样一来，咱们基地全迁西安的进度就更有保障了。”

“谁说不是呢？老顾，西安可是个好地方啊，物华天宝，人杰地灵。这次国家让我们 067 基地全迁西安，是对我们最大的支持、厚望和鞭策。我们唯有时怀感恩之心，日省图报之行。唯有不懈奋斗，研制先进的天地往返航天动力，奉献优势技术，为部队提供更为先进的武器装备，为挺进世界航天领域做出应有的贡献，才是对祖国和人民最好的报答！而挺进西安，正是我们壮怀激烈、大鹏展翅的最佳时机。”

“哎呀，贵主任，让你这么一说，我的心里热乎乎的——你为咱们在西安的未来画了一幅多么美好的图画呀！”

"古人说，'位卑未敢忘忧国'。而现在，日夜萦绕在我心头的是两件大事，而且也都是急事，它关系到咱们基地的长远发展和兴衰存亡。一是尽快地把咱们基地近两万名职工和家属全部从洪水和泥石流经常肆虐的深山老林带到西安去；二是尽快地把液氧/煤油高压补燃发动机研制成功，让中国新一代运载火箭早日飞上苍穹，为中国航天事业的发展奠定一个强大的动力基础。"

"那贵主任，你说这两件大事，哪个更重要呢？"

"一样重要啊！咱们一方面要只争朝夕，抓紧把基地搬到西安去；另一方面也要快马加鞭开展液氧/煤油发动机的预先研究！现在，这两件大事已到了最关键的时刻，还需要我们马不停蹄，全身心地付出……"

张贵田清楚地记得西安新点——国务院三线调整脱险项目"7067工程"正式开工的那一天。

1986年10月15日，在国家有关部门和陕西省各级政府的大力支持下，"7067工程"在距西安市中心约9千米的南郊少陵原——方圆两平方千米的田野上正式开工。

当第一根钢柱在汽锤的沉重打击下，一寸寸地插入土地时，打桩机的轰鸣声便响彻了千年寂静的原野。从此，推土机呼啸而过，铲运机大显身手，筑路机巨轮滚动，大卡车来回穿梭。白天机器轰鸣，夜晚灯火辉煌。成千上万的建筑工人在这片土地上挥洒汗水，日夜鏖战。

为了确保优质高效地完成"7067工程"的基建任务，张贵田和基地一班人，精心研究，统筹安排，成立了"7067工程"指挥部，任命基地副主任周同为总指挥，基地党委副书记安振乾为工程指挥部党委书记。基地厂、所、站、医院等各单位也相应地建立了新点工程筹建处，对工程实施两级管理，并确立了"三统三分"——"统一领导、分级负责；统筹安排、分工协作；统一对外、分头去办"的建设指导思想，来协调工程建设中的各项工作，极大地调动了广大建设者的积极性，推动了新点的建设速度。

要建成一个什么样的新点？张贵田责成工程指挥部尽早拿出规划。工程指挥部经过研究提出，要把西安新点建成“配套完善的科研生产条件，服务周到的生活福利设施，众多层次的教育培训基地，四通八达的通信信息网络，丰富多彩的文化体育场所，优美绿化的工作生活环境”这一规划。周同向张贵田汇报后，张贵田说：“这个规划很好，很鼓舞人心。关键要抓落实，你们要一步一个脚印，把这六个方面的规划进一步细化。实现了这些规划，一座新的航天城就会在西安南郊拔地而起。”

然而，偌大的航天城，要建设设计大楼、生产厂房、实验室、家属楼、职工医院、中小学、托儿所，林林总总数百个项目，哪个在先？哪个在后？资金如何安排？这一切，都需要统筹解决。

为了确保施工质量、工程进度和合理的施工方法，工程指挥部根据所有工程建设的轻、重、缓、急，首先提出了正确处理好四个关系的施工原则：总体工程与单体工程项目的关系，优先总体工程；室外工程与室内工程的关系，优先室外工程；单体工程与公共设施工程的关系，优先公共设施，如水塔、变电站、食堂、单身宿舍、锅炉房、中小学、托儿所、输配电线路、给排水管路、市政道路等；地面工程与地下工程的关系，优先地下工程。其次是保证军品项目。最后是安排军民结合项目、民品项目，合理使用有限的资金。

从工程指挥部到厂、所、站、医院等单位的建设管理人员，都是从各单位抽调来的，从来没有搞过建筑，是建筑工程的“门外汉”。如何让他们很快地从建筑外行变成建筑内行呢？张贵田想：这些同志大部分是搞科研生产出身，对军品的管理、调度和组织都比较熟悉，那么，能不能用干军品的方法来管理基建呢？

“老周啊，你看这样行不行……”张贵田把自己的想法告诉了新点建设总指挥周同。

“哎呀，贵主任，你和我的想法不谋而合啊！”周同兴奋地说，“用管理军品的办法来管理新点建设，对我们来说，可是扬长避短、如鱼得水啊！我看这办法行……”

于是，在新点工程总指挥部及厂、所、站、医院等单位筹建处和施工单位的大力协同、精心组织下，这些单位办公室的墙上，结合自己所承担的各项基建任务，都贴上了一张网络施工图。图的上面，施工任务、时间节点、重点工作、矛盾问题等情况一目了然。图上插着小旗表示进度，还编制了计划流程图和年度、季度、每月、每周的作业计划，明确计划进度的长线与短线、单体与总体、室内与室外、地面与地下、质量与安全等。

工程指挥部和各筹建处还对施工进度采取了动态协调管理，坚持周协调、旬调度、月检查、季评比、年总结。利用三种形式，即值班协调、会议协调和现场协调。值班协调主要是处理并协调日常发生的大量具体问题，由值班人员负责；会议协调是由工程指挥部组织的综合协调会，每周至少两次，对施工中出现的重大问题，经过讨论后做出决定，并每隔一段时间在会上对子项目进行一次评比，完成进度者赏，未完成者罚；现场协调是由工程指挥部或各筹建处带领管理人员深入工地现场，了解情况，实现面对面的指挥和调度，及时处理现场发生的各种问题。

张贵田经常来西安新点，关心和指导新点建设的各项工作。1991 年夏，张贵田又一次来到西安新点，在新点建设总指挥周同的陪同下，冒着酷暑，在工地上察看。

一路走来，但见繁忙的工地之上，建筑工人们正挥汗如雨，在各自的岗位上紧张地工作着。工号林立——有的已经竣工，正在内部装修；有的刚建了一半，脚手架密密麻麻；有的刚开工，地面上挖了一个大坑。脚下，正在铺设水泥道路，压路机把路面压得平展展的；路旁，长长的地沟里，工人们正在焊接水暖管道，但见弧光闪烁，似孔雀开屏。

“老周，我看现在工程进展很快啊！”张贵田边看边说。

“贵主任，形势确实是喜人啊！”周同掩饰不住内心的喜悦，“自从国家计委、国防科工委关于 067 基地搬迁工程调整设计方案及概算批复的通知下来之后，资金到位非常及时，为了加快工程进度，又上了好多新工号。现在，有近 40 家建筑公司和施工队同时施工，平均每天有 7000 至 8000 名工人在现场作业。”

“航天工程，百年大计。要在工程质量上狠下功夫，不能出现任何纰漏。要切实把握好施工原则：确保质量、确保进度、确保安全。”张贵田说。

“工程指挥部把‘三个确保’作为头等大事来抓，经常派人定期或不定期地去各个施工点突击检查，发现一处，查处一处，决不手软，决不姑息！”周同向张贵田保证。

“只要这三点做到了，我也就放心了。”张贵田说。

“‘白日去如箭，达者惜分阴。’从1986年到1992年年底的6年时间里，成千上万的建设者用汗水、心血和智慧，终于浇灌出了丰硕的成果。一座现代化的航天城，在西安南郊拔地而起。依长安之古韵，傍八水之清流，沐终南之灵秀，借开放之熏风，共和国唯一研制生产金牌液体火箭发动机的067基地，将古韵与时代元素完美融合，在历史与现代的交相辉映中展现出勃勃生机。现在，令我们十分高兴的是，日盼夜盼的西安航天城基本建成了；令我们十分忧虑的是，如何圆满、安全地实现搬迁，如何做到任务搬不丢、人心搬不散、队伍搬不垮，这无疑是摆在我们面前的又一场严峻的考验。”在基地召开的全面搬迁西安新点动员大会上，张贵田正在做动员报告，“航空航天部政治部主任郭国正向067基地提出了一个响亮的口号：‘高举红旗进西安，进了西安更高举。’我们深刻地认识到，只有高举航天传统这面旗，才能进驻西安，开始新的创业！否则，即使搬进了西安，也会任务搬丢、人心搬散、队伍搬垮、站不稳脚跟。现在，基地各单位都成立了搬迁领导小组和搬迁办公室，要在精心准备、精心组织、精心摸底的基础上，制定周密的搬迁计划，制作专用的集装箱，建立大搬迁的指挥协调系统。基地要求，让职工先搬，领导干部后搬，搬迁不能影响生产，要保证安全……”

基地副主任胡鸿福传达了航空航天部副部长刘纪原的指示：“军品要完成，不能出问题；基建要搞好，不能拖周期；搬迁要搬好，不能出事故。”

基地党委书记戴证良代表基地党委提出了三点要求：“军品要保住，队伍不能散；搬迁要搬好，人心不能散；基地要大上，经济要发展。”

1991年11月6日，067基地首批78户职工搬迁西安，拉开了由山沟向城

1992年9月10日，张贵田（右三）与067基地领导班子检查西安新点建设情况

市搬迁的战略大转移的序幕……

让张贵田忧心的是，大搬迁主要靠公路运输，从凤县到西安300多千米，必须翻越“蜀道之难，难于上青天”的秦岭。晴天翻越尚且提心吊胆，如果遇上下大雪，那更是雪上加霜，难上加难。为此，张贵田经常深入厂、所、站搬迁办公室，检查、指导搬迁工作，他要求各单位：“不要为了赶任务而忽视安全，要把‘安全第一’作为头等大事来抓，要认真保养车辆，小心驾驶，把事故消灭在萌芽状态，万万不可有任何闪失。”

朔风凛凛，大雪霏霏。风卷着雪花，怪声怪气地怒吼着，蛮横地掀起了雪幔，扑向沟壑，扑向森林，扑向秦岭深处的盘山公路，扑向一辆装满设备的大卡车。此刻，驾驶室内，发动机生产厂司机张学才，双手紧握方向盘，心急如焚。这场突如其来的暴风雪，不知道要给他翻越秦岭增加多少困难和危险。雪越下越大，风越刮越猛，天越来越冷。张学才小心翼翼地把车开到秦岭脚下停下，和助手一起给车轮安装防滑链。风雪绞起的漩涡，在地上旋转、奔腾、乱滚，路已经被积雪深深地掩埋了。一团团的雪片，绞在旋风里，变成了针尖、碎石，打在他们的脸颊上，刺骨地疼痛。在-20℃的严寒中，他俩的手指头和冰冷的防滑链粘在了一起，使劲一拉，双手已有血迹渗出。张学才小心、谨慎地把车开上了秦岭梁，眼前是一派冰天雪地、雪雾弥漫的景象，十几步外什么也看不清。公路两旁，一边是千仞绝壁，一边是万丈深渊。坡陡、地滑、路窄、弯急，稍有闪失，不测随时都会发生。

助手见状说："张师傅，实在不行的话，咱们返回吧！"

"不！"张学才坚定地摇了摇头，"任务紧急，西安新点等着安装设备，耽误了科研生产，那可是大事儿啊！"

"师傅，那我下车到前边探路吧！"

"好，一定要小心！"

就这样，一个前边探路，一个小心开车，每前进一步，都是险象丛生；每拐过一个急弯，都是和死神搏斗。经过3个小时的顽强拼搏，终于翻过了秦岭梁。

发动机试验所的汽车司机朱刚振师傅从大搬迁开始，披星戴月，顶风冒雪，从来没有中断过一天。他到底给多少户人家搬了家，运送了多少吨设备，连他自己也记不清了。他一趟趟地往返新、老点之间，没有叫过一声苦，没有误过一次车。然而，渐渐地，人们看到，朱师傅的面容一天比一天憔悴，身体一天比一天消瘦。

当所里的职工和家属全部搬到了西安，住进了高楼大厦，沉浸在乔迁之喜中时，朱师傅却全身浮肿，被同事们送进了医院。医生诊断：朱师傅患了皮肤炎、双肺结核、呼吸循环衰竭。不久，朱师傅便离开了人世……

在张贵田的心目中，搬迁是一场硬仗，而大型设备的搬迁又是硬仗中的硬仗，要想方设法，全力以赴地保证每一台设备完好顺利地运到西安新点。

现在，面对亚洲最大的泵水力实验室——“201”洞设备的搬迁，张贵田对发动机设计所所长孙宏明和室主任靳国平说：“当年从建洞到投产，用了4年半的时间，光设备安装和调试就用了一年，你们要是能在一年半内把洞内的设备全迁西安，就创奇迹了。”

“贵主任，”孙宏明说，“我们准备用8个月完成拆迁、安装、调试任务。”

“那好啊，说话算话！”

“军中无戏言！”孙宏明说，“我们已经作了详细的搬迁工作计划，同志们干劲十足，有决心、有信心圆满完成任务。”

紧张而有秩序的搬迁战役开始了。

“201”洞内的大电机是国家专门为发动机泵水力试验研制的“国宝”，也是此次搬迁的“重中之重”。两套4000千瓦中频发动机组，两台3600千瓦高速电动机，一台700千瓦高速电动机，一个35吨、一个22吨、两个18吨的铸铁底座等特大部件要完好无损地拆卸、运输、安装在西安新点泵水力实验室，绝不能出现任何差错。西安航空发动机公司安装公司通过招标承揽了此项任务。他们历尽千辛万苦，把几十吨重的庞然大物一寸寸地移出山洞，再装到大型运输车上。由于超长、超重，运输车只能在夜间上路，更增加了运输困难。经过300千米的翻山越岭、长途跋涉，机器终于被安然运达西安新点。

在抢时间、赶进度、日夜鏖战、突击安装的日子里，工人们冒着近40℃的高温，挥汗如雨，争分夺秒，没有一个人叫苦叫累，没有一个人畏葸不前，大家脏活累活抢着干，终于按时完成了搬迁、安装、调试任务，获得发动机设计所和基地的好评。

嘉陵江畔，凤州桥头。

张贵田非常关注的发动机生产厂搬迁2000吨水压机的最大部件——80吨的底座，正安卧在“轰轰”作响的大拖车上，只等待厂长郑东方一声令下，便从这桥上开过去。

此刻，郑东方站立桥头，表情严肃，肩膀上似乎压着千钧重担。从1992年开始，发动机生产厂便开始了边生产、边基建、边搬迁的战略大转移。然而在搬迁工厂这台最大的设备时，凤州大桥却成了“拦路虎”。来自公路设计院的资料表明，大桥只能承载60吨，且此桥又经过两次特大洪水和泥石流的冲袭，桥质削弱，它能承受90吨的重压吗？而大型水压机如果不能搬运并及时安装就位，必然会影响到迫在眉睫的型号科研生产任务。为此，郑东方组织有关专家、技术人员对大桥进行了详细的“会诊”。经过反复论证、多方试验，在确保大桥、设备安全的情况下，郑东方这才下达了口令：大拖车过桥！

随着大拖车缓缓地驶上桥面，郑东方的心也紧张地提到了嗓子眼，眼睛一眨不眨地盯着桥面。大桥仿佛承受不了突如其来的重压，在微微地颤动，在痛苦地呻吟……1米……2米……当最后一对车轮安全地驶离桥面时，周围顿时响起一片热烈的欢呼声。郑东方这才感到口干舌燥，全身已被冷汗浸湿。

发动机生产厂主管搬迁和投产的副厂长郝忠文，在搬迁那一段“揪心”的日子里，每到晚上总觉得时间过得特别慢，总怕搬家车队有什么闪失。一直等到电话铃声响起，听到“郝厂长，你放心吧，车队已安全到达西安！”的消息后，才能睡个安稳觉。

“1993 年，是我们基地军品科研生产任务空前繁重的一年。研制型号之多、任务量之大、质量要求之高、时间要求之紧，都达到了历史最高水平。与此同时，我们基地的搬迁也进入了如火如荼的大忙季节。科研生产是硬仗，搬迁也是硬仗，我们要两副重担一肩挑，不能厚此薄彼。搬迁促进生产，生产促进搬迁，二者相辅相成。”

在基地召开的厂、所、站西安新点投产领导小组会议上，张贵田强调指出：“实现大本营转移西安的主要标志，不仅是绝大部分职工要搬到西安，而且西安新点还要具备生产能力，否则就会导致生产瘫痪。老点不但要完成任务，还要抢时间、赶进度，为新点尽快创造生产的条件。我们搬迁每一台设备、每一套工装，首先要考虑这台设备如果搬迁会不会影响老点任务的完成，所以要全盘考虑。”

发动机设计所巧妙地运用各种调度手段，大胆提出将“余地留大、备份留足”的设想，即扩大投产批量，以满足实验室搬迁期间发动机的试验和交付，确保生产搬迁两不误。

发动机生产厂将各车间的生产任务以文件的形式予以明确，明文规定哪个车间没有完成生产任务，就不能搬家。1993 年 6 月至 7 月，职工为了给搬迁抢时间、赶进度，争分夺秒，日夜鏖战。钣金、活门、涡轮泵、推力室等产品车间的各种机床日夜不停地轰鸣。

总装是发动机生产的最后一道工序，也是发动机质量控制的最后环节。1994 年春节前，厂里要求总装车间用 20 天的时间，完成以往需要 40 多天才能完成的某重点型号发动机的总装任务。

军令如山倒！只能提前，不能退后！

为确保后墙不倒，总装车间干部职工心往一处想，劲往一处使，汗往一处流。他们从早上 8 点干到中午 12 点，食堂直接把午饭送到现场，半个小时吃完饭，又接着一直干到夜里 11 点，天天如此，紧张得连上厕所都要小跑。有人风趣地说："这下倒好，没时间抽烟，自然而然地戒了。" 5 个电焊工日日夜夜在弧光下工作，眼睛又红又肿，酸疼难忍；几个弯管工长时间工作，双手磨出了血泡……凭着超人的毅力和拼命的干劲，到第 16 天就圆满完成了任务。总装车间集中力量打完歼灭战，就马不停蹄地全迁西安新点。

在 067 基地搬迁期间，发动机试验站在红光沟的试车从来没有停止过。由于多批次的试车，参试人员中有 46% 的人肝功异常，医生要求他们强制半休或全休，但大家依然坚守在自己的工作岗位上。在近两年的时间里，基地圆满完成了 20 多台次的试车任务，保持了试车成功率、主要参数获取率、参试产品合格率三个 100%。

从 1992 年到 1994 年的大搬迁终于胜利结束了。在基地搬迁总结会上，一组组数据，让张贵田和 067 人无限欣慰——

全基地共搬迁 5000 余户，近 2 万名职工和家属，价值 3 亿多元的仪器设备，出动车辆 8500 台次，行程 390 多万千米——差不多绕地球转了 100 圈，整个搬迁过程安全事故为零。

在边基建、边搬迁、边生产的情况下，067 基地承担的科研生产任务不但丝毫没有耽误，而且还攀上了历史新高。067 人用自己的实际行动，实现了"高举红旗进长安，进了长安更高举"。

看吧，丽日蓝天下，在花丛草地的簇拥中，一座颇具现代特色的航天城拔地而起——一幢幢气势宏伟的厂房鳞次栉比，一座座美观舒适的家属楼错落有致。清晨，人们在广场上做早操、打太极拳、舞木兰扇；傍晚，人们在喷泉边散步，在鲜花旁留连；职工活动中心，人们在习字、作画、健身、跳舞；温泉洗去了人们一天的疲劳，天然气管道接进了每个家庭的厨房，闭路电视的几十个频道令家家户户应接不暇……

“山映斜阳天接水，芳草无情，更在斜阳外。”

从凤县到西安，8 年征战，几多风雨，几多壮歌。067 基地为有着 3000 年辉煌历史的古长安，平添了现代之辉煌。放眼未来，壮志犹未酬，豪情待满弓，航天事业，生机无限。可以预料，大鹏展翅，劲松啸风，航天健儿必将披荆斩棘，开拓出一片云蒸霞蔚的新天地……

1994年冬，张贵田在067基地办公楼前留影

张贵田

张贵田院士传记

Academician Zhang Guitian's Biography

第七章

“长二F”屡建奇功 十射“神舟”入苍穹

在张贵田的主持下，067 人用 7 年时间研制的长二 F 运载火箭发动机，以其高可靠性、高安全性，连续 10 次将神舟飞船送入太空，实现了中华民族千年飞天梦想。

1992年秋，在张贵田的主持下，067基地开始研制长二F运载火箭发动机，经过近7年集智攻关，研制成功。从1999年到2013年，长二F运载火箭11次成功地将10艘无人、载人神舟飞船和天宫一号空间实验站送入太空，实现了中华民族的千年飞天梦想，翻开了我国航天史上崭新的一页，使我国成为继美、俄之后，世界上第三个掌握载人航天技术的国家。

1.满目青山夕照明　老凤欣闻雏凤清

20世纪80年代中期，是一个世界列强大闹天宫、划天为疆、风起云涌的“战国”时代。苏联、美国、日本、印度和欧洲等国家和地区掀起了一场以发展经济、科技为重点，带动军事力量的高技术竞争。

1986年3月5日，中国改革开放总设计师邓小平批准了王大珩、王淦昌、杨嘉墀和陈允芳四位老专家于1986年3月3日提出的《关于跟踪研究国外战略性高技术发展的建议》。经过有关部门组织专家研究论证，形成了《高技术研究发展计划纲要》，即著名的“863计划”。

该计划包括生物、航天、信息、先进防御、自动化、能源和新材料7大技术领域、15 个主题项目。其中，航天技术是其中的第二大领域，简称为“863-2”。

“863-2”成立了两个专家组，主要研究两大主题项目：一是大型运载火箭及天地往返运输系统，代号 863-204；二是载人空间站系统及其应用，代号 863-205。这两个课题连读起来的意思再明白不过：大型运载火箭是登天之梯，天地往返运输系统是天河之舟，建立空间站是目标，而开发利用空间资源是根本目的。

1986 年 10 月 24 日，邓小平对美籍华裔科学家李政道说：“中国必须发展自己的高科技，在世界高科技领域占有一席之地。如果 60 年代以来中国没有原子弹、氢弹，没有发射卫星，中国就不能叫有重要影响的大国，就没有现在这样的国际地位。这些东西反映一个民族的能力，也是一个民族、一个国家兴旺发达的标志。”

1992 年 1 月 8 日，中央专委召开第五次会议，专门研究发展我国载人航天问题。会议认为，从政治、经济、科技、军事等诸多方面考虑，立即发展我国载人航天是必要的。我国发展载人航天，应从载人飞船起步。

9 月 21 日，对中国载人航天工程来说，是一个具有决定意义的日子。这一天，江泽民总书记主持召开了中共中央十三届常委会第 195 次会议。

国防科工委主任丁衡高首先汇报了发展我国载人航天工程的意见、意义和作用，强调就是从培养人才的角度看，搞载人航天工程也是必要的。载人航天工程论证组组长、火箭专家王永志汇报了载人航天可行性论证的结果。

江泽民说：载人航天，要下决心搞！这在政治、经济、科技、军事上都有意义。建议心无旁骛地、坚持不懈地、安安静静地去搞……

李鹏说：载人航天，我们应当占有一席之地。这是衡量一个国家综合国力的标志。

杨尚昆说：老航天搞了“两弹一星”，如果没有新的航天大工程，我们的航天队伍就无法完成新老交替，就会断档。培养新人，是当务之急。

刘华清说：钱不够，哪怕动用国库的金子，也值得!

整个载人航天分三步走：第一步，在 2002 年前，发射两艘无人飞船和一艘载人飞船，建成初步配套的试验性载人飞船工程，开展空间应用实验。第二步，在第一艘载人飞船发射成功后，大约在 2007 年左右，突破载人飞船和空间飞行器的交会对接技术，并利用载人飞船技术改装、发射一个 8 吨级的空间实验室，解决有一定规模的、短期有人照料的空间应用问题。第三步，建造 20 吨级的空间站，解决有较大规模的、长期有人照料的空间应用问题。

于是，在“只干、不说”的保密要求下，中国载人航天工程在全国各有关单位悄无声息地全面开展起来。

中国载人航天工程的运载火箭系统是在“长二捆”的基础上进行改进的，叫“长二 F”。火箭发动机主要以提高适应性、可靠性和安全性为目标开展研制。其实，在中国载人航天工程开展之前，论证就开始了——最早主持论证的是任新民，张庆伟负责火箭总体，张贵田负责发动机系统，主要是提高可靠性，提出了关于“长二 F”发动机十大项改进方案。为保证研制进度及可靠性，大家一致认为：不再研制新型发动机，在原有基础上，提高“长二捆”发动机的可靠性，完善设计，改进工况，对存在的不可靠因素，进行研究及试验，确保提高发动机质量，保安全，保成功。

1993 年 3 月的凤县红光沟，春风习习，春雨霏霏。

此刻，位于嘉陵江畔的 067 基地大礼堂，正在召开一个非常重要的会议。

“目前，世界上只有美国和俄罗斯才有能力将宇宙飞船送上太空，中国通过发射宇宙飞船将向世界证明：炎黄子孙有志气、有能力在世界航天之林占有一席之地！在中国载人航天工程中，我们 067 基地承担了长二 F 运载火箭助推级发动机、一级发动机、二级发动机和游动发动机的研制工作。长二 F 火箭是长二捆火箭的改进型，其重点是对现有的长二捆火箭发动机进行适应性改进，以提高火箭发动机的可靠性和安全性。长二 F 火箭继承了长二捆火箭的主要构型，即芯级捆绑 4 个助推器，整个火箭由芯级、4 个助推器、二级和整流罩、逃逸塔等部分构成。”

在 067 基地召开的厂、所领导和有关处室人员参加的中国载人航天工程动员大会上，基地主任张贵田在动员报告中强调指出：“载人航天，顾名思义就是要载着航天员安全飞向太空并安全返回地面。人命关天！为此，党中央、中央军委和各级领导对参加载人航天工程的所有单位和人员提出基本要求：一是要有光荣感、使命感、责任感、紧迫感；二是要讲大局、讲团结、讲纪律、讲目标；三是要定人员、定任务、定岗位、定时间；四是要高水平、高质量、高速度、高效益。载人航天对运载火箭发动机的高安全性和高可靠性提出了更高的要求，必须真正做到万无一失。为满足中国载人航天工程对液体火箭发动机高可靠性、高安全性的总体要求，确保中国载人航天工程火箭发动机研制的顺利进行，我们必须进一步改善研制手段和配套件的生产条件，以提高发动机的设计质量、生产质量和试验质量……飞船能否顺利升空，关键看运载火箭，而火箭的要害却在其心脏——高可靠、高安全、高质量的火箭发动机能否按时研制出来。同志们，我们别无选择，只有豁出命来干！无功便是过，现在是考验我们的时候了！”

会议确定了基地、厂、所各级行政指挥和技术指挥，相应地开展了技术设计、生产准备、试验准备等各项工作。

至此，中国载人航天工程的七个系统之一——运载火箭系统的发动机，即长二 F 火箭发动机的研制生产，在 067 基地紧锣密鼓地拉开了序幕……

“我们也要造宇宙飞船啦！”基地干部职工群情振奋，航天人对困难和挑战总是富于激情。

“贵主任，发动机设计所的那位研究生被一家公司看中，要将其挖走。”一天，一位研究室主任急匆匆地来对张贵田说。

“有这回事？”张贵田听说后，感到好像挖了他的心肝一样，“你让他到我这里来一下，我要见他一面。”

“贵主任，你找我？”这位研究生进了门，怯怯地看了张贵田一眼。

“来，快坐下，喝茶！”张贵田亲切地拉着研究生的手，把他让到座位上，然后坐在他的身边，开门见山地说，“听说你想调走，能给我谈谈为什么吗？”

“贵主任，那个公司老板找了我好多次，许诺这许诺那的，我……”

“他这么一许诺，你就心动了？”

“……”研究生低下了头。

张贵田对他说：“你知道，国家培养一名火箭发动机设计师，是多么不容易啊！作为一名航天发动机的设计师，又是多么的骄傲和自豪啊！对于国家的高科技——航天事业来说，又是怎样的稀缺和重要啊！把你放在这么重要的位置上，那是党和人民对你的信任。苏东坡说：‘贤者报国之功，乃在缓急有为之际。’现在，咱们正在研制载人航天工程的‘长二F’发动机，发射载人飞船，实现中华民族几千年的飞天梦想，这正是你施展才华、大展宏图的最好时机，你怎么能舍得放弃、说走就走呢？”

“贵主任，这些我都知道，我……我只是想到外边去闯一闯。”

“你的心思我很理解。当然了，票子、房子、车子等，对于任何人来说，都是难以抵御的诱惑。但是，我想告诉你，如果你抵御不住诱惑，舍弃航天事业，真的走了，我敢说，你将后悔一生、悔恨一生……”

这位研究生低下了头，用一只脚在地面上一前一后地搓着，他抬头看了张贵田一眼，又低下了头。看到他的矛盾和迷惘，张贵田又如慈父般地劝慰道：

“我希望你静下心来，好好地想一想。对你来说，得不到的东西总是越想越觉得美好，一旦得到，并不见得是你所向往的东西……这样吧，人各有志，你一定要走，我也不能拦你，但我留给你一句话——你要是在外面混得好，我由衷地为你高兴；如果你不顺心，无论你什么时候回来，我张贵田都举双手欢迎！”

“贵主任，你说的都是真的？”

“我什么时候说过假话？”

“贵主任，我……”这位研究生欲言又止。

“你说呀！”

“贵主任，我……不走了！”研究生的双眼湿漉漉的，但充满了坚毅。

“真的？”这回轮到张贵田惊诧了。

“真的！”

“那好，这正是我求之不得的事情。现在，比寻找创新突破更让我忧心的是培养人才。我们这些老航天早晚要退休，不能因为我们退休，就让中国航天走下坡路。所以，必须给年轻人压担子，让你们迅速成长起来。我想告诉你的是，我真的不希望你走。一是我看你是搞发动机的好苗子，将来肯定有出息。二是‘搞导弹的不如卖茶叶蛋’的时代一去不复返了。随着国民经济的飞速发展，国家对航天高科技人才的待遇将会有一个质的飞跃，高的付出也将得到高的回报……”

“说实话，当时走与不走，我非常纠结。但张主任推心置腹的一席话，让我下定了留下来的决心。”

当年留下来的研究生——现在的主任设计师常常对新进所的研究生言传身教，“张主任苦口婆心的那些话语，潜移默化地沉淀在我的血液中，坚定了我为航天事业奉献一生的决心和信心……”

1993年7月13日，由于年龄关系，张贵田不再担任067基地主任、总工程师职务，改任067基地科技委主任，由胡鸿福接任067基地主任。

新、老基地主任接替之日，两人推心置腹地进行了一次长谈。胡鸿福说:“贵主任，您还有什么要嘱咐的？”

“嗯，还真有一件大事，我思量了好多天，那就是关于搞好传、帮、带，加快培养技术新人的事。当然，这件事情咱们一直在抓，也发现了不少的技术苗子。但相对来说，还是太少。中央领导同志不是说，老航天搞了‘两弹一星’，如果没有新的航天大工程，我们的航天队伍就无法完成新老交替，就会断档吗？所以说，培养技术新人是咱们基地的当务之急。人常说‘得贤者安存，失贤者危亡’。咱们要甘当人梯，培养更多的航天尖端人才，为年轻人创造一个更广阔的天空。现在好了，我们要借中国载人航天工程的东风，紧紧地抓住培养和发现技术新人的好时机。天时、地利、人和，这三样我们都占了，机不可失，时不再来，千万不能错过啊！”张贵田发自肺腑地说。

“贵主任说得极是！我完全赞成。”胡鸿福说，“我们一定要把培养和发现技术新人作为大事来抓。在此次‘长二F’发动机的研制过程中，离不开您的技术指导和把关，更需要您在研制过程中培养和发现技术新人。通过载人航天工程的开展，力争高质量产品和高技术人才双丰收！”

“嗯，这我就放心了。带好这支队伍不容易，为这支队伍不断补充新鲜血液、使其发展壮大，就更不容易。”张贵田说。

“我现在主要是做一些技术指导性工作，科研项目还是要让年轻人负责。只有给他们压担子，才能使他们成长得更快一些。既为人师，就不能误人子弟。

我觉得我有责任为培养年轻人多做贡献。因此，以指导博士生为主要战场，担当起传授知识和传递科技接力棒的光荣任务，成为我现在义不容辞的责任和‘用武之地’。”离开一线岗位的张贵田，向新任基地主任胡鸿福表态。

前一阶段，067 基地流失了一批人才。看到那些有用人才走了，张贵田的心在滴血——这正是航天人才青黄不接的紧要关头啊！而载人航天工程的上马，确确实实留下了一大批航天人才。很多人心甘情愿地为载人航天工程献出光和热。如果没有载人航天工程，那些在“长二 F”发动机设计和工艺等方面挑大梁的技术骨干，说不定现在正在国外的研究院和大公司里为人家添砖加瓦，出谋划策呢！

人才是航天事业发展之本，过硬的技术、优良的质量、优质的服务，是树立航天品牌的重要保证，而优秀的人才是技术的载体，是质量的保证，是优质服务的提供者。

为了留住人才，067 基地采取了很多措施。

一方面保证人才在航天队伍里有其位、谋其政、享其利。对有潜力的年轻人才，大胆地压担子、给位子，让他们在重要岗位上经风雨、长见识、增长才干。为了随时掌握最先进、最核心的技术，要破除传统观念，创造一切条件引进人才。

另一方面推行实绩导向、贡献导向等激励政策，激发人才的创造性和积极性，做到以航天事业的发展来吸引人才，以航天工程来培养人才，以物质待遇来激励人才，以航天文化来塑造人才；树立按劳分配、效率优先的思想，使分配向关键岗位、关键人才倾斜，让人才在经济上、岗位上得到应有的回报；重视和满足人才的特殊需求，为人才解决实际问题；运用物质激励与精神激励相结合的方式，选贤用能、知人善任、唯才是举，引导人才把个人价值取向与航天事业发展紧密结合，形成航天事业努力培养人才、人才积极为航天事业做贡献的良性循环。

从乍暖还寒的初春到骄阳似火的盛夏，从红叶飘飞的深秋到寒风凛冽的严冬，为了共和国的第一艘飞船能遨游太空，研制长二 F 火箭发动机的设计、工艺人员和技术工人，用他们的智慧、心血和汗水，精心描绘、刻画着托举飞船上天的火箭发动机。

在发动机设计所二室成为“长二 F”发动机设计的主要单位之后，设计人员仿佛上紧的螺丝、拧紧的发条、绷紧的弓弦，全身心地投入到设计工作中去。

办公室的桌子上，一摞摞资料堆得像小山一样高。设计人员在聚精会神地查阅着一份份资料，翻看着一页页内容，发现问题就随时记录在笔记本上。在设计发动机的日日夜夜里，他们披星戴月、呕心沥血，每天一上班就伏案工作，一坐就是几个小时。偌大的办公室，只听见“哗哗”的翻书声和“沙沙”的写字声。很多时候已到了下班时间，他们都浑然不觉，直到肚子饿得“咕咕”作响，才猛然发现已过了吃饭时间。

这天上午，张贵田来到“长二 F”发动机设计的主要单位——发动机设计所二室。设计员们纷纷过来和张贵田握手。有的故意说：“贵主任，你好长时间都不来看我们了！”

“是吗？那我可要向大家检讨了，今后一定要

‘常回家看看’。听说你们最近白天忙得忘记了吃饭，晚上忙得忘记了睡觉，非常辛苦！我特来表示慰问。身体是革命的本钱，一定要善待它，该吃吃，该睡睡。留得青山在，不怕没柴烧……”

“话是这么说，可是任务压在身上，心中着急呀，吃不下饭，睡不着觉……”设计员们纷纷向张贵田说出了心里话。

“有责任就有压力，有压力就有动力嘛。”张贵田说，“目前世界上可靠性最高的就是美国和俄罗斯的火箭。我们国家的基础工业比较薄弱，比如元器件，失效率是很高的。我们将长二 F 火箭的可靠性定在了 0.97，它是载人火箭与非载人火箭的一个分水岭。由于载人航天工程对火箭发动机的可靠性水平要求很高，我们的发动机设计必须在原有的基础上再上一个台阶。一方面，给设计人员增加了难度；另一方面，对我们的设计水平却是一个提高。对于载人航天工程，我们必须始终坚持这样的观点：产品的固有质量是由设计决定的。因此，作为咱们设计人员，要更多地承担责任，要未雨绸缪，拿出满足技术要求的方案，设计本身就要体现高可靠性，不能设计在现阶段难以生产加工的结构，要能从设计本身避免错误操作。为此，在“长二 F”发动机研制初期，我们就制定了一系列法规性文件，如《可靠性保证大纲》《安全性大纲》《标准化大纲》《设计标准》等，规范了设计工作。令我感到十分欣慰的是，咱们二室，除了老同志外，还增添了不少新鲜血液。年轻同志，将来是要接班的呀！”

“我们要向老同志学习，尽快掌握业务知识。”设计员们纷纷表示。

“这就对了。老航天人是咱们的宝贵财富，青年人是咱们的生力军，二者相辅相成，缺一不可。”张贵田说，“记得当年我在莫斯科航空学院留学的时候，正巧那年毛泽东主席去苏联访问，他老人家在莫斯科大学礼堂给我们留学生做报告。我们有幸亲耳聆听了那一段激励几代人的话语——‘世界是你们的，也是我们的，但是归根结底是你们的。你们青年人朝气蓬勃，正在兴旺时期，好像早晨八九点钟的太阳，希望寄托在你们身上。’几十年来，我一直将这段话作为我身体力行的座右铭。现在，我们都老了，即将退出历史舞台，而你们恰恰是早晨八九点钟的太阳，正好碰上载人航天工程这个英雄有用武之地的难得的平台。先行者无数，后继者无穷，你们是在干着共和国惊天地、泣鬼神的伟业。微石能铺千里路，努力能攀万丈峰。希望你们这些青年才俊刻苦钻研设计知识，从一点一滴做起，精心设计发动机的每一个零组件。想想看，当长二 F 火箭发动机的蓝图从你们手中一张张绘出时，在人的一生中，还有什么比它更值得骄傲和自豪呢？”

“贵主任，您这些肺腑之言，我们当永远铭记！”

“好了，不打扰你们的工作了，你们忙吧！”

年轻的副主任设计师张金容，在连续工作几个昼夜后，由于劳累过度，又一次晕倒在试验现场。大家将她送到医院，刚输完液，她竟迫不及待地又赶回试验现场。几年来，由于条件所限，家庭的重担全部落在了她的肩上，加班加点的场景中，多少次都出现她带着孩子进行设计的身影。为了设计工作，她比常人付出了很多，一提起孩子，湿润的双眼便流露出深深的内疚……

为了确保长二 F 火箭发动机的高可靠性和高安全性，二室的设计人员，在设计发动机时，始终遵循着两个原则：

一是精心设计，从设计、生产、试验到发现问题，再到改进设计……直至获得高可靠产品。在设计工作进行前，设计人员先研究分析了以往发动机在地面试车时出现过的问题，专门编辑了试车情况统计对照表；设计完成后，设计人员研究发动机在生产装配过程中出现的问题，以及发动机在交付后（直至运到发射场）出现过的问题。在这些分析研究的基础上，经各个工程组认真仔细地推敲，确定各组合件再设计改进项目。之后，设计员们再在以往型号研制工作经验的基础上，汲取国内外的成熟技术，慎重地制定设计方案。这些方案又经过同行、专家的审查、评审，通过后正式开展设计。

二是试验检验从难从严要求，检验设计产品的可靠性水平时，同时进行大难度试验——对发动机进行加额试验和降额试验。此外，还要考虑使用环境的极限条件。例如，一些产品要经过高温和低温条件下的考验，这样可以充分了解产品的可靠性水平，能够快速发现产品的薄弱环节。

设计人员认真地总结了发动机以往设计、生产、试验和使用方面的经验，进行了故障模式和影响分析，分别提出了各个组合件的设计方案和试验验证方案。发动机总体、推力室、涡轮泵、阀门、火工品及系统设计方面，都提交了方案论证报告或分析报告，这些报告经各级评审通过后，成为载人航天工程火箭发动机研制的基础性文件。

在长二 F 火箭发动机设计攻关的道路上，荆棘丛生，砾石遍地。一个问题解决了，另一个问题又冒了出来。在研制试验工程中发现了多项必须改进而在以往很难被觉察的地方。发动机设计所二室的设计人员从难、从严设计，为进一步提高发动机的可靠性水平做出了贡献。由于试验难度加大，大量新设计结构获得了充分的考验；由于基础工作做得扎实，设计人员对交付发动机的质量感到格外放心。

三伏天的阳光，投射在大地上，腾起了一阵阵炙人的热浪，似乎能熔化地面上的一切。

下午上班的路上，张贵田遇见了年近六旬的长二 F 火箭副总设计师张宝琨。看着他走路吃力的样子，张贵田忙问：“老张，你怎么啦？哪儿不舒服？”

“别提啦！老毛病又犯啦。”

“是腰椎间盘突出吗？”

“是啊！这两天疼得我吃不好饭，睡不着觉，走路老打趔趄。”张宝琨说。

“老张啊，我看你还是休息几天吧，这么热的天，累出大病来可就麻烦了！”

“在这个节骨眼上，咋能休息？你比我年纪大，身上的病比我多，不是也没休息吗？”

“你和我不一样，你是咱‘长二 F’的副总设计师，‘大熊猫’一个，要重点保护嘛！”

“贵主任，现在咱们千方百计保护的重点对象应当是‘长二 F’发动机，只要它的可靠性、安全性提高了，我的病也就好了。”

“所言极是啊！我知道，这些天，你可是忙坏了，日夜操劳，奔波在设计室、生产厂和试验台之间。哎，启动活门的改进设计进行得怎么样了？”张贵田问。

“这几天正忙着这件事儿呢。我们对试车前的各种数据进行了反复认真的整机调整计算，充分论证，做到了心中有数。为提高紧固件的可靠性，通过比较、试验，目前已完成了自锁螺母的改进设计工作。今天上午再试验一次，看看效果如何。”

“我也去看看！”

“巴不得你这位专家指点迷津呢。走吧！”

2. 殚精竭虑寝难安　痛定思痛行有痕

1993年9月，历史的重任义不容辞地落在了发动机生产厂广大干部职工的肩上——载人航天工程长二F火箭发动机蓝图陆续到厂。

在基地、厂领导参加的生产动员大会上，厂长郑东方强调指出：“长二F火箭发动机协作范围如此之广、技术难度如此之高、新技术如此之多、研制周期如此之紧、参考资料又是如此缺乏，这一切，对我们来说，是一次严峻的考验。全厂干部职工决不能被这么多的‘如此’所吓倒，要怀着‘决不让宇宙飞船的航程在我厂误点’的坚定信念，下定决心、千方百计、保质保量地完成发动机生产任务。”

基地科技委主任张贵田强调指出：“要把质量工作作为头等大事来抓，从源头抓起，全过程控制，零缺陷管理，坚持严、细、慎、实的工作作风，做到眼见为实，确保‘长二F’发动机的质量目标步步落实。”

基地主任胡鸿福强调指出：“‘长二 F’发动机任务艰巨，责任重大，影响深远，要认真细致地做好每一项工作。我们坚信：智慧，总是在最困难的时候迸发出来；创造，来源于技术与知识的储备，来源于精益求精的科学态度。一定要精心组织，全力确保成功。”

为满足长二 F 火箭发动机高可靠性和高安全性的需要，发动机生产厂按照加严要求，第一次制定出关键件、主要件、关键工序的内控指标及产品质量的控制措施，第一次编制工艺总方案这个指导性文件，第一次推行焊缝建档实施方案。

为满足长二 F 火箭发动机高可靠性和高安全性的要求，发动机生产厂在以前生产的数种液体火箭发动机的工艺成熟经验及先进技术的基础上，数十次艰难攻关，采用了强力旋压等 11 项先进工艺技术和加工手段，从根本上保证了长二 F 火箭发动机的高质量。

在张贵田的心目中，“长二 F”发动机大喷管后段内壁强力旋压，无疑是发动机生产厂 11 项攻关项目中难度最大的一项。大喷管后段内壁原来是由几块金属钣焊接而成，由于有数道焊缝，对长二 F 火箭的高可靠性、高安全性有影响，所以采用强力旋压，一次成型。由于旋压件是首次采用无焊缝加工工艺，技术要求高，攻关难度大，作为发动机大喷管后段内壁强力旋压重大技术的攻关负责人，副总师苏杭肩上的担子，非常沉重。加之又在几十千米外的某厂协作，年近花甲的他，来回奔波于两地之间，一心扑在旋压攻关上，忘记了家中还有一位重病的妻子需要照顾。

“老苏啊，”知道苏杭协作归来，张贵田忙去看望，“强力旋压现在进展如何？”

“贵主任，情况是这样，”苏杭说，“刚开始，由于对钣材的特性了解不够，导致旋压失败，后来经过不断地摸索、试验、改进，现在刚有了一点起色。”

“嗯，这就好！要按科学规律办事，在大喷管后段内壁强力旋压的攻关征途上，只有多分析、多计算、多总结、多加工、多试验，才能摸索出成功的经验。事物总是这样，越接近成功的时候，越容易失败；失败一次，便又向成功前进一步。这么多年来我有一个深刻的体会：当你遇到困难的时候，千万不能退却，这是取得成功最有希望的时刻。”

“的确是这样。”

“老苏啊，你带领攻关组的同志们日夜奋战，实在是太辛苦了。”

“这是我应该做的，大家都一样。”

“听说你老伴身体不好，你可要多照顾啊！”

“现在忙成这个样子，还真是有愧于她啊！”

正当苏杭全身心地投入到工作中时，相濡以沫几十年的妻子竟永远离他而去……苏杭忍着悲痛，匆匆料理完妻子的后事，又投身到紧张的强力旋压攻关中去。令他欣慰的是，经过 11 个月的艰苦奋战，集智攻关，3 件大喷管后段内壁强力旋压攻关告捷。

张贵田有个习惯，不愿意坐办公室。只要不开会，他总会尽快地处理完手边的急事，到一线生产车间去看一看。现在，他来到了发动机生产厂——“长二 F”发动机涡轮泵装配车间。

“贵主任，您来了。”车间主任迎了上来。

“涡轮泵改进方案进行得怎么样了？”张贵田问。

“贵主任，是这样，”车间主任说，“为了彻底杜绝‘长二 F’发动机涡轮泵装配中多余物的产生，设计、工艺和装配工人通过反复对比试验，找出最佳的装配方案，确保涡轮泵万无一失。在涡轮泵联动试验前，技术人员和工人师傅群策群力，对设计改进方案进行反复的研究分析，编写了涡轮泵联动试验总任务书及联试调整计算书，认真分析了两级节流方案的可行性，计算了节流圈的尺寸，论证了入口采用金属软管联接的方案。与此同时，还克服了重重困难，进行了联接用涡轮泵副系统入口过渡管的设计……”

“好！只有彻底杜绝涡轮泵装配中多余物的产生，才能确保发动机的可靠性。这是相辅相成的。载人航天，可靠性是放在第一位的……”

张贵田来到了锻造车间。

“炉火照天地，红星乱紫烟。”风机轰轰的油炉门口，烈焰熊熊，数十千克重的长二F火箭发动机锻件，在炉内烧得通红。锻工组长岳献民和朱春林夹住锻件放在砧上，3吨锤启动，“咚咚咚！”地动山摇，红星飞溅。热浪扑面而来，炙烤在锻工们的脸上、身上、胳膊上，有如千万根钢针在扎，衣服也烤得冒出了焦糊味。锻工们挥汗如雨，手脚不停，精心操作。

“你们怎么处理材料新、锻件硬、坯料大、设备老这个难题？”张贵田问车间主任。

“我们多次召开‘诸葛亮会’反复商量对策，大家出主意，想办法，一个个方案艰难地诞生，一次次试验不断地进行，一道道难关不断地攻克。现在，发动机锻件在锻工们的锻锤下，‘揉’得符合了工艺要求。”

“天气这样热，工人师傅们汗流浃背，看着都让人心疼。降温措施一定要跟上。”

“贵主任，我们早想到了。车间给大家买了茶叶，天天熬绿豆汤，还给大家买西瓜吃——红沙瓤，甜得很，贵主任，咱们到休息室去，你也吃几块！”

“无功不受禄，我就免了吧！”

张贵田来到了发动机机架焊接厂房。

焊花飞舞，似孔雀开屏。炎炎盛夏，37℃的高温下，女工张莲萍手持焊枪，正在焊接“长二F”发动机机架。没有什么比三伏天焊机架更令人难以忍受了。按照工艺要求，天再热也不能开电扇——怕影响产品质量。天热火烤，一台机架焊下来，张莲萍的衣服湿了干、干了湿，双手因带专用手套不透气，长满了痱子，一出汗又痒又疼，她强忍着，一声不吭。

张贵田看到，她的活儿干得特别好，焊缝排列整齐。“累了吧，休息一会儿！”张贵田关心地说。

“不行！这活儿要一口气干完，中间不能停。”擦了一把脸上的汗，张莲萍戴上面罩，手中的焊枪又吐出了火舌……

“老张啊，”张贵田对发动机试验所所长张斌章说，“我现在牵肠挂肚的是，由于试车台建成的年代已久，各项技术指标已不能很好地满足长二F火箭发动机试车要求，而长二F火箭发动机又预定在9月进行高空模拟点火试车，在这时间紧、任务重、要求高的困难情况下，你们能完成维护检修任务和试验前的准备工作吗？”

“贵主任，您放心，接到任务后，我们所的干部职工，没有丝毫的懈怠和退缩。大家纷纷表示，决不辜负祖国人民的重托，一定保质保量完成好设备维护检修任务，确保试验顺利进行。”张斌章说。

“嗯，这就好！你们是怎么干的？”

张斌章说：“早在年初，我们就对本次试车进行了精心的准备，但困难仍然很多。试验所用的高空模拟筒的设计首当其冲。时间紧、资料少、难度大，三节高空模拟筒长达12米，相互间的安装配合要求极为苛刻，任何一点的误差都将导致试车失利。面对挑战，负责设计的工程技术人员迎难而上，加班奋战。一位工程师得病发烧，他把图纸带到家里，硬是挣扎着爬起来，挑灯夜战，终于完成了图纸设计。承担着试验用高空模拟筒等加工任务的二车间职工，每天干到夜里10点。正是凭着不怕苦累的精神，我们圆满地完成了任务。”

“这些同志真是精神可嘉啊！”张贵田由衷地赞叹。

张斌章说：“发动机上的100多个测量参数个个要保证，测量系统的每个环节个个要可靠运行。为了适应任务要求，保证试车质量，确保试验参数的合格率，我们每天都进行测试，并及时排除了疑点。”

“老张啊，你们确实干得不错！”

辛勤的汗水浇灌出鲜艳的花朵。1996年9月20日，长二F火箭发动机第一次高空模拟试车获得了成功，秦岭深山升起了绚丽的彩虹。

“长二F”发动机正常工作时间为126秒左右，而试车时为了测试发动机的高可靠性，需要试车600秒，通过试验找出发动机的薄弱环节。用张贵田的话来说，就是尽可能地暴露出发动机存在的各种问题。所以，每试一台新的发动机，都有相当大的危险，所有的参试人员心里都捏着一把汗，用“如临深渊”，“如履薄冰”来形容，实不为过。

1997年3月15日上午11点57分，长二F火箭发动机热试车时，突然发生了意外——

"开车！"随着现场指挥员的一声令下，在雷霆万钧的轰鸣声中，"长二F"发动机在试车台上喷吐着熊熊烈焰，汹涌澎湃的导流槽水，与烈焰相遇的刹那间，瞬时变成一团团白色的蒸汽，袅袅升腾……

"50秒……100秒……300秒……350秒……"

发动机出现微量的泄漏现象。情况很快发生了变化——发动机泄漏越来越厉害，384秒刚过，只见试车台上大火团一闪，"轰隆"一声，发动机爆炸了……

地动山摇，黄烟笼罩，烈焰熊熊，毒气四散……

此刻的试车台，一片狼藉：窗子、门上的玻璃全部炸碎，墙壁熏黑，钢架烧弯，管子炸断，残留的毒气熏得人头昏脑胀，恶心想吐，地上的有毒液体，灌进鞋子里。带有有害物质的液体"滴滴、答答"地落在人们的身上、头上，但大家毫不在乎，为了取得现场第一手资料，捡拾发动机残片，拍照录像，详细笔录……

当时正在西安的张贵田闻讯后，第一时间赶到现场，饭也顾不上吃，就在厂房里和大家分析事故原因。

月儿西沉，更深人静，秦岭深处的春夜寒气逼人。有人裹紧了衣服，有人搓起了双手。这时有人发现水箱竟然是暖的，于是大家便靠在水箱上一边暖身子，一边讨论……

作为长二F火箭发动机主任设计师的段增斌，心情沉重，压力很大，几乎一夜之间，嘴角起了一个肿包。几天来，他吃不下饭，睡不好觉，夜里做梦都是发动机爆炸的场面。段增斌把过去库存的涡轮泵都找出来，对比检查。有的年头多了已经回收，他就到工厂的废品站去找，翻得满身都是铁锈。

"小段啊！"张贵田为了帮他缓解思想压力，笑着说，"瞧你这脸上五颜六色的，啥时候改行当油漆工了？"

"哎呀，让贵主任见笑了，我刚到废品站查看涡轮泵去了，这不，刚回来。"

“情况怎么样，有收获吗？”

“贵主任，大有启发啊！”

“快说说看。”

“这些天，我经过反复查看、思考分析后，得出了这么一个结论：涡轮泵隐患是一个长期存在的问题，此次发动机爆炸对我们来说，是一场灾难，但痛定思痛，现在想来，那也是一件好事。现在爆炸，总比在天上爆炸好。”段增斌说。

“小段啊，你分析得很有道理。”望着眼前这位航天发动机设计领域的后起之秀，张贵田深感欣慰地说，“发动机涡轮泵具有很高的技术含量，当今世界航天强国无一不是涡轮泵研发、制造强国。”

段增斌说：“的确是这样，贵主任。现在，高可靠性、高精密度的涡轮泵，已成为发动机研发中的‘珠穆朗玛峰’。”

张贵田说：“涡轮泵已成为木桶原理中的‘短板’。通过这次事故，查明深层次的原因，找出问题的症结，再对症下药。总之一句话，我们一定要攻克涡轮泵裂纹这个‘短板’。”

“贵主任所言极是。”

航天工业总公司总经理刘纪原对此次发动机爆炸非常重视，派来了许多专家进行会诊。

于是，以067基地主任胡鸿福为组长的故障分析领导小组，组织技术专家进行故障机理分析。经检查发现，涡轮第一级轮盘存在穿透性裂纹。经过两个多月的日夜鏖战，对1984年至1997年试车后的24台涡轮泵转子和一台合格新品进行复查对比，通过常规测量、无损检测、剖切检查、理化分析等手段，确认了第一级轮盘产生穿透性裂纹的原因。

1997年7月4日，067基地主任胡鸿福，航天工业总公司科技委副主任、基地科技委主任张贵田，基地副主任、长二F运载火箭副总指挥肖厚德主持召开了“关于涡轮泵一、二级轮盘工艺研制进展情况及所需解决的问题”技术协调会。为了提高涡轮转子的工作可靠性，专家组研究决定采取两项措施，并成立了由设计、生产、试验等专家组成的067基地发动机涡轮盘工艺攻关组，由发动机生产厂主管科研生产的副厂长郝忠文任组长，发动机设计所陈炜、发动机生产厂苏杭任副组长。

在长二F火箭发动机涡轮泵一、二级轮盘模锻件的攻关过程中，基地领导胡鸿福、张贵田、肖厚德和发动机生产厂厂长王新敏、发动机设计所副所长谭永华等领导，多次深入现场指导工作，远在北京学习的发动机设计所所长雷凡培也时常牵挂着故障查找的进展情况。所有这些都给参加查找故障的一线科技人员莫大的鼓舞和鞭策。攻关组的同志们争分夺秒，日夜鏖战，许多同志忘记了节假日，有的顾不上照顾刚生完孩子的妻子和刚满月的女儿，有的顾不上生病住院的老人，始终奋战在现场，有时连续24小时都顾不上回家……经过一年多的集智攻关，研制生产出来的涡轮泵一、二级轮盘模锻件经过理化试验复验表明：原材料的化学成分、力学性能、高低倍组织、超声波探伤、规格和表面质量等，满足技术条件和设计任务要求，可用于批生产。

涡轮泵一、二级轮盘模锻件工艺研制工作，经专家组评审后，连续试锻了7批产品，参加了3次涡轮泵联动试验和3次600秒可靠性试车，均没有裂纹产生。涡轮泵转子的可靠性增长取得了令人满意的效果，可以用于长二F火箭发动机。

1998年9月4日，经过彻底改进的长二F火箭发动机，连续数次长程试车都获得了令人满意的成功，成为载人航天研制道路上的一个里程碑。

1999年10月，为发射我国第一艘无人试验飞船“神舟一号”，中国载人航天工程七个系统的各路人马、试验队、院士、专家，云集酒泉卫星发射中心，做发射前的各项试验准备工作。

一天，长二F火箭发动机在靶场火箭伺服机构进行冷摆试验时，伺服机构在冷摆过程中出现过摆，把发动机震了一下，而且震动比较大。

这一下，问题来了。

会上对这个问题展开讨论时，中国载人航天工程副总指挥胡世祥提出质疑：“伺服机构在冷摆过程中，因为过摆把发动机震了一下，而且震动比较大，这样对发动机的可靠性会有什么影响？”

屠善澄院士说：“如果震动比较大，那肯定对发动机的可靠性有影响。”

有的专家说：“这是第一次发射试验飞船，还是谨慎为好。”

有的专家说：“067基地的发动机质量和可靠性很高，应该没有什么问题。”

有的人对震动比较大的发动机可靠性提出了质疑；有的人为了保险而保险，在关键时候尽量说保险的话，不想承担责任。整个会议室里各种意见莫衷一是，难以统一。

孙家栋院士说："老贵呀，大伙看到问题比较大，都很担心哪！现在你说说，经过这么一震，发动机到底可靠不可靠？"

"唰"地一下，上百人的目光一起聚焦在张贵田的脸上。

张贵田一下子被推到风口浪尖上。几十年设计、生产、试验发动机的情景像过电影似的在他的脑海里过了一遍，在理出头绪、胸有成竹之后，他迅速与身边的肖厚德和褚祥生交换了一下意见。得到了他们肯定的答复后，张贵田站起身，从容不迫、斩钉截铁地大声说："发动机的可靠性没有问题！"

"没有问题？"有人怀疑。

"没有问题！"张贵田再次肯定。

"过摆把发动机震了一下，而且震动比较大，怎么能没有问题呢？"有人嘀咕。

"我们过去在做发动机地面试验时，有过这种现象——冷摆过程中震动比较大。但经过量级计算、强度和结构分析，产品完全可以承受，不影响使用！"张贵田一字一句，掷地有声。

"那要是出问题怎么办？"

"我再说一遍，长二 F 火箭 13 台发动机的每一个零组件，都是百里挑一、优中选优组装而成的，质量和可靠性完全没有问题！"

这一下，没有人再质疑了，反而为张贵田在关键时刻的镇定自若、有理有据，以及承担责任的高风亮节鼓起掌来……

1999 年 11 月 20 日，我国第一艘无人试验飞船"神舟一号"顺利升空。

3. 足履薄冰严为径　心系成功慎作梯

长二 F 火箭发动机的研制是在逆境中开始的。

1992年发射“澳星”失利的阴影还笼罩着中国航天，中国航天人被推向了“没有退路，只能成功”的境地。国际航天的事故也是接二连三。要实现载人航天，运载火箭是基础，发动机是火箭的心脏，它的好坏，直接关系着载人航天的成败。

20世纪末，全世界54次航天发射，有11次失败，发动机出现26次故障，占48%。中国航天发动机的质量如何？一个个疑问，横亘在世人的面前。首次载人试验飞船一年之后就要发射，载人航天工程产品的质量如何，成为举国上下共同瞩目的问题。

1998年11月，航天工业总公司召开党组扩大会，专题讨论如何保障载人航天工程产品的质量问题。

会议上，067基地主任胡鸿福没怎么说话，他只是听别人讲，自己认真地记。

“胡主任，别老闷着，说说你那个发动机，一个心脏有毛病的人是上不了天的。”总经理刘纪原点将了。

胡鸿福站起身，不鸣则已，一鸣惊人：“要我说啊，要确保载人航天的火箭‘心脏’没有毛病，发动机首先必须做到三个百分之百！”

“哪三个百分之百？”与会代表翘首以待，都想知道。

“噢，那你详细地给大家说说你的三个百分之百。”刘纪原对067基地主任胡鸿福非常了解，这是一个在平凡岗位上创造奇迹的人，他从哈尔滨军事工程学院毕业后，一头扎进秦岭深处的红光沟，一干就是23年。为了更好地研究国外航天资料，他不但精通俄语，而且自学英语；他“敏而好学，不耻下问”；他孜孜不倦，刻苦钻研，很快成为研制液体火箭发动机的行家里手、领军人物。他主持研制的长征系列、东风系列数个型号的液体火箭发动机，使我国航天发动机技术上了一个新的台阶。

“鉴于载人航天工程火箭发动机的高可靠性和高安全性，我们067基地在实践中创造性地做到三个百分之百：一是确保发动机所有部件在总装前一次检验百分之百合格，如果发现不合格部件需要更换的，就意味着不是百分之百合格；二是发动机出厂后，到发射场之前所有的检查、测试工作一次百分之百合格；三是在发射场的所有测试百分之百合格。我们以此三个百分之百保证长二F火箭百分之百发射成功。”胡鸿福胸有成竹地说。

刘纪原和所有在场的人都不由得为胡鸿福的“三个百分之百”叫好。

这个看似苛刻、不近人情的“三个百分之百”，不是胡鸿福为了哗众取宠临时想出来的，而是067人数十年来在实践中用血、用泪、用智慧、用生命换来的。067人清楚地知道，发动机是由成千上万个元器件组成的，在研制生产中，只要有一个元件或零件不可靠，就可能造成整枚火箭发射失败。也就是说，即使99%都做对了，1%的微乎其微的细小失误，都会给发射造成无法估量的损失。

继“三个百分之百”实施之后，067基地的干部职工在发动机研制生产中又创造性地提出了“三个一次合格”——组合件交付一次合格，发动机总装气密性试验一次合格，发动机出厂一次交验合格；“三个不准”——不准更改技术状态，不准出现新的质疑单，不准配套未经过试车的组合件。

这样，发动机从零组件生产到发动机装配，均严格按照图纸、工艺规程等技术文件进行生产、检验，使生产全过程严格受控。

一天，张贵田和肖厚德正在开会，突然接到一个紧急电话：在发动机总装现场，一个游标卡尺上的小螺帽找不到了。刹那间，上上下下都紧张起来。

“全力以赴，务必找到！”基地副主任兼长二F运载火箭副总指挥肖厚德下了死命令。

“走，咱们到现场去！”张贵田说，“看看到底是怎么回事。”

搞火箭的人都知道，多余物是航天产品的大敌。小螺帽掉进发动机里，等于给一个人的心脏塞进了一颗小石头，载人飞船一旦发射，必将箭毁人亡，后果不堪设想。

……两天两夜过去了，角角落落都找遍了，小螺帽还是没有找到。

张贵田和肖厚德在总装现场，和发动机生产厂的有关人员一起找。上天入地，挖地三尺。人工找不到，就用吸尘器吸……

三天三夜了，那个小螺帽仍然没有下落！

怎么办？

张贵田对总装车间主任说：航天产品，是上天的产品，决不能带任何隐患，小螺帽找不到，会不会掉到了发动机里面？一旦隐藏在里面，就是一颗定时炸弹。必须想尽一切办法，确保发动机不能带一丝一毫的隐患上天。

肖厚德和发动机生产厂领导、总装车间主任商定后，当机立断，做出决定：这一批次产品中，凡是跟这个游标卡尺相关的产品，进行重新分解、检查、测试、重装！

号令一出，总装车间职工立即执行。大家表示，再苦再累，也要保证产品万无一失！

经过几昼夜的连续奋战，对该批次相关产品进行分解、检查、测试和重装后，这批发动机产品不带任何隐患出厂，信心满满地踏上了飞天征程。

在大干长二 F 火箭发动机的那些日日夜夜，067 基地广大干部职工以必胜的信念，以决战的姿态，以优良的作风，以完美的工作，争分夺秒、日夜鏖战，把对产品零缺陷的不懈追求发挥到了极致。

2002 年 2 月 2 日，由张宝琨带队参加神舟三号飞船发射任务的“长二 F”发动机试验队到达酒泉卫星发射中心。

在 50 多天的工作中，试验队员们对发动机的技术状态反复进行了认真检查，对产品可能受损的情况进行了研究分析，进行了火工品测试、检查和安装，并在现场编写了《发动机质量和可靠性分析报告》。

一个让试验队员们欢欣鼓舞的消息传来：江泽民主席要亲临现场观看神舟三号飞船发射。中国航天科技集团公司要求各院、基地一把手于 3 月 20 日赶到酒泉卫星发射中心。基地主任雷凡培如期赶到。

指挥部决定，神舟三号飞船 3 月 25 日 22 点 15 分准时发射。这是一次少有的零窗口发射，来不得半点马虎，任何发射前的准备环节都不能出问题，不许延误时间。高、精、尖中的“精”，在这里得到了一次充分的体现。

随着一声“点火”号令，在雷霆万钧的轰鸣声中，长二 F 火箭笔直地、稳稳地告别发射台，直刺苍穹……

大约583秒后，传来了“船、箭分离，神舟三号飞船准确入轨”的喜讯！全场沸腾，掌声雷动，江泽民等中央领导同志和在场的同志们一一握手，向航天人表示热烈的祝贺。

江泽民分批和大家合影留念，江泽民和基地主任雷凡培握手的照片登载在《人民日报》等报刊第一版的显著位置上。

2003年2月11日上午，发射神舟五号载人飞船的长二F火箭发动机开装动员会，在发动机生产厂总装车间举行。这是一次高规格的动员会。航天推进技术研究院①院长雷凡培强调指出：“党中央、国务院将今年神舟五号飞船的载人飞行发射，列入了重要议事日程，非常关注。我国将成为继美国、俄罗斯之后，世界上第三个取得这种成果的国家。这是天字第一号的任务，是压倒一切的任务！是‘只许成功，不许失败’的任务！前几天我去集团公司开会，在大会上向张庆伟总经理立下了‘军令状’，确保长二F火箭发动机绝对可靠，绝对成功，没有任何回旋的余地！如果我们的发动机有任何闪失，那将是一辈子都无法原谅的遗憾……”

发动机生产厂厂长尹宝宜在会上强调指出：“为了确保航天员的安全，我们要把对长二F火箭13台发动机的质量控制严格到近乎苛刻的地步，对每一

---

① 2002年4月26日，067基地更名为航天推进技术研究院。

个环节，每一个细节，每一道工序都采取加严措施。以打造精品的态度，做到一丝不苟，分毫不差。不放心时，眼见为实；拿不准时，采取措施；有隐患时，推倒重来。确保发动机装配、气密检查一次合格，发动机交付一次合格，无遗留问题；靶场交付一次合格，无质量问题。”

中国航天科技集团公司科技委副主任、航天推进技术研究院科技委主任张贵田在会上强调指出：“2月1日，美国哥伦比亚号航天飞机失事，7名航天员殉职，数十亿美元毁于一旦。重大科研试验具有很强的探索性和创新性，也必然具有一定的风险。我们要汲取美国航天飞机失事的教训，进一步增强忧患意识，居安思危，引以为戒，时刻保持清醒头脑，把各项工作做细、做实、做好、做扎实。创金牌难，保金牌更难。我们一定要憋住一口气，再加一把劲！用最好的发动机装备我们的长二F火箭，这是党的期望，祖国和人民的重托，责任重大，使命光荣。我们要用最健康、最强劲、最有力的‘中国心’，为实现中华民族挺进世界航天之林做出新的、更大的贡献！”

2003年2月12日上午，托举神舟五号载人飞船的长二F火箭发动机总装开始了。

纤尘不染、光滑如镜的总装厂房内，以郭庚玉、高鸣、董鸿渠为班长的三个装配班，白衣白帽，全副武装，在各自的岗位上，摆开了风樯阵马、群雄夺关的战场。

时间，在日夜鏖战中逝去；进度，却在精益求精中加快。装配工们把一腔热血和挚爱都交给了涂着“中国航天”四个大字的长二 F 运载火箭，为了扬国威、振民心时刻的到来，他们熬红了双眼，熬瘦了身板。尽管大家极度疲惫，然而，“宁叫浑身的骨头散了架，也不叫发动机的零件松个卯”的坚强信念，却是他们连续作战的精神支柱。

热血铸神箭，精心出精品。气密试验表明：13 台发动机全部一次合格，这

2003年，张贵田查看发动机生产厂总装车间

2003年，张贵田（右）和任新民院士（中）、发动机专家张恩昭（左）在发动机试验现场

在总装车间装配史上是少见的；焊接检验表明：一次合格率超过工厂提出的95%，达到98%，这在总装车间装配史上亦是罕见的。经过1个多月的艰苦鏖战，发动机总装任务顺利完成。

2003年3月那个令人难忘的早晨，明媚的春光与鲜花交相辉映，轰隆的车轮声与大地共鸣。8点左右，带着航天推进技术研究院万名干部职工的深情厚谊，装载着发射我国第一艘载人飞船的13台大小发动机的运输车队，在雷凡培院长、张贵田院士，以及职工和家属的挥手送别下，恋恋不舍地离开了生她养她的“航天动力之乡”，驶向北京火箭总装厂。

……

酒泉，凝聚着一个民族的希望！

酒泉，昭示着一个盛世的辉煌！

酒泉，注定要在共和国2003年的历史上写下非同寻常的一页！

10月15日9点整，酒泉卫星发射中心。指挥员一声“点火”号令，由航天推进技术研究院提供全部发动机的长二F火箭，托举起中华民族千年飞天之梦——神舟五号载人飞船犹如一只威风八面的猛虎，更像一条腾云驾雾的巨龙，昂首苍穹，扶摇直上，飞向浩瀚无垠的太空，开始了中国人走出地球、迈向宇宙的处女之航……

这一天，位于西安南郊的航天推进技术研究院

2003年10月，神舟五号飞船发射前，张贵田（右）和运载火箭总指挥黄春平（中）讨论技术问题

2003年，张贵田在神舟五号飞船发射现场

大院内，锣鼓喧天，鞭炮齐鸣，彩旗飘飘，舞姿翩翩。张贵田和所有的航天人一样，心潮澎湃，思绪飞扬。过去36000多个日日夜夜，为研制托举神舟飞船的长二F运载火箭所倾注的智慧、心血和汗水，在这一天全都熔进了中国航天史上新的里程碑，永远地载入了世界载人航天新的史册。

在长二F火箭动力系统的研制中，张贵田十分牵挂发动机的质量和可靠性增长。发动机抽检试车一直在距西安300千米的试验区进行，他不顾年事已高，多次深入到试车一线，和设计、生产、试验人员一起，分析讨论发动机的性能参数和试车数据。张贵田的言传身教，给参试队员莫大的鼓舞和鞭策。大家都说：只要贵主任在身边，心里就感觉特别踏实，有这样德高望重的老专家“压阵”，何愁不能打造出让航天员放心的动力系统？

日月如梭，光阴似箭。一眨眼，20多年过去了。张贵田的笔记本里，清清楚楚地记录着由他亲自参加、审查和评审的长二F火箭托举神舟一号到神舟十号飞船进入太空的时间表——

1999年11月20日，由067基地提供全部发动机的长二F火箭，成功地把神舟一号无人试验飞船送入太空；

2001年1月10日，由067基地提供全部发动机的长二F火箭，成功地把神舟二号正样无人试验飞船送入太空；

2002年3月25日，由067基地提供全部发动机的长二F火箭，成功地把装载模拟人的神舟三号无人飞船送入太空；

2002年12月30日，由航天推进技术研究院提供全部发动机的长二F火箭，成功地把神舟四号无人飞船送入太空；

2003年10月，张贵田在北京航天城神舟五号飞船返回舱前

2003年10月，张贵田在北京航天城与中国航天员在一起

2003 年 10 月 15 日，由航天推进技术研究院提供全部发动机的长二 F 火箭，成功地把载着中国首位航天员杨利伟的神舟五号载人飞船送入太空，使中国成为继俄罗斯、美国之后，世界上第三个能够独立开展载人航天活动的国家。

2005 年 10 月 12 日，由航天推进技术研究院提供全部发动机的长二 F 火箭，成功地把载着航天员费俊龙、聂海胜的神舟六号载人飞船送入太空。至此，中国载人航天工程成功地完成了第一步任务——发射无人飞船和载人飞船，圆了中华民族几千年的飞天梦想。中国第二次载人航天飞行，也是中国第一次将两名航天员同时送上太空。以神舟六号飞船任务的完成为标志，中国跨入了载人航天工程第二步计划。

2008 年 9 月 25 日，由航天推进技术研究院提供全部发动机的长二 F 火箭，成功地把载着航天员翟志刚、刘伯明、景海鹏的神舟七号载人飞船送入太空。翟志刚首次出舱活动，使中国成为继美国、俄罗斯之后，世界上第三个掌握空间出舱活动技术的国家。

2011 年 9 月 29 日，由航天推进技术研究院提供全部发动机的长二 F 火箭，成功地把带有对接口的空间实验舱——天宫一号送入太空。与中国此前发射的航天器不同，天宫一号不再是一叶孤舟，它安装了几个对接口，入轨后等待神舟系列飞船对接，最终组装成一个能容纳三名航天员工作和生活的空间站雏形。

2011 年 11 月 1 日，由航天推进技术研究院提供全部发动机的长二 F 火箭，成功地把神舟八号无人飞船送入太空，并成功地与天宫一号首次交会对接。首次空间交会对接试验，也是中国载人航天工程“三步走”战略中第二步突破交会对接技术的关键。

2012 年 6 月 16 日，由航天推进技术研究院提供全部发动机的长二 F 火箭，成功地把载着航天员景海鹏（第二次飞天）、刘旺、刘洋（女）的神舟九号载人飞船送入太空。刘洋成为中国第一位飞向太空的女性。未来，随着载人交会对接的成功，中国将完全掌握载人航天三大关键性基础技术。

2013 年 6 月 11 日，由航天推进技术研究院提供全部发动机的长二 F 火箭，成功地把载着航天员聂海胜（第二次飞天）、张晓光、王亚平（女）的神舟十号载人飞船送入太空。6 月 13 日，天宫一号与神舟十号载人飞船交会对接，为第三步 2020 年左右

2003年10月22日，张贵田（右）和孙家栋院士（中）、张履谦院士（左）在神舟五号飞船返回舱前合影

2003年神舟五号飞船发射成功后，张贵田（左一）与杨利伟（右二）、雷凡培院长（右一）、戴证良书记（左二）在一起

建立空间站奠定重要的技术基础。

“大鹏一日同风起，扶摇直上九万里。”太空作证，云浪踏歌。航天推进技术研究院一万多名干部职工用忠诚、坚定、执着、奉献写下了无愧于时代的答卷，在共和国神舟飞船飞向太空的壮丽史诗中大放异彩……

张贵田

张贵田院士传记

Academician Zhang Guitian's Biography

第八章

壮心未与年俱老 情系航天新动力

发展航天，动力先行。张贵田提出探索研究新一代大推力液氧/煤油火箭发动机的前瞻性思路，得到众多领导和航天元老们的关注和支持。

20世纪80年代中期，作为技术总负责人的张贵田，主持研发了我国新一代大推力、高性能、无毒、无污染、低成本、高可靠性的液氧/煤油高压补燃发动机。它的研发成功，大大加快了中国运载火箭技术发展的步伐。

1. 高屋建瓴谋先行　他山之石可攻玉

2006年7月3日，中央电视台《新闻联播》播出了一条令世界航天界惊愕的新闻：中国新一代大运载火箭120吨级液氧/煤油高压补燃发动机600秒试车成功！

电视画面中，负责新一代大型运载火箭发动机研制的领军人、航天推进技术研究院院长谭永华面对中央电视台记者的采访，侃侃而谈：

“120吨级液氧/煤油高压补燃发动机的试车成功，将为我国载人航天工程、月球探测工程以及下一步深空探测工程奠定坚实的基础，将使我国长征火箭近地轨道的运载能力从现在的9.2吨提高到25吨。这意味着中国走向太空的‘天梯’将延伸得更高更远……”

看罢这条振民心、强军力、壮国威的新闻，坐在客厅里的张贵田院士心潮澎湃，情不自禁地对老伴郁畹兰说：“把女儿孝敬的那瓶茅台拿出来！”

“医生说不让你喝酒，难道你忘记了吗？”郁畹兰说。

“液氧/煤油发动机上了中央电视台了，天大的喜事，还不让我喝几杯？”张贵田说。

“嗯……今日高兴，那就破例。咱先说好，只此一回啊！”郁畹兰说。

“一回就一回。”

“那咱先说好，最多喝半杯！”

“好好好，半杯就半杯！”

就着老伴郁畹兰炒的几个他爱吃的小菜，张贵田难得地喝了半杯酒，浑身上下极其舒坦，虽说有点头晕，但20多年来研制液氧/煤油高压补燃发动机的情景，像过电影似的，在他眼前一幕幕闪现……

1985年夏末，中国宇航学会代表大会在北京国谊宾馆召开，中国航天界领导、专家汇聚一堂，耄耋、新秀畅所欲言，共谋航天发展大计。会上，任新民、梁守槃、屠守锷、梁思礼等航天元老分别作了发言。轮到067基地主任张贵田发言时，他的话如一石击水，激起了层层涟漪：

“……长征系列火箭是我们的优势，但与世界先进国家相比，也只相当于人家20世纪70年代的水平，单就火箭动力系统来看，我们的发动机推力小，循环方式落后，性能低，采用偏二甲肼有毒有污染的推进剂，与发达国家相比有很大的差距。中国航天要想在未来世界占有一席之地，就要尽快研制新一代火箭发动机，而且要高起点、高标准，向国际一流水平看齐。

“发展航天，动力先行。从国内外研制情况看，每一个新型号火箭的投入使用，发动机的研制往往要提前5~10年。对未来大型运载火箭和天地往返运输系统的研究，世界航天大国都在寻求一种高性能、廉价、无毒、无污染和便于维护使用的运输工具及其发动机。凡事预则立，不预则废。所以，我们也不能落后，从现在就应该探索研究……”

张贵田前瞻性的发言得到了与会领导、专家的热议。

其实，早在一年前，张贵田就带领科技人员和有关单位一起，对液氧烃类发动机进行了预先研究。

1987年金秋，航天部副部长刘纪原视察067基地结束返京，张贵田送他到西安。在机场安检口前，他忍不住又向刘纪原强调了自己的想法。

“刘部长，现在的趋势是武器动力逐步固体化，液体火箭发动机向何处发展？根据民用航天发展的需求，应研发无毒、无污染、经济性好、性能高、使用维护方便的液体动力，我想来想去，我们还是要尽快研究新型大推力液氧/烃类发动机，如我们再不行动，就会被人家抛得更远了！”

“老贵啊，你的心思我何尝不理解？”握着张贵田的手，刘纪原深有同感地说，“现在，我们只知道苏联研制了大推力液氧/烃高压补燃发动机，由于他们在技术上严格保密，尚不清楚采用了何种燃料。嗯……我看这样吧，你们067基地先开展甲烷、丙烷和煤油的传热试验和燃烧试验研究，以便进行推进剂的选择。一旦时机成熟，我们就可以开展新型大推力液氧/烃类发动机的研制了。”

“好！我回去马上布置！”

没多久，刘纪原的电话就来了：

“老贵，好事啊——你的愿望实现了！”刘纪原在电话那头高兴地说，“国家‘863’计划委员会明确提出了航天动力系统推进剂的选用问题。‘863’专家组马上就来067基地，将和你们签订研究液氧/烃推进剂发动机作为未来大型运载火箭和天地往返运输系统动力装置的概念研究和可行性论证的合同……”

“哎呀！太好了！刘部长，这可是滋润禾苗的及时雨啊……”

从此，067基地探索未来大运载液氧/烃类发动机的研究工作步入了正轨，同时也翻开了我国液体火箭发动机技术向世界前沿水平挺进的新篇章。

用液氧/烃作为推进剂只是一个宏观的概念。要知道，烃类家族中产品种类很多，常用的有甲烷、丙烷、煤油等，到底选哪一种呢？这只能靠探索和试验验证了。

张贵田组织研究人员一方面进行理论分析研究，另一方面对这些推进剂进行了多次试验，开展了许多实质性的工作，得到了大量的试验数据，比如传热与冷却、结焦、积炭、点火、燃烧稳定性、性能、使用维护性和材料相容性等。实质性的研究工作，在当时航天大国中也只有极少数国家做到了。据统计，从1986年9月开始，067基地3年中共进行了10次液氧/

烃燃料的点火燃烧试验。

辛勤的汗水终于换来了丰硕的成果。试验的结果，使张贵田和科技人员对未来大型运载火箭和天地往返运输系统采用何种推进剂和各种推进剂的优缺点加深了认识。经过反复比较，液氧/煤油越来越清晰地进入了人们的视线……

张贵田不愧是中国液体火箭发动机领域的开拓者和领路人之一，凭着一个科学家的远见卓识，他敏锐地预见到液氧/煤油发动机将很快成为推动中国航天发展的崭新动力。

1989年，苏联总统戈尔巴乔夫访华，标志着中苏关系开始正常化。航空航天部领导不失时机地抓住这千载难逢的大好机遇，组织早期留苏归国人员积极与苏联从事航天研究的机构进行沟通、交流，以加速我国航天技术的发展进程。

1990年7月12日至25日，苏联通用机械工业部副部长高普捷夫访华，同航空航天部正式签订中国购买苏联三台RD-120液氧/煤油高压补燃发动机的协议书。

1990年8月，067基地上报航空航天部，请示开展引进和研制液氧/煤油高压补燃发动机工作。航空航天部认为067基地具备承担发动机研制的优越条件，于1991年2月2日下发通知，要求067基地加强对RD-120液氧/煤油高压补燃发动机的引进、消化、吸收和再创新工作，以067基地为依托，对组织领导、资料管理、经费管理和联合设计室的任务做了规定。联合设计室由院属各厂所派员组成，学习研究RD-120液氧/煤油高压补燃发动机技术。张贵田、褚祥生为负责人。

联合设计室先后完成了3台RD-120液氧/煤油高压补燃发动机的产品验收。面对只有产品实物，没有任何技术资料的困难，联合设计室对其中的一台发动机实施了分解与测绘，开展发动机的反设计工作。经过日夜鏖战，基本上搞清了RD-120液氧/煤油高压补燃发动机的工作原理，发动机采用的先进合

1990年，张贵田（左）同航空航天工业部副部长刘纪原（右）在苏联考察时合影

理的技术设计、特殊连接、密封结构以及工艺和试验工艺。

张贵田在这一阶段工作总结中强调指出："通过对 RD-120 液氧 / 煤油高压补燃发动机的引进和相关技术的消化、吸收，探索出了液氧 / 煤油高压补燃发动机核心技术与关键技术及突破途径，为我国新一代液体火箭发动机的研制，为我国航天动力技术实现跨越式发展，追赶国际先进水平奠定了坚实的基础。"

10 月，液氧 / 煤油高压补燃发动机设计室——11 所第八设计室成立，由董锡鉴、葛李虎等几位老专家带领年轻的设计员组成一支充满活力的设计团队，为后续开展发动机研究、设计提供组织和人力保障。

让张贵田担心的是——国产煤油能不能用？这竟然成为中国能不能搞液氧 / 煤油高压补燃发动机的关键。

煤油之所以成为争论的焦点，是因为火箭煤油与普通煤油有着极大的不同。苏联使用的火箭煤油，硫、芳香烃含量很低，无可溶性酸碱，密度大；新疆克拉玛依油田的煤油，环烷烃成分较多，与苏联的油样成分最为接近，只是含硫量较高。虽然通过与克拉玛依油田协商，采取加氢处理工艺可以进一步除硫，但对国产煤油在高压下的冷却性和燃烧性以及稠油资源等方面的问题仍有争议。

张贵田说："请俄罗斯专家来，听听他们的意见。"

俄罗斯专家耸耸双肩，摇摇头，瞪着蓝眼睛说："你们的煤油不行，最好用我们俄罗斯的煤油。"

中国的煤油真的就不能用吗？

067人硬是不信那个邪。

11所一室梁克明等同志通过对俄罗斯和中国煤油电传热试验结果进行反复比较，得出的结论是：两国煤油性能相近，中国煤油可以用于RD-120

1994年，张贵田（中）在西安同俄罗斯能源联合体专家签署合作备忘录

1994年，张贵田（右二）同任新民院士（左二）等合影

液氧/煤油高压补燃发动机热试车。

1995年4月19日，067基地召开了RD-120液氧/煤油高压补燃发动机试车用煤油专题会，张贵田说：“我们既要重视俄罗斯专家的看法，又不能迷信他们。通过101所的物化分析和11所的传热试验，证明中国煤油可以作为发动机推进剂，订购15吨国产煤油，准备热试车！”

1995年11月17日，在听完了关于RD-120液氧/煤油高压补燃发动机热试车的准备情况汇报后，中国航天工业总公司总经理刘纪原在北京给张贵田打电话说：“老贵啊，我完全支持你们利用一台RD-120液氧/煤油高压补燃发动机进行热试车，以验证国产煤油的可行性，进一步消化、吸收RD-120液氧/煤油高压补燃发动机的核心技术与关键技术，探索和掌握发动机检测技术和试车技术。希望你们在热试车时注意安全，确保试验顺利进行……”

为了尽快掌握液氧/煤油高压补燃发动机技术，为中国航天提供新一代动力，基地主任胡鸿福和张贵田院士带领攻关团队，顶住压力，并把压力转化为动力，周密细致地做好各项工作。他们先后编写了发动机检查技术条件、试车台改台任务书、试车任务书，开展了煤油传热试验、煤油冷却性能计算、特种密封结构研制、测试电缆研制、专用工装研制等工作，并对发动机试验所的二号试车台进行技术改造。

1995年冬天的秦岭深处，天气格外的寒冷。12月初，乌云沉重地压向地面。

先是小朵小朵的雪花，柳絮般地轻轻飘着，然后越下越大，一阵紧似一阵，风绞着雪，团团片片，纷纷扬扬，顷刻间天地一色。尘土被冻得像玻璃屑一样坚硬，绞在风雪的旋涡里，成了针尖、冷冰、硬块，打到人们的脸颊上，像针扎一样疼痛。

此刻，张贵田正带领 067 基地集设计、工艺、质量、装配于一体的试验队，在这风雪肆虐的红光沟，进行 RD-120 液氧 / 煤油高压补燃发动机热试车的各项准备工作。

067 基地的职工、家属和设备已大部搬迁到了西安。整条红光沟人去楼空，一片萧瑟，只剩下发动机试验所试验台的留守人员。生活、工作条件非常艰苦。大家住在条件较差的招待所，在没有了总装车间的情况下，自己动手，铺上地板革，搭起塑料棚，硬是把一个废旧的器材库变成了基本符合技术要求的“总装车间”。就是在这个简陋的“总装车间”里，试验队按照工作程序和工作节点，完成了对 RD-120 液氧 / 煤油高压补燃发动机的气密性与电气技术测试与检查。

为了确保真正学好 RD-120 液氧 / 煤油高压补燃发动机的设计、制造和试验技术，降低试车风险，中国航天工业总公司总经理刘纪原指示总公司机关外事部门，邀请俄罗斯专家来 067 基地进行技术交流，为 RD-120 液氧 / 煤油高压补燃发动机试车提供技术咨询。

俄罗斯专家对试车使用的发动机开始状态进行了检查，对改进的试车台系统进行了考察，提出发动机是上天飞行的技术状态，需要恢复到地面试验技术状态，试车台系统还需要进一步完善，否则启动就会出问题。俄罗斯专家私下对 067 基地科技部门负责人李贵书说，发动机不具备试车条件与状态，一试发动机就会爆炸。他们又对发动机试验所所长张斌章说，不能让发动机上台，否则会炸毁试车台！

张贵田对试验队员们说：“我还是那句话，对俄罗斯专家，我们要虚心请教，学习他们的技术‘真经’；对他们的意见和看法，我们既要重视，但也不能完全迷信。我们认为对的，要坚决照办；有不同意见，要给他们解释清楚。”

于是，试验队员们分别同俄罗斯专家进行了深入的技术交流和咨询，精心制定了发动机热试车的技术方案。为了节省时间，设计员冒着风雪翻越秦岭，到7107厂配合加工各种地面状态的配套零、组件。经过十几天的不懈努力，硬是把上天状态的RD-120液氧/煤油高压补燃发动机恢复到了地面试验状态。发动机生产厂的工艺人员和总装工人一起，按11所制定的技术条件，对发动机进行严格的气密检查、电器检查和测试，确保发动机满足试车技术要求。

张贵田最关心的是试车台的改造和工艺过程的制定，这是确保RD-120液氧/煤油高压补燃发动机顺利热试车的先决条件。发动机试验所充分考虑到我国液体火箭发动机试车技术和液氧/煤油高压补燃发动机的特点，考察学习了苏联试车台系统，借鉴了北京101所低温发动机的试车经验，自行设计研制了多套技术复杂的大型配套设备，如适应高空发动机的引射筒、适应液氧的低温贮箱和管路阀系统、适应启动要求的启动容器和适应发动机高压试验的增压系统与发动机测控系统。在俄罗斯专家的帮助下，通过深入交流、技术咨询以及设计新增的技术要求，进一步完善了试车台系统和测控系统，如期完成了改造任务，使试车台具备了试车条件。

在试车台的改造过程中，问题层出不穷。

国内没有大的低温试验设备，如低温阀门，国内都是球阀，最大的口径才 80 毫米，而发动机流量大，每秒将近 200 千克的流量，口径要 200 毫米。张贵田对这个问题非常重视，他强调要抓好短线，关键设备先行。为此，发动机试验所在张贵田的关心、指导下，专门组织了关键设备的研制课题组。经过从 1992 到 1994 年的艰苦奋战，终于研制成功了 200 毫米口径的低温气动球阀，填补了国内空白，获得航天工业总公司的科技进步奖二等奖。

发动机的启动技术，与产品和试验系统密不可分。张贵田组织设计和试验人员，一起对数据进行仔细分析探讨，优化了完全模拟箭上的启动方式，首次采用启动容器和主容器接力工作的方式。

以前给产品供应推进剂，发动机启动很慢，原因是容器离发动机有二三十米远。张贵田带领大家经过反复思考和不断摸索，在发动机的顶上安装了一个启动容器供应推进剂，启动正常后由主容器接力工作，为发动机的快速启动创造了条件。

液氧在容器里是低温的，管道和产品刚开始是常温的，热交换后就气化了。预冷加注采取何种办法？张贵田和大家摸索了很长时间，后来总结出还是大流量好。点火之前，在产品入口预冷排放口，测量温度和压力——不低于 -176℃或者 -178℃，这是通过不断的摸索总结和攻关突破的。

而发动机最关键的问题就是点火。对于发动机来说，这是发动机工况最恶劣、变化最剧烈的时段，点火后，发动机负荷就减轻了。

试车时间定为 3 秒还是 10 秒？一时间，令人难以决断！

原来，在中国引进俄罗斯 RD-120 液氧 / 煤油高压补燃发动机之后，美国也从俄罗斯引进了 RD-120 液氧 / 煤油高压补燃发动机，并进行了 3 次热试车。试车时间分别为 3 秒、3 秒和 20 秒。当时来华交流的俄罗斯专家有两位曾参加过美国 RD-120 液氧 / 煤油高压补燃发动机热试车，他们向胡鸿福、张贵田建议，首次试车也选 3 秒。

“3 秒太短！”张贵田说，“除去启动段，发动机稳定工作的时间只有 1 秒多，这就是说，发动机刚开始工作，就得停下，这怎么能够充分验证国产航天煤油的可行性呢？”

“对！而且能否达到试车目的，试车的风险有多大，还是个未知数。贵主任，我看咱们至少得试 10 秒！”胡鸿福主任说。

“你说得对，就试 10 秒！”

1995 年 12 月 15 日 18 点 10 分，RD-120 液氧 / 煤油高压补燃发动机在改造好的 2 号试车台上开始热试车。在雷霆万钧的轰鸣声中，发动机喷吐出白得耀眼的火蛇……

……3 秒……5 秒……8 秒……10 秒！

关机！一切正常。RD-120 液氧 / 煤油高压补燃发动机热试车取得了圆满成功！

总结会上，张贵田激动地说：“发动机热试车的成功，表明中国煤油完全可以作为液体火箭发动机的推进剂和冷却剂，同时表明我们对液氧 / 煤油发动机的热试车工艺有了进一步的了解……”

胡鸿福说：“发动机热试车的成功，浸润着设计、工艺和试验队员们的智慧、心血和汗水。按照总公司的要求，RD-120 液氧 / 煤油高压补燃发动机要进行两次热试车，我们要再接再厉，趁热打铁，争取第二次热试车取得成功！”

第二次试车的目的，是掌握发动机试验的清洗处理技术。清洗处理之后，才能长期贮存和再次使用。11 所八室制定了清洗处理技术条件。然而，经过几次清洗后，发现关键指标碳氢化合物越洗越多，和预想结果截然相反。问题的症结到底在哪里？大家百思而不得其解。

张贵田午夜召集有关人员开会，对大家说：“我想这个问题，恐怕要从源头找原因。是不是清洗剂本身不合格？先检查一下咱们购买的氟利昂指标是

1996年，张贵田（右一）代表中方签署中俄乌会议纪要

否合格——想想看，如果是脏水洗孩子，不是越洗越脏吗？”

“噢……对对……”大家恍然大悟，立即对氟利昂进行化验，果然发现碳氢化合物含量超标。在用最原始的方法——用瓶瓶罐罐蒸馏，把氟利昂提纯后，碳氢化合物指标合格。用该氟利昂再次清洗，结果终于达到了技术要求。此次对液氧/煤油高压补燃发动机的清洗，为后续多次试车奠定了基础。

发动机试完车以后，第一次试车和第二次试车之间要把相关内腔清洗干净。期间，乌克兰专家给出的意见是，发动机要加热，以保持其环境温度。张贵田提出用土办法解决——搭了一个帆布帐篷，把发动机用电热毯包着放在里边，又让大家去宝鸡买了五个电暖器烤，硬是把温度加热并保持到二十几度。

1996年2月12日，张贵田和试验队员对RD-120液氧/煤油高压补燃发动机进行了第二次试车——启动、关机正常，50秒试车又取得了圆满成功！

张贵田说：“两次试车，验证了国产火箭煤油的可行性，使我们进一步认识了液氧/煤油高压补燃发动机技术，初步掌握了此类发动机的试车技术和发动机下台后的检查清洗及测试技术，为后续分析研制积累了宝贵的经验。更为重要的是，坚定了我国研制液氧/煤油高压补燃，发动机的决心和信心。”

4月，张贵田出席了中国工程院第三次院士大会，在会上做了“研制先进的液氧/煤油高压补燃发动机，是提高我国航天技术水平，加速运载火箭产业化进程的有效途径”的大会发言。

张贵田在发言中指出：“……要想有先进的运载火箭，首先必须要有先进的动力系统——火箭发动机。火箭发动机是运载火箭的心脏，它的先进性突出表现在低成本、无污染、高可靠、高性能、使用安全、操作方便。

“液氧/煤油发动机作为运载动力装置的优越性在于：一是煤油作为常温推进剂，使用极为方便，安全性好，而甲烷、丙烷、液氢作为低温推进剂，不好贮存、运输，加注和操作都不方便，泄漏后易起火爆炸；二是煤油价格便宜，每千克煤油的价格只有液氢的百分之一和偏二甲肼的三十分之一，可以较大幅度地降低发动机的研制成本和运载火箭的发射费用；三是液氧/煤油组合密度比冲高，是理想的下面级（助推级和芯一级）发动机，稍做改进后亦可作为比较理想的上面级发动机；四是我国煤油资源丰富，贮量极大，可满足长远需要，经各种研究试验和两次液氧/煤油发动机热试车的成功，充分说明了国产煤油能完全满足使用要求；五是使用液氧/煤油发动机可完全消除四氧化二氮和偏二甲肼有毒且污染环境的严重不足；六是液氧/煤油发动机可实现运载火箭模块化、标准化设计，可用不同组合完成不同载荷的发射任务，能形成我国新一代运载火箭系列。”

张贵田说：“现在，我国液氧/煤油高压补燃发动机研制工作已获批准并列入国家863计划。近几年来我们重点进行了技术方案论证和关键技术研究，并于1995年12月至1996年2月用试验型发动机进行了两次热试车，进一步研究了该种发动机的启动、关机程序，预冷、吹除及试车后处理和清洗技术。随着工作的深入，试验技术及试验设施也都会有不同程度的掌握。

“总之，几年来的关键技术研究，为今后研制液氧/煤油高压补燃发动机打下了一个良好的基础。这种发动机的研制成功，将使我国液体火箭发动机技术迈上一个新台阶，将为我国大型运载火箭和天地往返运输系统、载人航天提供先进的动力系统。在此基础上，进而可以研制更先进的液氧/煤油/液氢三组元火箭发动机，实现单级入轨，赶上世界先进水平。研制成功先进的液氧/煤油高压补燃发动机，可提高我国航天技术水平，进一步扩大卫星市场，为加速运载火箭产业化进程提供强有力的支撑……”

张贵田的发言，赢得了与会院士热烈的掌声。

5月17日，航天工业总公司以任新民为组长的评审组对RD-120液氧/煤油高压补燃发动机热试车进行了鉴定，评审组认为该项成果达到了世界先进

1997年，张贵田（右）向原七机部部长郑天翔（中）汇报工作

水平。

1997 年，RD-120 液氧 / 煤油高压补燃发动机试车技术获得部级科技进步奖一等奖。其主要完成人员为董锡鉴、雷茂长、张贵田、张敏贵、来代初、刘站国、史峰章、梁克明、王亚平。

最初，张贵田名列排序人员首位。张贵田说："董锡鉴、雷茂长做了很多工作，应该排在最前面。"基地领导尊重张贵田院士的意见，就把他的名字放在了第三位。

2. 拔亮心灯闯新路　降妖伏魔终成功

"听说 067 基地要搞液氧 / 煤油高压补燃发动机？这不是在开玩笑吧？"

当 067 基地经过多方论证，将液氧 / 煤油高压补燃发动机作为未来的发展方向时，国内外均传来质疑声。

国内个别专家担忧：我国基础研究较为薄弱，要研制出这样的高新发动机很难，不管是在设计上，还是在材料、工艺上，都很难突破这些关键技术和核心技术。

国外有专家疑虑：即使中国能把液氧/煤油高压补燃发动机设计出来，也无法制造出来。液氧/煤油高压补燃发动机可谓是世界航天动力的珠峰，只有俄罗斯掌握其设计制造技术，连美国试了都觉得太难而作罢，现在只买俄罗斯的成品发动机。中国的基础工业那么差，能研制成功吗？

而张贵田想到的却是不谋全局者不足以谋一域，不谋万世者不足以谋一时。正因为液氧/煤油高压补燃发动机是当今世界航天动力的珠峰，我们才要不断思索如何使攻关团队登上这个珠峰，建立和完善体系，扩充队伍，形成梯队，用行动践行不竭的创新精神。

张贵田清楚地知道，液氧/煤油高压补燃发动机不仅采用的推进剂循环方式与常规发动机不同，而且在燃烧室压力、涡轮泵功率、推进剂流量等设计参数上，都比现有发动机高出数倍，在推力吨位、性能及可靠性方面亦有大幅度提高，必须在结构设计、材料、工艺、试验诸方面采用一系列先进技术，这就大大增加了发动机的研制难度。苏联在研制 RD-120 液氧/煤油高压补燃发动机期间，地面试车就进行了 392 次，共用了 137 台发动机，累计工作时间达到 97000 秒。

面对国内外权威、专家的担忧和质疑，张贵田在 067 基地所、厂领导参加的液氧/煤油发动机研制动员大会上强调指出：

“我们为什么要下定决心、竭尽全力研制液氧/煤油高压补燃发动机？因为这是一个造福于国家、造福于人民，使我国快步跨入世界航天强国之林的大工程。该发动机的‘魅力’是显而易见的——一是推力大，比现有长征系列发动机推力大 60%，并具有进一步提高的潜力；二是无污染，液氧和煤油都是环保燃料，而且易于存贮和运输；三是成本低，液氧和煤油的价格比较低廉，可以使每枚火箭节省约 3000 万元的推进剂费用；四是可靠性高，通过采用一系列新技术，可大大提高运载火箭的可靠性；五是可重复使用，我国现有的长征系列运载火箭发动机均为一次性使用，而液氧/煤油高压补燃发动机可多次试车，并具有重复使用的潜力。这样利国利民、独具魅力的液氧/煤油高压补燃发动机，我们没有理由不研制……

“诚然，要攀登这座科学高峰，就像登山运动员攀登珠穆朗玛峰一样，要克服无数艰难险阻。人常说，志不休者虽难必易，行不止者虽远必臻。只要我们一步一个脚印地突破每一个核心技术和关键技术，就一定能够登上液氧/煤油高压补燃发动机这座珠峰，把我国航天发动机技术推向世界领先水平，而懦夫和懒汉是永远不可能享受到攀登峰顶时的喜悦和幸福的！”

1991年3月29日晚上，067基地领导开会研究液氧/煤油高压补燃发动机计划时，张贵田主任说：

“液氧/煤油高压补燃发动机不是干不干的问题，而是如何大干、快干的问题。引进、消化、吸收和再创新几个阶段的目标是什么，用多少时间，什么条件，从现在起我们就要做好准备……”

1992年8月12日，刘纪原副部长在靶场见到了张贵田，第一句话就问：“液氧/煤油高压补燃发动机现在进展如何？”

“正在干。”

“要抓紧干，机不可失，时不再来。”刘纪原强调说，“无论遇到多大的困难，部里都坚决支持你们干下去！”

“谢谢刘部长，可是……”

“有什么困难你就说出来。”

“目前资金太紧张……”

“嗯……我知道了。没有钱，干什么事都难……这样吧，用其他项目的经费先干起来，国防科工委和部里正在千方百计给你们筹措资金，不会亏待你们。现在要紧的是先拿出东西来……”

张贵田通过各种渠道呼吁争取液氧/煤油发动机研制的主动权，其中的艰辛是难以想象的。一次，他去北京汇报液氧/煤油发动机的研制工作，白天寻不见领导，晚上他干脆蹲守在领导家门口。那晚北京朔风凛冽，大雪纷飞，60多岁的他在冰天雪地里等待了近四个小时。当那位领导见到风雪中的张贵田时，深受感动，听完汇报当即表示全力支持新型发动机研制。回来以后，张贵田高烧不止，但他却很高兴地说：“我国的液氧/煤油发动机有希望了，067基地有希望了！”

就这样，在国防科工委和部领导的亲切关怀、大力支持下，067基地加快了液氧/煤油高压补燃发动机研制的步伐。通过对RD-120液氧/煤油高压补燃发动机的技术引进和不断与俄罗斯、乌克兰同行专家的技术交流，大家对液氧/煤油高压补燃发动机技术的认识不断深化，技术人员在设计、关键工艺、试验、材料等方面获得了大量的技术信息，初步摸清了液氧/煤油高压补燃发动机的核心技术和关键技术，初步掌握了突破这些核心技术和关键技术的途径和方法，进而为开展研制我国新一代发动机和跟踪研究世界先进动力技术奠定了坚实的基础。

张贵田对发动机设计所八室的设计人员说：

“液氧/煤油高压补燃发动机的方案设计工作，要紧密结合我国新一代运载火箭方案论证，发动机首先按百吨级进行方案设计。以‘注重整机最优，创新和继承结合，不片面追求个别组件的性能和先进；可靠性必须放在首位，经济性放在重要地位；充分利用国内外经验，适合中国国情，少走弯路；充分考虑到发动机的可靠性、可维护性、安全性、标准化与通用性，易于实现通用化、系列化、组合化’为指导思想，深入开展发动机方案论证。”

说到这里，张贵田沉思了一下，又说：“我还想特别强调一下产品设计时的可靠性——可靠性研究是一门‘与故障作斗争’的学科，而置于产品研发前期的可靠性工程，会实现产品的再造，使其脱胎换骨。国际上真正具有竞争力的产品，莫不如是。所以，我们应当把产品的可靠性要求纳入产品指标体系并进行相应的考核。为什么这样讲呢？因为‘产品是体，可靠性是魂’。魂要附体，可靠性犹如隐形的翅膀，能带着产品飞得更高、更远。从这个意义上来说，可靠性是自主创新腾飞的翅膀，是‘中国创造’的倍增器。自主创新和产品可靠性就像巨人的双腿，同等重要，缺一不可。我说的把可靠性放在首位，就是这个意思。”

指导思想确立后，在八室主任董锡鉴的带领下，设计员们殚精竭虑，夜以继日，开始了液氧/煤油高压补燃发动机的方案论证工作。他们通过大量的理论研究，分析计算，进行多种方案的论证及试验件的试验研究及基本验证，大处着眼，博采众长，终于选择出最佳设计方案。

发动机采用液氧和煤油做推进剂，单富氧燃气发生器驱动同轴主涡轮泵的闭式循环系统，一台涡轮泵供应一个推力室独立单机、化学点火、自带氦气加热器、液氧蒸发器和自身启动系统、推力和混合比可调、可单双向摇摆。地面推力 1200 千牛，可组合成更大推力的动力装置，通过不同工况的综合化及适应性工作，既可作为一级也可作为二级使用，满足运载器对动力装置的要求。发动机研制成功后，通过通用化、系列化、组合化，可形成我国发射 5 吨、10 吨、20 吨能力的新一代无毒、廉价、高可靠火箭系列，使我国航天发动机技术水平跃上新台阶。

最佳设计方案确立后，胡鸿福主任、张贵田院士又带领研制人员通过对我国基础工业水平和我国已有火箭发动机的研制基础进行分析，确定了各阶段的研制目标和主要内容。对关键技术和核心技术集中力量打歼灭战，一个一个地攻克。先把发动机分解成若干项大的关键技术，其中关键材料、工艺技术等又分成若干小项。在每项关键技术攻关中，又科学地制定了详细的攻关计划。在攻关过程中，尽可能通过零、部、组件的模拟、缩尺、水力、吹风、介质试验，选择合理的方案和参数。核心技术和关键技术先在零组件状态获得解决，为后面的部件和发动机的研制奠定基础，节省研制经费，缩短研制周期。

1996 年 4 月，“863”国家高技术航天领域专家委员会决定开展 120 吨级液氧 / 煤油高压补燃发动机关键技术研究，批准 067 基地先进行四项关键技术研究：

一是液氧 / 煤油高压补燃发动机总体方案论证；

二是富氧燃气发生器研究；

三是主涡轮泵关键技术研究；

四是主要阀门研究。

胡鸿福主任代表067基地签署了四项关键技术研究合同。这份合同的签订，标志着我国液氧/煤油高压补燃发动机正式进入关键技术攻关阶段。

胡鸿福、张贵田深知“粮草”的重要。对于全新的液氧/煤油高压补燃发动机来说，所需的材料要适合于高压、高温、低温、富氧等各种恶劣环境。比如，液氧系统要求耐低温的高强马氏体不锈钢，富氧燃气系统要求抗氧化的高强高温合金钢，高DN值轴承和摩擦副要求耐低温、抗氧化的耐磨材料和涂层等。所需的这些新材料多达40多种，有金属材料、非金属材料、复合材料等。这些新材料各自具有独特的性质和应用特性，在国内大多没有相应的牌号，找不到替代材料。因此，要研制液氧/煤油高压补燃发动机，首先要解决材料问题。

张贵田要求基地各单位和材料研制单位一起，共同制定了40多项材料暂行技术条件或暂行技术协议，北京、上海、天津、武汉、南京、西安等地的研究院所和一些著名大学，都成为新材料的研制攻关之地。在全国各协作单位的密切配合下，一项项新材料的关键技术被突破，一种种新材料按时供应，这些具有优异性能的新材料，一经研制成功就被其他行业应用，极大地促进了相关行业的发展和技术水平的提升。

最后研制成功的实际上有49种新材料，如低温推进剂、高强度钢、富氧燃气管路材料、高速轴承、表面涂层等。材料要适应恶劣环境，涂层、摩擦副用铜锆合金、有色金属，表面涂层、密封材料、黑色金属，都是为了满足液氧/煤油发动机的工作要求而研制的。

中国火箭技术在世界上之所以能排在前列，是因为中国坚持走自主创新、自行研制的道路——自己把技术吃透了，然后一点点地啃，从而把中国火箭发动机的技术上升到了一个新天地。从东风三号导弹发动机开始，到东风四号导弹发动机、东风五号导弹发动机，再到后来的液氧/煤油高压补燃发动机，都是继承了这个优良的传统——自力更生，自主创新。张贵田对此用了非常形象的比喻："虽然我们引进了 RD-120 液氧/煤油高压补燃发动机，但并不是根据该发动机材料分析、测绘一下就照葫芦画瓢，而是根据我国国情的需求自行设计。RD-120 液氧/煤油高压补燃发动机是领养的孩子，我们对它的性格不了解。我们自己所生并带大的孩子，对它的性格就摸得清清楚楚，有遗传基因在里面。我们走自主创新的道路，研制出了液氧/煤油高压补燃发动机。"

从 1995 年开始，发动机生产厂有关液氧/煤油高压补燃发动机的工艺预研和工艺攻关课题超过了 100 项。这些课题项目涉及焊接、电火花加工、精密铸造、表面改性等各种领域，是发动机生产厂有史以来攻关课题最多、参与人员最广、难度最大，也是持续时间最长的研制型号。这些工艺攻关课题没有任何经验可以借鉴，每一项课题都是在攀登耸入云天的悬崖峭壁，每一项课题都是在抢渡波涛汹涌的大江大河。

经过不分昼夜的艰苦鏖战，设计人员终于拿出了液氧/煤油高压补燃发动机高压推力室的图样设计。1999年，设计人员和工艺人员在凤州试验基地举行了第一次技术交流，被称为“凤州会议”。

“我搞工艺这么多年，从来没有见过这么复杂的图样设计。”有的工艺员感叹。

“太具有挑战性了！这是专和人作对的妖怪！”有的工艺员调侃。

“既然是妖怪，我们就要拿出孙悟空降妖伏魔的智慧和勇气来，降服妖怪！”为了及时生产出“妖怪”般的推力室，11所所长雷凡培亲自挂帅，成立了“降妖伏魔”的推力室攻关小组。小组成员包括所、厂领导和各类专业技术人员，汇聚了各个方面的专家。

在那日夜鏖战、艰苦攻关的日子里，为了实现喷注器钎焊、燃烧室钎焊、电子束焊接、铣槽、电镀、钣金喉部胀型等生产工艺，以及喷嘴液流、头部液流、身部液流等试验工艺，在生产、试验现场等各种场合，没有人记得清胡鸿福主任和张贵田院士召集了多少次会议，以协调生产进度，讨论技术问题，制订解决方案。

喉部扩张段的加工难度之大令人望而生畏。喉部是发动机热流密度最大的地方，加工工艺稍有不慎将导致烧蚀甚至烧毁，为此需要进行整体胀型。由于加工的变形量大，产品成型时多次撕裂，光模具就研制了几十套。虽然经历了失败、改进，再失败、再改进等几十个回合，但大家毫不气馁，而是互相鼓励，总结经验，跌倒了爬起来再干，最后终于攻克了这道难关。

喷注器钎焊更是一只拦路虎！喷注器是液氧/煤油高压补燃发动机组织燃烧的关键，发动机的喷注器是由几百个直流离心式喷嘴钎焊而成，并采用隔板喷嘴分区。在喷注器钎焊的过程中，钎焊料流失、喷嘴口堵塞、钎焊缝渗漏以及重复钎焊时喷嘴腐蚀等关键工艺，困扰着研制团队。

"说说，怎么回事？问题出在哪里？"最困难的时候，张贵田院士总是出现在大家的面前，为焦急万分的团队排忧解难。他耐心地听、仔细地看、认真地思考，他一边启发大家，一边说出自己的建议和意见——"你们看，这样行不行……"大家的眼前豁然一亮。

当某一个组合件方案、技术细节、关键尺寸、试验或者结构方案有争议的时候，张贵田就和大家仔细分析，找出最佳方案。在整个研制实践中，张贵田常常鼓励大家："觉得对的，就大胆地做，大胆地闯！失败了是我的，成功了是你们的。"张贵田的一席话，极大地激发了大家迎难而上的信心和决心。

在发动机生产厂，经过设计和工艺人员的精心研究和反复试验，在成百上千次试验件加工和试验验证之后，终于研制出了可靠、合格的喷注器。

在由数以万计的零组件组成的液氧/煤油高压补燃发动机中，涡轮是整个发动机的心脏。它的成功与否，直接关系到整个发动机研制的成败。液氧/煤油高压补燃发动机上的涡轮盘，结构极为复杂，工作环境异常恶劣，性能要求高。由于传统的工艺方法本身的缺陷，难以保证涡轮盘在这种高温、高速、高压的环境中万无一失地工作，因此需要进行整体加工。然而对于这种整体加工方法，国内没有一家涉足；通过互联网搜索国际上关于这方面的资料，也是一无所获。为此，中国航天科技集团公司和067基地专门立项进行研究，在发动机生产厂成立了由谢林军和邹裔等组成的课题攻关组。

由于国外禁止向我国出售第六轴，致使当初立项报告里的六轴电火花加工方案不能使用，唯一的办法就是在现有的五轴基础上做五轴电火花加工方案！

缺少一个轴，其加工难度呈指数上升。为了做出五轴电火花加工方案，谢林军和邹裔查阅了大量资料，经过反复论证，认为可以将第六轴的动作分解到电极本身，然后设计异型电极来解决涡轮盘的加工问题。该方案得到集团公司和067基地的认可。

然而，说起来容易做起来难！实际攻关过程中的难度，比想象的要大得多，一度几乎使整个课题无法继续进行。

“成功的花，人们只惊羡它现时的明艳！然而当初它的芽儿，浸透了奋斗的泪泉，洒遍了牺牲的血雨。”

不知经过了多少次的全盘反复，不知熬过了多少个沉沉的黑夜，草图画了一张又一张，数据算了一遍又一遍，谢林军和邹裔终于设计出了加工用的电极，这让在黑暗中前行的人们看到了一丝希望。然而，当谢林军和邹裔寻找加工单位时，却没有一家单位能够完全明白设计的图纸！尽管进行了耐心的沟通，但一说到加工，没有一个不摇头的。

一时间，涡轮盘电火花整体加工，成为胡鸿福主任、张贵田院士和王新敏厂长牵挂的大事。

胡鸿福说：“靠别人往往误事，我们要组织力量自己干！”

张贵田说：“我们办事，从来不在一棵树上吊死，但涡轮盘却只能挂在电火花整体加工这棵树上了。我们能不能利用别人的设备，自己去解决电火花加工的问题？也就是说，在别人的树上，结出我们自己的果实？”

王新敏说：“这倒是个绝好的创意。小谢、小邹，你们就大胆地干吧，无论如何，也要消灭这只拦路虎，确保后墙不倒！有什么困难，找我！”

于是，谢林军和邹裔带着程序和数据，在别人的设备上进行试验。遇到加工时解决不了的问题，就修改电极的设计图纸……

1998 年 1 月，工作最紧张的时候，谢林军的儿子出生了，初为人父的他，几乎没有时间来照顾妻子和孩子；没多久，邹裔的儿子也出生了，他匆匆忙忙地回家看了一眼，又回到了机房。好在有两人的家人照顾，他们才能把全部精力放在涡轮盘的电火花加工上。没日没夜的劳累，终于让体力不支的谢林军病倒了，然而他的脑子里却没有停止考虑精加工电极的设计问题……

一次次不厌其烦的创新试验，一个个不断优化的设计方案，一回回独出心裁的精雕细刻，终于，异型电极对涡轮盘加工的难题获得突破，并独创性地使用了电火花加工领域里的“鼹鼠加工法”。

1998 年 11 月 15 日，一个银光闪闪的涡轮盘展现在中国航天工业总公司前来进行课题鉴定的专家组面前。

“啧啧！这么漂亮的涡轮盘，我还是第一次见到，太完美了！”

“可不，玲珑剔透，巧夺天工啊！”专家们翻来覆去地用手抚摸着，赞不绝口。

在听完了技术总结报告和各种创新报告后，专家组给课题组的鉴定结论是：“国内首创，达到国际先进水平，并有所创新。”

这个一次成功的涡轮盘，经受了液氧/煤油高压补燃发动机首次热试车的考验，其涡轮效率完全达到甚至超过原先的预期值。该课题成果也被评为国防科学技术进步二等奖。

领奖归来，张贵田院士语重心长地对谢林军和邹裔说：“你们只有经历过才知道其中的艰辛；这种艰辛，你们只有体会过才知道其中的快乐；这种快乐，你们只有拥有过才知道其中的珍贵。好好干吧，航天事业需要你们这样的青年才俊……”

1998 年，随着首台氧泵水试、燃气发生器高压缩尺件试验和涡轮、煤油

1998年，张贵田（前排右一）陪同中国航天工业总公司总经理刘纪原（前排右二）视察发动机生产厂

1998年，张贵田（右四）在液氧/煤油发动机工艺咨询合同签字仪式上同外国专家合影

泵、液氧主阀、发生器燃料阀、点火剂清除阀、电动气阀、燃料主阀等关键技术的攻克，相应产品的试验验证提上了议事日程。组件可以冷试初步考核，但是设计方案是否可行、能不能用于未来的发动机，冷试不能完全说明问题，必须进行热试车，进行真实环境的考核。为此，需要进行各组件的集成验证试验——燃气发生器－涡轮泵联动试验。

张贵田在联动试验前强调指出：

“与常规发动机不同的是，液氧/煤油高压补燃发动机补燃循环的氧化剂全部进入燃气发生器，流量达到每秒钟数百千克，压力达到几百个大气压，无法采用传统的挤压式试验方法。特别是高温燃气的安全排放成了研究的焦点——每秒数百千克的高温富氧燃气，排放后到底是烟还是火？是否遇物即燃？如何排放？如何消防？诸多问题都需要验证试验。所以说，这次燃气发生器－涡轮泵联动试验，在全世界没有首例，是液体火箭发动机研制史上的创举。面对如此重要的试验，我们要全力以赴，做

1998年，张贵田（前排中）在西安环太平洋国际会议前参加筹备小组会议

好各种预案，确保试验成功。”

1999年2月的秦岭深处，安河两岸的山崖上，融化的冰雪滴下一颗颗硕大晶莹的水珠，宣告了春天的到来。虽然背阴的地方还有些积雪，也被暖气给熔化出许多小坑，仿佛无数酒窝；阳坡上的一棵棵松柏，高大挺拔，青翠欲滴；从苏醒的地面升起来的温暖蒸气颤动着；嫩草从地面上探出头来向四周窥视；云雀贴着安河水面，天真烂漫地飞着、唱着……

2月6日，在基地主任胡鸿福、基地科技委主任张贵田、基地副主任雷凡培等陪同下，总装备部[①]副部长沈荣骏，中国载人航天工程办公室副主任林树，中国航天工业总公司总经理刘纪原，著名火箭专家任新民，“863”专家组沈辛荪、闵桂荣等，来到了耸立在安河畔的试车台。

发动机试验所的同志们，从1997年年底开始，对试车台的技改工作就全面铺开了。他们像迎接“大考”一样，为液氧/煤油高压补燃发动机燃气发生器－涡轮泵联动试验做好了一切准备。

“开车！”随着指挥员一声令下，燃气发生器－涡轮泵联动试验在震耳欲聋的吼声中和导流槽水的澎湃声中，开始了——

“3秒……5秒……8秒……10秒！”

“关机！”

① 1998年4月，国防科工委改组为总装备部。

1999年3月，张贵田（前排右一）陪同陕西省委书记李建国（前排右二）在凤州试验基地参观发动机试验

成功了！观察室里爆发出一阵热烈的掌声。燃气发生器－涡轮泵联动试验获得圆满成功！

“太激动人心了！”观察室里，胡鸿福紧紧地握着张贵田的手，高兴地说，“这是一个里程碑，这是一个新起点！我们要再接再厉，争取液氧/煤油高压补燃发动机早日立项！”

国家“863”计划航天领域首席专家闵桂荣感慨万千：“067基地创造了‘863’精神！在航天系统开展的诸多项目中走在了最前面！”

“不鸣则已，一鸣惊人！”刘纪原的话语中充满着掩饰不住的欣慰，他对胡鸿福、张贵田说，“燃气发生器－涡轮泵联动试验圆满成功，标志着067基地提前两年完成了‘863’计划攻关任务，标志着中国人有志气、有能力研制出液氧/煤油高压补燃发动机——尽管这种发动机目前还处在初级阶段，但毕竟是第一次，是从零到一的突破……”

10秒钟的试车，成功验证了燃气发生器、涡轮泵和5种阀门的设计方案与工艺路线的正确性，考核了闭式循环发动机的工况调整方法和启动过程动态仿真技术，全面考验了液氧/煤油高压补燃发动机关键技术攻关成果，验证了试车技术和试车程序，为发动机整机研制奠定了坚实的基础。

“863”专家委员会、总装备部发来了贺电：“此次联试成功，标志着我国初步掌握了新一代液氧/煤油发动机核心技术，为我国火箭发动机技术发展掀开了新的篇章，为今后开展新一代运载火箭动力系统的工程研究打下了良好的基础，奠定了我国21世纪航天技术发展的基石。”

为了进一步验证各组合件的可靠性和准确性，在提高工况的状态下，067基地又准备进行两次燃气发生器-涡轮泵联动试验。

谁知，天有不测风云。在第二次试验时竟发生了“烧蚀”现象。面对意外，张贵田和科技人员的心中仿佛压了一块大石头。

吃饭时，看着张贵田满脸愁云的样子，前来观看试车的航天专家钱维崧劝道：“老贵啊，既然是试验嘛，肯定就有失败，查清原因，接着试验就是了，不要太难过……”

一言未了，钱维崧便看见亮晶晶的泪珠在张贵田的眼睛里滚动，然后，顺着他布满皱纹的脸上滚落下来，滴在嘴角上、胸膛上、餐桌上。半晌，张贵田哽咽着说：“我搞了一辈子发动机，经历过无数次的失败与成功，但这次失败，实在是出乎意外……”

“老贵啊，我完全理解你此刻的心情。这些年为了搞液氧/煤油发动机，你顶着多大的压力啊！别人不知道，我还不知道吗？人说男儿有泪不轻弹，只因未到伤心处啊……别哭了，身体要紧！泪水奔流，压力释放，明日再战！看看问题到底出在什么地方……”

经过认真分析试验数据和对发动机仔细检查，“烧蚀”问题是由于液氧泵入口压力过低，造成氧泵气蚀引起的，并不是出在发动机的设计和工艺上。张贵

1999年7月，张贵田在发动机试验现场

田和科技人员心中的一颗石头这才落了地……

趁热打铁！燃气发生器－涡轮泵联动试验又进行了第三次试验，完全成功！试验结果表明：燃气发生器、主涡轮泵和相关阀门组件技术先进，方案合理，突破了液氧/煤油高压补燃发动机研制中的多项关键技术和核心技术，培养了一批高素质、高水平的航天青年技术骨干。

如果说液氧/煤油高压补燃发动机攻关团队在研制中所取得的成绩是大家努力结出的硕果，那么张贵田则是这个团队的灵魂人物。熟悉了解张贵田的人都清楚地知道，只要一提及型号研制，他就思路敏捷严谨，总能一语中的。

“贵主任看问题透彻，总能想在我们前面，常常一句话使我们茅塞顿开。”课题攻关团队的人员无不佩服。他的人格魅力，感召着课题攻关团队，激发着参研人员坚决打赢攻坚战的激情。平时工作中，他严宽结合，每当课题攻关团队取得小许进展，他总是第一时间把祝贺送到；而当大家遇到“拦路虎”时，他一句激励的话语，又鼓舞起同志们攻坚克难的勇气。他以勤勤恳恳、兢兢业业、无私奉献的精神，鼓舞、感染和带动身边的人一同为研制液氧/煤油高压补燃发动机奋力拼搏。

2001 年，液氧/煤油高压补燃发动机燃气发生器－涡轮泵联动试验关键技术研究项目，获部级科技进步奖一等奖。

张贵田后来说：“学习国外先进经验、先进技术是最大的节约，不学习国外

1999年，发动机主任设计师李斌（前排右）向任新民院士（前排中）、张贵田院士（前排左）、雷凡培院长（后排）汇报工作

先进经验、先进技术，只顾自己埋头搞试验，那不知要花多少时间，付出多大代价！学习国外先进技术要采取分析的态度，要联系自己的实际，不要盲从。要善于在国外研究成果的基础上，有所发现、有所创新、有所前进，推导出准确的计算公式，应用到生产实践中去。液氧/煤油高压补燃发动机是在国外先进技术的起点上跨大步，走出了一条'短程线'，使我国液体火箭发动机的研制水平向前跨了一大步，可谓'走捷径''高速度'。"

2001年3月1日晚上，首都北京华灯初放，高楼大厦霓虹闪烁。中共中央总书记江泽民等中央领导步入"国家863计划十五周年航天技术领域成果展"展厅，"863"计划航天领域首席专家闵桂荣上前介绍说："我国攻克了新一代液氧/煤油高压补燃发动机关键技术和核心技术，已成为继苏联之后，世界上第二个掌握高压补燃技术的国家。"

"是第二个吗？"江泽民总书记问。

2001年，张贵田(左)在产品组装现场了解情况

“是第二个！”总装备部部长曹刚川回答。

“你们劳苦功高啊！”江泽民总书记高兴地说。

3.屡败屡战院士泪　攻克启动正果成

早在燃气发生器－涡轮泵联动试验之前，液氧/煤油高压补燃发动机的立项准备工作，也在如火如荼地进行中。经过多年的预先研究，发动机方案设计基本完成，燃气发生器－涡轮泵联动试验的成功，标志着我国初步掌握了新一代液氧/煤油发动机的核心技术和关键技术，液氧/煤油高压补燃发动机的工程研制已箭在弦上，工程立项被提上了议事日程。

1998年3月，屠守锷、梁守槃、梁思礼、张贵田四位院士联名给国防科工委主任曹刚川写了一封信，提出了《关于大型液氧/煤油发动机立项研制的建议》，摘要如下：

曹刚川主任：

……新一代运载火箭系列可以达到以下运载能力：近地轨道20吨、地球同步转移轨道8吨、太阳同步轨道10吨、月球轨道7吨、深空轨道6吨。这将与世界上现役的最大航天运载器相当或比之稍大，可以使我国的航天运载技术达到国际先进水平。

此外，由于液氧/煤油高压补燃发动机无毒和无腐蚀性，可以替代目前使用的四氧化二氮/偏二甲肼可贮存推进剂发动机，可从根本上消除其造成的环境污染问题，并且便于维护使用。

由于运载能力成倍增大，而液氧和煤油的价格又非常低廉，因而有效载荷的发射成本将大幅度下降。运载能力大、发射费用低和可靠性高的新一代运载火箭系列的研制成功，将使我国在国际卫星发射市场处于非常明显的优势。

在新一代运载火箭系列的研制中，发动机要先行。液体火箭发动机是运载火箭的心脏和技术基础，因此，应当立即组织开展百吨级的大型液氧/煤油发动机的研制。

这种液氧/煤油发动机采用高压补燃循环，具有很高的性能和可靠性（由于采用气/液喷注器，有效地抑制了高频燃烧不稳定性）。在国际上除前苏联掌握这种发动机的研制技术外，其他国家都不具备。美国正设法从俄罗斯引进此项技术。

我国于1990年从俄罗斯引进三台RD-120发动机，经过7年多的技术消化吸收，并在国防科工委的领导下开展高压补燃液氧/煤油发动机关键技术的攻关工作，以国产煤油做推进剂成功地进行了两次RD-120发动机热试车，完成了发动机方案设计。近期完成的液氧泵水试和富氧燃气发生器试件的热试表明，我国已基本具备了研制这种发动机的技术基础以及相应的新材料和工艺。1998年将完成涡轮泵系统联试，全面完成863计划“九五”期间的液氧/煤油发动机关键技术的攻关任务。再用两年时间，约2.3亿元研制经费，可完成百吨级液氧/煤油高压补燃发动机工程样机的研制工作。

应当指出，我国在大型液体火箭发动机的研制、设计、生产和试验方面具有十分丰富的经验和相当高的水平，因而能使长征系列运载火箭的主发动机和助推发动机保持百分之百的成功率。因此，可以深信我国完全有能力研制成功这种在国际上领先的大型液氧/煤油发动机，为我国新一代的运载火箭系列提供所需要的低成本、无污染、高性能、高可靠的推进系统。

综上所述，我们慎重地向国防科工委领导建议：尽快正式立项，开展大型液氧/煤油发动机的研制工作……

此致

敬礼!

屠守锷　梁守槃

梁思礼　张贵田

1998年3月

曹刚川非常重视这封来信，立即和有关方面进行磋商，以便使液氧/煤油高压补燃发动机工程及时立项。

1999年5月26日，国防科工委[①]副主任、国家航天局局长栾恩杰听取了液氧/煤油发动机研制情况的汇报。

2000年4月，国防科工委将液氧/煤油发动机立项报告呈送国务院。

5月，国务院正式批准液氧/煤油发动机工程立项。

9月7日，国防科工委、财政部联合行文，批复中国航天科技集团公司液氧/煤油发动机研制与保障条件建设项目立项。

11月25日，067基地召开了液氧/煤油发动机研制工作会，进行了研制立项揭牌仪式。陕西省委、省政府，财政部国防司、国防科工委、中国航天科技集团公司和总体院等有关领导参加了大会。

① 1998年4月，原国防科工委改组为总装备部后，另成立一个属政府部门的国防科工委。

至此，中国新一代大推力液氧/煤油高压补燃发动机终于“修得正果”，进入了国家科技计划的大盘子。

“雷凡培任第一责任人，谭永华任直接责任人，张贵田任技术总指挥。各厂所行政正职为本单位第一责任人……”

2001年2月16日，在067基地召开的工作会上，一长串责任人名单拉开了液氧/煤油高压补燃发动机研制的序幕……

“说千条道万遍，不如踏踏实实干一件。”雷凡培、谭永华、张贵田率领着攻关团队身体力行，脚踏实地，把自己融入了火热的研制液氧/煤油高压补燃发动机第一线——既当工程、技术指挥员，又当战斗员。在设计桌旁、装配台前、试验间里，每当大家遇到攻克技术难点的关键时刻，他们总是第一时间出现在现场，与参研人员夜以继日地并肩作战，分析试验数据，查找问题症结；哪里任务重，他们就出现在哪里；哪里有关键难题，他们就给大家撑腰鼓劲；当研制过程遇到设计、工艺、试验等技术资源需要调配时，他们总能及时、快速、果断地给予解决，为课题攻关组完成任务保驾护航。

经过夜以继日的艰苦鏖战，在发动机设计所设计人员的紧密配合下，发动机生产厂干部职工在液氧/煤油高压补燃发动机的研制中，攻克了多项关键工艺技术：

攻克了复杂结构喷注器钎焊工艺技术——

液氧/煤油高压补燃发动机推力室上的喷注器结构复杂，由内底、中底和数百个喷嘴组成，各零件之间采用了钎焊焊接，涉及的焊接材料有铜－铜、铜－钢、钢－钢。课题攻关组的同事们通过对喷注器各零组件焊接过程中的热应力、热膨胀特性、钎焊料的填缝机理等理论分析和相应的理化分析，从钎焊间隙、产品结构和钎焊参数等方面，制定了钎焊工艺方案和工艺参数。经过全尺寸模拟件的验证和喷注器的钎焊，这些工艺参数被证明合理、有效，满足了使用要求。

攻克了推力室铜－钢异种材料电子束焊工艺技术——

液氧/煤油高压补燃发动机推力室收扩段与扩展段内壁焊接，属铜－钢异种金属焊接。由于异种金属之间熔点、导热系数等的差别，研制存在连接强度低、气孔多、焊缝塌陷等问题。课题攻关组的同志们通过大量的工艺试验研究，完成了铜合金－双相钢异种材料焊接性分析试验，焊接工艺对接头力学性能影响分析试验等工作，采取调整优化电子束流大小、焊接速度等工艺参数，以及背面垫板保护的方法，解决了推力室收扩段与扩展段内壁间的铜－钢焊接难题。

攻克了抗氧化、耐高温的搪瓷涂层工艺技术——

涡轮泵燃气通道内表面要经受来自燃气发生器高温、高压、高速燃气气流的冲刷，工作环境恶劣。为保证涡轮泵工作的可靠性并提高其使用寿命，在涡轮泵燃气通道内表面要求喷涂抗氧化、耐高温搪瓷涂层。课题攻关组的同志们通过对搪瓷涂层成分、配比的研究，以及对制粉工艺、涂层工艺的研究，解决了抗氧化、耐高温搪瓷涂层喷涂工艺方法，通过大量的烧结工艺试验，摸索出了涂层的烧结温度，降低了烧结温度对基体材料的影响，消除了崩瓷和皱纹现象，完成了涡轮转子、涡轮静子、涡轮壳体以及燃气通道等产品零件的搪瓷涂层喷涂，达到了设计技术要求，并通过了试车试验。

攻克了复杂结构的螺旋槽加工工艺技术——

液氧/煤油高压补燃发动机推力室的5种零件都涉及螺旋铣槽加工工艺。螺旋槽在复杂型面零件上的槽深、槽宽、槽旋角度各不相同，传统的加工工艺无法解决。课题攻关组的同志们通过计算机三维造型和计算机模拟加工，摸索出了在复杂型面上铣加工螺旋槽的工艺方法；通过大量的工艺实践，掌握了加工的一系列重要参数；针对不同结构的螺旋槽，编制出了不同的加工软件，完善了加工设备，成功地解决了各种螺旋槽的加工工艺难题。

与此同时，多项关键工艺技术被各课题攻关组相继攻克——

新材料的工程化应用技术；

复杂结构推力室的铜-钢异种材料扩散钎焊工艺技术；

高强度不锈钢精密铸造工艺技术；

隔热抗冲刷复合镀层电镀工艺技术……

在研制液氧/煤油高压补燃发动机的那些日日夜夜，第一责任人雷凡培、直接责任人谭永华、技术总指挥张贵田，从型号设计、生产、试验一开始，就把大部分精力投入进去。他们不仅是领导者，更愿意用自己在设计、生产、试验、质量、安全等领域的专业知识和管理经验，直接与所、厂领导和一线科研人员交流，帮他们出主意、想办法，共同解决问题。在他们看来，液氧/煤油高压补燃发动机的研制生产容不得半点含糊。在每一项设计、生产、试验中，他们都要求参试的干部职工梳理研制资源，力求准备充分，确保无误。在生产过程中，要求大家严格按照程序做事，执行任务要精准；要开动脑筋，找窍门，提高工作效率；要严格遵守质量、安全管理文件，要有辨识发现问题和隐患的能力，决策要果断，命令要清晰，坚决保证每一个研制节点。

面对富有挑战性的液氧/煤油高压补燃发动机研制，以往的工艺技术和试验设备已远不能满足研制的要求。为了解决设计、生产、试验中的难题，他们不仅要对研制进行策划、确定方案，对研制实施过程等进行总体技术把关，而且要负责重大技术问题的决策。他们运筹帷幄，带领技术团队开展了开创性的科技攻关，用蚂蚁啃骨头的精神，终于实现了液氧/煤油高压补燃发动机核心技术和关键技术的重大突破。技术攻关成果的成功应用，确保了液氧/煤油高压补燃发动机整机研制的圆满完成，起到了不可替代的作用。

2001年4月15日，我国第一台液氧/煤油高压补燃发动机整机在067基地发动机生产厂总装车间诞生。

如同飞机的起飞和降落是飞机最难控制、也是出事最多的阶段一样，液体火箭发动机的启动和关机亦是最复杂、最易出问题的过程。尤其是启动过程，在零点几秒内，发动机的转动要从静止状态加速到每分钟几万转的高转速，燃烧组件要从几十摄氏度的环境温度达到三四千摄氏度的高温，启动过程的每个指令都必须精确到百分之几秒。任何一个环节设计有偏差，都可能导致发动机出现故障，甚至发生爆炸。

液氧/煤油高压补燃发动机的整机试车启动，从一开始就困难重重，启动问题仿佛一座云遮雾障的大山，令身陷其中的攻关团队，左突右冲，难以突围。启动问题久攻不克，一试就炸，研制人员使出浑身解数，也难以制服这只咆哮的“雄狮”。

从2001年开始启动整机试车，四次整机试车启动爆炸了三次，还有一次是以为要爆炸，提前实施了关机。试车台上的工作人员常说：不炸是石灰窑，炸了就是锅炉房。

2001年4月26日，液氧/煤油高压补燃发动机第一次整机试车启动，参试人员的心情之紧张可想而知。试车启动时的爆炸十分吓人，只听得“轰”的一声，先是一个黑球从台子上冒出来，接着从蘑菇云里喷出来一团大火，紧接着试车台旁边辅助设施的门窗被冲击波都掀得变了形，玻璃全碎了。

2001年7月25日，液氧/煤油高压补燃发动机整机第二次试车开始前，张贵田对液氧/煤油高压补燃发动机试车指挥员李伟民说：“临时要不要关机，你全权负责，不要商量，不管成与败，不要说责任，有什么责任我来担。液氧/煤油发动机是闭式循环，出事情很快，根本来不及商量和请示，你要当机立断！”

每一次整机试车启动时出现的情况都不一样，这一次出来一片通红的火光，李伟民迅速实施了关机。关机以后产品没有爆炸——正因为没有爆炸，不但保住了产品，而且还拿到了2.84秒的试车数据，为液氧/煤油高压补燃发动机转为初样研制做了铺垫。

让张贵田和研制人员不堪回首、身心俱疲的是，

9月28日，液氧/煤油高压补燃发动机整机试车启动过程第三次失败。

祸不单行！

12月6日的液氧/煤油高压补燃发动机整机试车又在启动过程中第四次失败了——厚达17毫米的高温抗氧化合金钢0.3秒左右就被烧穿，发动机支离破碎……

中午，饭厅的气氛凝重压抑。看到就餐的试验人员垂头丧气、满脸愁容、饭菜难咽的样子，张贵田挨着桌子一桌一桌地给大家做工作："失败是成功之母，千万别灰心丧气，我记得钱学森说过：'科学家不要以为遇上失败是坏事情，科学家往往与千百次失败结为伴侣。不要以为鲜花、掌声、赞扬是科学家的生活，不要以为自己从事的研究总能被人理解。'我希望大家不要怕，不要萎靡不振，胜败乃兵家常事，最困难的时候，也就是离成功最近的时候……"

张贵田的司机申连顺吃过饭，出了食堂，返身回到汽车旁。打开车门，刚坐进驾驶室，突然，他听到身后似乎有抽泣声。回头一看，张贵田不知什么时候已经坐在了后排，仰着头，身子靠着椅背，眼皮微合，满脸泪痕。

"贵主任，您怎么啦？"申连顺大吃一惊，"是哪儿不舒服吗？要不要去医院？"

"……"张贵田摇了摇靠着椅背的头。

"是不是身上哪儿疼得难受？"

"……"张贵田又摇了摇头。

"是不是老毛病又犯了？"

"……"张贵田再次摇了摇头。

"那你怎么流泪啊……"

"……我……我心里难受……堵得慌……"

"噢——"申连顺恍然大悟：贵主任是在为试车失败的事情伤心掉泪呢！

此刻的张贵田，竭力想抑制住泪水，可是，那颗颗闪烁的泪珠却仿佛是从心头一点一点绞出来，越凝越大，终于“扑簌簌”地滚落下来。他张开了嘴，想说点什么，然而泪水却又再次满溢，顺着脸颊滚落下来……

“贵主任，您别再伤心了！您70多岁的人了，千万要注意身体啊！”申连顺劝着张贵田，可自己的心头一酸，两眼仿佛也蒙上了一层雾，“您看您，刚才给大家说得头头是道——胜败乃兵家常事，没人了您就偷偷掉眼泪……”

“唉……你不知道科技人员的心态啊，液氧/煤油发动机就好像是我们的孩子，好不容易怀胎十月生下来了，结果却死了……要知道，那可是基地几千人十几年来没日没夜、苦熬苦战，智慧、心血和汗水的结晶啊……心头肉啊……心肝宝贝啊……搁谁谁心里不难过啊……唉咳咳咳……”张贵田说到伤心处，泪水奔涌，竟哭出了声来……

“贵主任，别哭了！别哭了……您要急出病来，我怎么给组织、给您老伴交代啊？再说了，液氧/煤油发动机研制正在这个节骨眼上，您病倒了可不行啊……”

“……噢噢……你说得对……”

众人眼中的张贵田，或温文尔雅、和蔼可亲；或威严冷峻、坚定顽强；或幽默风趣、谈笑风生。

然而，这并不是全部的张贵田。还有另一个不容易见到的张贵田，这就是至情至性、奔放不羁的张贵田。他也曾泪水涌动、悲不自胜……

在那“黑云压城城欲摧”的日子里，液氧/煤油高压补燃发动机整机试车启动过程连续四次失败，似黑云阵阵，压得发动机研制人员抬不起头来，直不起腰来；似恶风嗖嗖，呛得发动机研制人员喘不过气，迈不开步来……

不了解研制情况的人们开始怀疑：接二连三的爆炸，靠我们自己的力量，液氧/煤油高压补燃发动机到底能不能干下去，能不能实现点火启动？集团公司的领导也在不断地询问、指示，上上下下、左左右右的无形压力，让研制人员的头比斗大，心似油煎。失落的表情挂在脸上，失败的阴影撞击着心扉，吃饭不知道啥滋味，夜里更加睡不着觉，辗转反侧，一睡着就梦见发动机试车爆炸，火光冲天，浓烟滚滚……

基地领导在各种场合给情绪低落的攻关团队撑腰鼓劲。

基地主任雷凡培说：“研制中遇到困难是正常的，没有困难才不正常。国家花那么多钱搞立项研制，就说明有困难、有风险。大家要坐下来冷静分析、研究，要树立雄心壮志，要树立战胜困难的勇气。”

基地党委书记戴证良说：“当年研制东风五号

导弹发动机初期，失败的次数也很多。那还是开式循环，现在搞的是闭式循环，比那时的困难不知要大多少倍。我们要有充分的思想准备，不达目的，誓不罢休！”

基地副主任谭永华说：“失败可遇不可求，当失败出现的时候，就应该在失败中成长起来。对于负结果，我们既不沮丧，也不漠然处之，而是应该分析研究，打破砂锅问到底。天无绝人之路，有路无路在人。从某种情况看，失败也是一种财富，要善于从失败中孕育成功。只要我们找出问题的症结和解决问题的方法，就不会重蹈覆辙，负结果就会引出正结果来。”

张贵田院士激励大家说：“液氧/煤油高压补燃发动机，我们是第一次接触，补燃循环是第一次采用，自身启动也是第一次研制，启动是目前最难的技术关键。发动机的研制是一个从设计、生产、试验到再修改设计、再生产、再试验……直到成功的螺旋式上升的认识过程。这是铁的客观规律。从俄罗斯、美国到欧洲航天局，他们哪一款先进的发动机不是从无数次失败挫折中诞生的？面对挫折和困难，我们决不能因此丧失信心。首先要认清闭式循环和开式循环的区别，改变设计的思维模式，最后解决问题的不是别人，正是我们自己。只要我们坚持下去，锲而不舍，金石可镂。液氧/煤油高压补燃发动机就不会在我们手中成为遗憾！而将会在我们手中光荣诞生……”

基地领导三番五次苦口婆心、入情入理的动员和鼓励，使攻关团队放下了包袱、开动了机器，鼓起了干劲、开拓了思路。大家心往一处想、劲往一处使、汗往一处流，互相支持、互相协作、互相体谅，坚持全局一盘棋、一条心、一个目标，荣辱与共，共渡难关。

张贵田、谭永华召集相关的专家、学者开分析会，群策群力查找问题的根源。

为了找到启动问题的症结，在与发动机设计所所长栾希亭的组织领导下，李斌、刘站国、张小平等与发动机设计所的领导和设计人员，放弃了和家人相伴的快乐，一心扑在工作上，千方百计收集资料，绞尽脑汁寻找故障的症结，利用数字模拟技术模拟出启动失败和爆炸的过程……经过半年夜以继日的艰苦攻关，设计师们经过深入的研究，终于找到了启动问题的根源：一是补燃循环这种闭式系统在启动过程中对各组件的协调性要求特别高，必须对推力室和燃气发生器的压力上升过程进行精确的设计；二是启动过程中的涡轮泵要从静止上升至每分钟两万转的高速，上升过程的效率与额定值相差很大，与国内外资料相比有较大的差别；三是由于液氧/煤油非自燃推进剂，其点火过程与额定工况的燃烧过程差别也很大，这些因素导致仿真结果偏差；四是前几次试车中，流量调节器和推进剂节流阀等控制启动关键组件与设计预期有较大差别。

在找出启动问题的根源之后，设计师们提出了多种新的启动方案。攻关团队通过大量的仿真模拟，对各种方案和程序的组合进行对比和优化后，最后选定了最理想的启动方案和启动程序，并改进了流量调节器和推进剂节流阀，开展了多项冷调试验，吃透了发动机启动过程的各种细节，做到了心中有数。为了确保方案的正确性，中国航天科技集团公司召集国内液体火箭发动机的相关专家，对方案进行了审查。至此，攻克液氧/煤油高压补燃发动机启动难关的工作迈出了可喜的一步。

为了生产出高水平的液氧/煤油高压补燃发动机的启动零、组件，发动机设计所的设计师们和发动机生产厂的干部职工，牺牲业余时间，奉献出了一个个夜晚，放弃了一个又一个节假日，向发动机倾注了火一样的热情。“白加黑”“夜总会”“5 + 2”……这些带有浓重航天色彩的工作状态，对攻关团队来说如同“家常便饭”。

绞尽脑汁，集思广益，独辟蹊径，一个个绚丽的创新“亮点”，在研制的各个阶段掀起了阵阵波澜。大家忘记了疲劳，只有责任装在心中。靠着顽强拼搏、

2002年5月，张贵田与工艺人员研讨液氧/煤油高压补燃发动机涡轮泵壳体加工质量问题

严谨务实的工作作风，大家攻难关、夺险隘，对零、组件的攻关进行了深入细致的分析和大量计算，对关键技术分别进行单项论证和技术攻关。正是在这种孜孜不倦、严肃认真的态度和精神下，终于保质保量地为第五次整机启动试车，生产出了一台新的液氧/煤油发动机。

春夏之交的秦岭深处，天湛蓝湛蓝，试验台旁的安河水亮丽如绸，清澈见底，在崇山峻岭之间穿行着；山野中的空气散发着野花和农作物的芳香气息；杜鹃站在白杨树的枝头，发出圆润、甜蜜、动人心弦的鸣啭……

2002年4月22日，经国家批准，067基地正式更名为“航天推进技术研究院”，代号为“中国航天科技集团公司第六研究院”。

经过5个多月的艰难攻关和技术改进，液氧/煤油高压补燃发动机整机启动试车的日子终于来到了。

这是一个值得纪念的日子，新命名后的航天推进技术研究院，将要进行艰苦攻关后的重大里程碑式的试验；这是一个令人难忘的日子，攻关团队心血和智慧的结晶，将再次经受考验。

5月16日14点45分，在安河畔的试车台上。发动机试验所的同志们，经过日夜鏖战，为液氧/煤油高压补燃发动机第五次整机启动试车做好了一切准备。

身穿白色抗静电工作服的张贵田神情严肃地坐在指挥控制大厅，带着一种胜券在握的神态。

几十年来，张贵田积累了丰富的实践经验，形成了独特的工作作风——在工作中不断地发现问题，研究问题，并上升到理论，再去指导实践，提出解决问题的办法。所以，每次发动机试车，有张贵田院士"坐镇"，攻关团队就感觉心里踏实了很多。

"开车！"随着指挥员一声令下，发动机爆发出雷鸣般的吼声——启动平稳，工作正常。发动机按程序关机，启动过程与仿真结果完美吻合，试验获得圆满成功。

"啊！成功了！"

"终于成功了！"

"太令人振奋了……"

观察室里爆发出一阵阵热烈的掌声，人们欢呼着，跳跃着，拥抱着。张贵田和大家一样，沉浸在无比激动的氛围中……他的眼睛被喜悦的泪水模糊了……

液氧/煤油高压补燃发动机整机启动试车的成功，标志着我国掌握了该发动机研制的核心技术和关键技术，成为世界上第二个成功掌握此项技术的国家。它采用的多项技术达到了世界先进水平，我国首次在液体火箭发动机研制中采用的启动过程仿真技术也得到了工程验证。本次启动试车是我国液体火箭发动

2003年12月，液氧/煤油高压补燃发动机试车前，张贵田在检查工作

机研制史上一个重大的里程碑，我国航天动力技术从此跨入了补燃时代。

张贵田深有感触地说："整机启动试车成功最大的收获并不仅仅在于技术上的突破，而是这支团队的成长。很多的设计、计算、工艺、试验都是在填补国内空白，我们没有任何经验可以借鉴，唯一能够依靠的是我们这支攻关团队雷打不动的信心、脚踏实地的苦干和对于成功的渴望。正是这些品质带我们走出了每一个困境。而这些年轻的设计师、工艺师、生产工人和试验人员也凭借着自己的才华与努力，正在成为我们液氧/煤油高压补燃发动机研制的重要力量。有这些人在，一切就有希望……"

4. 发动机强心壮骨　试车台连过五关

如果说发动机是运载火箭的"心脏"，那么，涡轮泵就是发动机的"心脏"。由于高速运转，涡轮泵的故障占液体火箭发动机故障总数的60%以上。

刚刚攻克了液氧/煤油高压补燃发动机启动难

关的攻关团队，又遇上了研制涡轮泵的难关——它像一座大山，横亘在他们的面前……

在一次试车中，随着指挥员一声“开车”令下，液氧/煤油发动机像一条发怒的狂龙，喷出了一股熊熊的烈焰，发出了惊天动地的轰鸣。几十秒钟过后，试车台突然浓烟翻滚，火舌奔腾……

紧急关机！涡轮泵被烧得“焦头烂额”。研制人员仔细地查看被烧伤的每一个部位，详细地分析每一个参数。

院长雷凡培，党委书记兼副院长谭永华，科技委主任张贵田，发动机设计所所长栾希亭、副所长李斌，发动机生产厂厂长尹宝宜、副厂长罗维民，发动机试验所所长史峰章等领导、专家和设计、工艺、试验人员一道，数次召开“诸葛亮会”交换意见，分析事故原因。

大家经过多次认真分析，认为事故原因是密封材料破裂和喷涂材料脱落。

于是，攻关团队从材料配方、结构设计、加工和热处理工艺等多方面入手，采用了纳米技术等多项最新技术成果。改进后的密封材料工作可靠，成功通过了低温试验及发动机热试车的考验。

试验进入高潮后，很快又跌进了谷底。随着试车时间的延长，自动器的技术问题暴露出来。障碍，像一道道关卡，横在攻关团队的面前，刻在他们的心头。

自动器是发动机工作的核心，堪称发动机的“大脑”和“神经”。2004 年 7 月，第 21 台发动机第二次试车时启动过程失控，导致试车失败。为了查找事故原因，攻关团队进行了启动过程的模拟，通过仿真技术复现了故障过程。原来是自动器的关键部件——流量调节器阀芯卡滞。为进一步确诊，攻关团队又开始了有针对性的冷调试验，经过连续十几天的日夜鏖战，在一个试验的噪声和蛐蛐的叫声交织在一起的夜晚，终于查明了事故原因。

随后，攻关团队采取了多项改进措施，新状态的流量调节器诞生了。试验表明：液氧 / 煤油高压补燃发动机的“大脑”更加“清醒”，“神经”更加“敏锐”了。

2005 年 10 月 30 日 12 点 16 分，在终南山抱龙峪试车台上进行了液氧 / 煤油高压补燃发动机首次 300 秒长程摇摆试车。发动机启动、转机、工况调节、摇摆均正常，按预定程序工作 300 秒后正常关机，测量参数全部获得，试车数据与仿真计算吻合，试车获得圆满成功，为该型号发动机转入试样研制阶段奠定了坚实的基础。国防科工委主任张云川，陕西省省长陈德铭，西安市市长孙

2005年9月5日，液氧 / 煤油高压补燃发动机试验前，张贵田（中）与设计人员一起检查产品质量

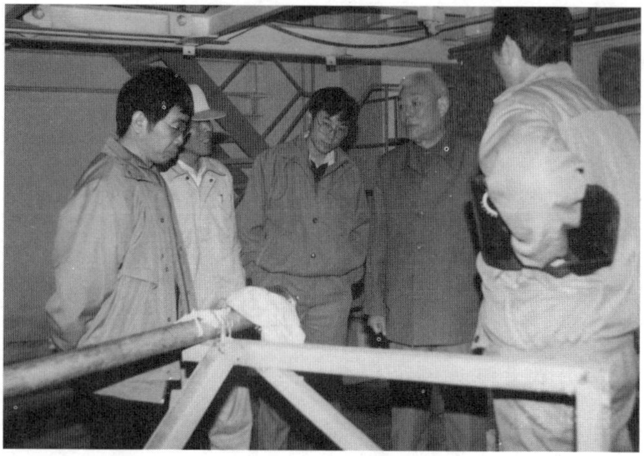

2005年，张贵田（右二）与科研人员在发动机试验现场研究技术问题

清云，中国航天科技集团公司总经理张庆伟、副总经理雷凡培，以及新一代运载火箭“两总”系统领导等莅临抱龙峪试车台指导试车，并对试车的圆满成功表示热烈祝贺。

2007年，随着我国新一代大运载火箭——长征五号立项，火箭总体对发动机的要求更加明确。在一次摇摆试车中，伺服机构与发动机所组成的回路中发现了6赫兹的低频振动。这一频率极易与火箭的固有频率耦合，产生低频谐振，影响箭体的飞行控制。其后果轻则导致箭载设备受损、人员不适，重则造成火箭失控，甚至星箭俱毁。各级领导、专家高度关注，并要求一定要想方设法解决问题，避免出现低频谐振。

于是，谭永华院长、张贵田院士带领攻关团队，苦熬苦战，呕心沥血，分析、计算、设计、加工、试验、总结……那段时间，攻关团队在拼命。他们知道，无论多么小的关卡，如果迈不过去，都将前功尽弃！

历时四年攻关，通过测量、模态试验、仿真模型，设计与试验相互反复验证等，攻关团队最终确定了机架与发动机的布局方案。

发动机生产厂厂长魏超在总装车间开装会上表示："机架和发动机生产，关系着低频谐振问题的真正解决，火箭总体单位领导、院领导高度重视，意义深远，责任重大。我们对这台液氧/煤油发动机的质量要严格苛求，要做到不放心时，眼见为实；拿不准时，采取措施；有隐患时，推倒重来。确保发动机装配一次合格，无遗留问题。"

在2008年8月的一次试车中，"拦路虎"6赫兹解决措施的有效性得到验证，火箭总体单位予以高度评价。此次试车被誉为发动机机构设计由静态转为动态的一个里程碑。

披星戴月，坚韧不拔，过关斩将，风卷红旗，一座座顽固堡垒在攻关团队的群体智慧和力量面前土崩瓦解，分崩离析。航天人已经看到了"明珠"在前方不远的地方闪耀——

2008年12月，首次飞行状态液氧/煤油高压补燃发动机试车成功；

2009年1月，单台液氧/煤油高压补燃发动机实现2000秒试车；

2009年6月，第100次试车获得成功；

2012年5月，120吨级液氧/煤油高压补燃发动机项目通过了国防科工局组织的国家级验收；两个月后的7月29日，120吨级液氧/煤油高压补燃发动机在极限环境下试车成功，中央电视台向全球进行了现场直播，在国内外引起了强烈反响。继俄罗斯之后，我国成为世界上第二个完全掌握液氧/煤油高压补燃循环液体火箭发动机核心技术的国家。

……

在此期间，15吨级、18吨级新型高空液氧/煤油高压补燃发动机也在同步推进，于2002年10月开始研制。

在一次试车中，出现了低频脉冲问题，大家一筹莫展。讨论会上，张贵田说："这个问题，最大的可能，我认为是出在系统上，单向阀流阻太小，导致系统不稳定。"经他这样一点拨，大家恍然大悟。一查，系统参数低频脉动问题，果真是由于系统中的单向阀不稳定造成的。

经过十多年的呕心沥血，艰苦攻关，18 吨级新型高空液氧/煤油高压补燃发动机研制捷报频传。该发动机的研制成功，为实现液氧/煤油高压补燃发动机系列化，形成全液氧/煤油火箭打下了坚实的基础。它也是我国首个完全独立自主研制的上面级液氧/煤油高压补燃发动机。

在谈到液氧/煤油高压补燃发动机 20 多年来的研制体会时，张贵田深有感触地说："一是为我国新一代火箭发动机设计、生产、试验培养了一大批技术人才，就拿液氧/煤油发动机设计室——八室来说吧，从 1992 年董锡鉴担任第一届室主任起，到杜天恩、魏超、李斌、刘站国、陈建华。现在，这些同志大部分在重要岗位上担任领导职务。二是锤炼出了一支敢拼、敢闯，敢打硬仗、善打硬仗的研制攻关队伍。面对风霜刀剑，急流险滩，这支队伍攻艰历险，集智创新，终于取得了举世瞩目的成绩。"

张贵田说："在液氧/煤油发动机研制攻关的道路上，荆棘遍地，关隘重重。正如宋朝杨万里所言：'莫言下岭便无难，赚得行人空喜欢。正入万山圈子里，一山放过一山拦。'不要以为下了一个山坡就是一片坦途，一劳永逸，实际上我们进入了一个万山的圈子——一山放过一山拦。我们只有一往无前，万难不屈，翻过一座又一座大山，才能到达目的地……"

液氧/煤油高压补燃发动机的研制工作在突飞猛进，而研制生产条件却成为研制工作的瓶颈。现有设备、厂房、试车台都无法满足研制生产的需要。于是，在中央和有关部委的大力支持下，一个关于保障条件建设、打通研制生产线的方案逐步形成，其中亚洲最大的液氧/煤油发动机试车台成为基础设施建设的重中之重、急中之急。

在发动机试验所试车台的建设中，曾经流传着一段“连过五关”的佳话——立项关、选址关、震动关、地质灾害关、进度关。

2000年9月7日，在终南山抱龙峪建设液氧/煤油高压补燃发动机试车台的项目，获得了国家的立项批准。

选址人员跋山涉水，在秦岭北麓——终南山100多千米的十几个深浅山沟，留下了他们的足迹。经过现场勘察、选址评审，最终确定了抱龙峪为发动机试车台的首选地址。

抱龙峪试车台工程建设开始后，为了把试车台建成百年大计工程，使试车台更加结实牢靠，张贵田不顾年近七旬的高龄，一步一步爬到山顶，为建立水槽护坡平山头出谋划策。司机申连顺劝他：“贵主任，上山没路，坡陡岩滑，十分危险，您就别去了。”张贵田笑着说：“伟人不是说过吗，地上本来没有路，走的人多了，就成了路。”申连顺一看挡不住，就拉着他上去。山坡太陡，上不去，要连跪带爬向上攀登。看着他满头大汗、气喘吁吁的样子，申连顺埋怨道：“叫您别上，您偏不听！看累成这样！”张贵田又笑道：“我不勘察山上的实际情况，不掌握第一手资料，心里就不踏实啊！”

正当试车台建设按预定计划进行时，2002年

"五一"黄金周的一场大暴雨，却将抱龙峪试车台建设推到了风口浪尖。在开挖第一级8米高边坡的第二天，边坡的岩石突然出现裂缝、错位和局部滑塌现象，而连日大雨，导致高边坡裂缝增大，出现了较大规模的滑塌。

工地发生滑坡以后，张贵田更加关心抱龙峪试车台的建设。他没有埋怨过任何人，而是和大家一起讨论解决问题的办法——劈山，清理石头；靠河的地方建立护坡，下面打桩子；靠山的一面打锚索，把钢索的一头打到山里面去，再胀开固定在里面，外头则固定在钢板上。他积极想办法，非常民主，听取不同的意见……

那时候，离试车台工地还有一段路没有修好，汽车不能过去。张贵田就让申连顺把车停在下面，自己走上去看。几个小时后回来，张贵田的膝盖、裤腿上都是泥巴，皮鞋成了两团泥疙瘩，小腿青一道、红一道……

2005年1月4日，国防科工局要来验收抱龙峪试车台，这时候有同志突然发现了一个问题——因为试车台早期装配的时候没有固定导管的工装，有一条管路偏了4毫米，怎么办？这时候发动机已经装在试车台上了，如果这4毫米的问题解决不了，只能把发动机拆下来拉回去，那春节前就试不了车了，功夫就白费了。时间紧迫，大家都很着急。

2006年，张贵田（右二）和中国航天科技集团公司驻俄罗斯办事处主任、留苏同学曹中俄（左三）在发动机试验现场

正当大家一筹莫展的时候，张贵田来了。他详细了解情况后，沿着试车台的铁梯子往上爬。大冬天，西北风“呼呼”地刮着，铁梯子上结了一层霜，非常滑。大家都劝他不要上去，太危险，可他执意要上去察看现场。到台上后，张贵田发现，台子上的管路只有两根。因为比较长，他又仔细观察，发现卡箍可以加厚，通过卡箍的厚薄来调整，这样就可使管路偏移3毫米到4毫米。这种细致入微的观察，让现场的很多同志钦佩不已。张贵田对大家说，尽量不要动已经装好的发动机，流量压力调整过了，试车台也经过了冷调，尽量不要调整管路，空间有间隔的，寻找可以调动的空间。他还请试车台的同志在冷调的基础上，好好地在数据上验算一下。后来试车台的同志经过计算，证明影响不大，张贵田对此还不放心，他又非常仔细地追问这个“不大”到底是多少。直到后来他亲眼看到数据，才放下心来。

在建设液氧/煤油发动机试车台的那些日子，雷凡培隔三差五地往试车台跑。他对发动机试验所领导史峰章、左洪书、雷茂长、来代初的话语里透着压力和责任。张贵田也语重心长地说：“集团公司总经理张庆伟‘要把液氧/煤油发动机试车台建成国际一流的试车台’这句话，是我们的建台标准，也是鞭策我们的强大动力。抱龙峪试车台必须打破常规，紧跟世界航天试验技术发展的最前沿，要通过超前的设计和缜密的考虑，把试车台建成技术一流、设备一流、亚洲第一的试验区。”

发动机试验所的同志们没有让组织失望，他们在液氧/煤油高压补燃发动机研制试验中，先后攻克了发动机启动技术、煤油系统抽真空技术、双机并联试验技术等多项关键技术，为试验任务的顺利完成提供了保障。

2007年7月30日上午，古城西安的后花园——终南山北麓的抱龙峪，“天忽作晴山卷幔，云犹含态石披衣”。

此刻，亚洲最大的液体火箭发动机试车台正在做液氧/煤油高压补燃发动机试车前的最后准备。观察室内，陕西省省长及众多来宾在航天推进技术研究院院长谭永华、科技委主任张贵田和所、厂领导的陪同下，翘首以待那夺人心魄、撼天动地的热试车。

随着指挥员一声“开车”令下，液氧/煤油高压补燃发动机雷霆万钧的吼声，使天地间所有的声音为之逊色，似山崩地裂，似惊涛扑岸，似火山爆发。发动机喷出的熊熊烈焰与“哗哗”的导流槽水相遇后，变幻出一团团橘黄色、乳白色的烟云，袅袅升空，与蓝天、白云、青峦相辉映……

50秒……100秒……300秒……600秒！

发动机关机。热试车获得了圆满成功！

观察室里，来宾们赞不绝口：

“气魄！壮观！真可谓惊天地、泣鬼神啊！”

“百闻不如一见，大开眼界，不虚此行！”

“嘿，航天推进技术研究院，藏龙卧虎之地……”

当陕西省省长赞扬航天推进技术研究院圆满完成液氧/煤油高压补燃发动机热试车任务，为祖国和人民又立新功，为共和国献上一份厚礼时，全场爆发出一阵热烈的掌声……

为了这神圣一刻的到来，航天推进技术研究院一万多名干部职工为之奋斗了20多年，与严寒酷暑斗，与艰难困苦斗。没有人知道，他们洒下了多少辛

液氧/煤油发动机长程试车成功

勤的汗水、放弃了多少休息、割舍了多少至爱亲情、忍受了多少病痛折磨、克服了多少难以想象的困难。这一刻，他们的付出终于获得了回报。

2012年5月27日至28日，国防科工局胡亚枫副局长带队在航天推进技术研究院组织进行了120吨级液氧/煤油高压补燃发动机研制项目验收会，来自国防科工局、省国防工办、中国航天科技集团公司及所属院所，以及哈尔滨工业大学、北京航空航天大学、西北工业大学等单位的专家，达成了一致通过验收的最终意见。这也意味着，液氧/煤油高压补燃发动机可以从工程研制向工程应用迈进，将成为中国未来实施载人航天、月球探测、空间站等工程乃至执行深空探测任务的重要动力。

我国此前发射的神舟系列运载火箭的主发动机单机推力都是75吨，随着我国航天事业的发展，这种推力的发动机已不能满足深空探测的需求。120

2010年11月，张贵田在液氧/煤油发动机前留影

2010年，张贵田（中）和11所所长李斌（右）、11所八室主任陈建华（左）在讨论技术方案

吨级液氧/煤油高压补燃发动机的研制成功，填补了我国补燃循环发动机的技术空白，使我国成为继俄罗斯之后，世界上第二个掌握高压补燃循环液氧/煤油发动机技术的国家，实现了从常规有毒推进剂开式循环液体推进技术，到绿色无毒推进剂闭式循环液体推进技术的巨大跨越。未来，它将替代现用常规动力发动机。

世界科技发展的实践告诉我们，一个国家只有拥有强大的自主创新能力，才能在激烈的国际竞争中把握先机、赢得主动。特别是在关系国民经济命脉和国家安全的航天领域，真正的核心技术、关键技术是买不来的，必须依靠自主创新。只有这样才能抢占到航天科技发展的“制高点”和前沿阵地，才能为落实国防科技发展战略奠定坚实的基础。

航天推进技术研究院在研制液氧/煤油高压补燃发动机中获得了大量的研

究成果，部分研究成果申报了国家和国防专利，其中已经申报并获得批准的省部级以上奖励和国防专利成果 6 项。

张贵田对液氧 / 煤油发动机情有独钟。早在莫斯科留学时，他的毕业论文就是有关液氧 / 煤油发动机的。一分耕耘，一分收获。如今理想成为现实，液氧 / 煤油发动机研制成功了，怎不令他感慨万千！

追赶型和赶超型是两种截然不同的发展途径。追赶者的技术轨道是由先进者主导，所以两者之间的差距可以缩小，但后者却永远无法比肩或超越前者；而赶超者是独辟蹊径，通过引进、消化、吸收和再创新，完全主宰自己的命运，在科技前沿站稳脚跟，并以扬长避短的方式保持技术进步的发展势头。液氧 / 煤油高压补燃发动机研制成功的事实有力地证明：只有披荆斩棘，独立自主地闯出一条新路，从仿制、追赶的轨道上拼杀出去，才能奔上赶超世界先进水平的康庄大道。

更令张贵田备感欣慰的是，120 吨级液氧 / 煤油发动机，已经成为长征五号、长征六号及长征七号等新一代运载火箭的主动力。对于他来说，120 吨级液氧 / 煤油发动机已成为他人生中最为耀眼的闪光点。

火箭发动机专家任新民（左）和张贵田（右）亲切交谈

张贵田

张贵田院士传记

Academician Zhang Guitian's Biography

第九章

好丈夫太空趟路
贤内助保驾护航

共同的理想，共同的追求，成就了一对事业伉俪。50 多年的同甘共苦，张贵田与夫人郁畹兰演绎出令人称道的“好丈夫太空趟路，贤内助保驾护航”的爱情故事。

张贵田和妻子郁畹兰相知相恋，贵在求真；相亲相爱，贵在知心。结婚50多年来，张贵田有做不完的工作，想不完的问题；郁畹兰在单位是不让须眉的技术尖子，在家中是独当一面的贤妻良母，操持家务，相夫教子，无怨无悔，不愧为丈夫的贤内助。在张贵田为航天液体动力事业拼搏奉献的背后，有着郁畹兰这位贤内助的保驾护航。

1. 两情若是长久时　又岂在朝朝暮暮

张贵田和郁畹兰是1961年6月经人介绍认识的。

几次见面之后，郁畹兰从张贵田的身上不仅看到一种男性的力量，还感受到一种醇厚的文化修养和优雅的气度。郁畹兰看得出来，这个帅气的军人身上有着一股远离世俗、与众不同的气质，而没有那种把金钱、地位看得异常重要的俗气。他渊博的学识、幽默的谈吐、豪爽的性格，让郁畹兰心潮澎湃，仰慕不已。他言谈举止中透着一种单纯的真情，对她充满了热望，充满了真爱。而郁畹兰那开朗而不失深邃，飒爽而不失文雅、贤淑而不失干练的性格，给张贵田留下了极其美好的印象。二人颇有一见如故、相见恨晚之感。相似的情趣、合拍的思想、共同的爱好，使他们相处得十分投机。

年轻时的郁畹兰

郁畹兰在天津的河北省科学院原子能研究所上班，张贵田在北京南苑航天大院上班，两人都非常忙。那时候，张贵田正把自己全部的精力，投入到我国第一个真正甩掉洋拐棍，完全独立自主、自行研制的中程液体导弹——东风三号导弹发动机的设计制造中，工作非常紧张。两人常常是几个月也难得见上一次——他们只能在梦里相见。

一年过去了，又一年过去了。

“张贵田，怎么还不结婚？我们等着喝你的喜酒呢，要等到啥时候呀？”

“张贵田，抓而不紧，等于不抓啊！”

“张贵田，‘花开堪折直须折，莫待无花空折枝’！”

同志们、同学们似乎比张贵田本人还着急。

两年多的爱情长跑，张贵田和郁畹兰的感情日深，两颗心越挨越近——这大概就是人们常说的缘分吧。张贵田和郁畹兰之间没有虚情假意的伪装，没有客套的礼节，没有山盟海誓，没有定金彩礼，没有对财产的要求，也没有对对方地位的界定……总之，一切都是在两人一见钟情的意愿中进行的，有一种顺其自然、水到渠成的惬意。

“咱们结婚吧！”张贵田说。

“随你！”郁畹兰说。

结婚的日子定于1963年5月10日。

1963年5月，张贵田和郁畹兰结婚照

婚结得很朴素，没有任何排场——新房原来是一间单身宿舍，空空的四壁贴几张喜字，添了些喜气，两张单人床合在一起，原来的被褥上，套了一层新的被套。结婚头一天晚上，买了一包水果糖、一包花生、一包瓜子、一条“大前门”香烟。结婚当天举行了一个简单的结婚仪式，很热闹，张贵田还在大伙的起哄下，和郁畹兰简单转悠两圈跳了个舞。张贵田没有送郁畹兰什么贵重的礼物，只送了她一本《毛泽东选集》，两人都相信，真正的爱情，不是“飞鸽牌”，而是“永久牌”。

郁畹兰是原子能研究所第七研究室的副主任。那地方叫坨里，到张贵田工作的北京南苑航天大院要坐四个半小时的汽车，郁畹兰每次回一趟家都很辛苦。结婚以后，郁畹兰每次星期六下午到张贵田那里去，都要提早下班。不过只要郁畹兰回来，不管下雨、下雪，张贵田都会在北京南苑的汽车站接她，星期一清晨四点多钟又到汽车站送她回单位。

两人结婚以后工作都很忙，一直没有调在一起。1964 年春天，郁畹兰怀孕后反应厉害，吃啥吐啥，在同志们的照顾下，每天只能喝点稀饭。“三八”妇女节那天，郁畹兰感觉怀孕反应好了一些，她饿得不行，便跑着到街上去买东西吃，结果孩子没保住，还被医生勒令卧床休息。单位请了一位打扫楼道的清洁工照顾她，但张贵田却难见身影。

很多人不理解地问她，你爱人怎么不来看你？郁畹兰知道，身为副主任设计师、负责东风四号火箭发动机设计工作的张贵田，把工作看得很重。理解他的郁畹兰并没有生他的气，而是替他解释——他工作太忙了，脱不开身。张贵田为此对郁畹兰深怀歉意：真是对不起你，不是我不想来看你，实在是工作太紧张了。每次休探亲假到郁畹兰那里，他都会很积极地干这干那。

郁畹兰所在的第七研究室要扩编成一个研究所，就另找了一处作为所址——太原附近、建成后又下马的半导体研究所，并命名为原子能第七研究所，对外称华北卫生研究所。当时单位有一个规定，凡是爱人在北京的一律不予照顾。领导一声令下：任何人都不能讲特殊条件，1965 年年底左右全部迁到太原！

北京火车站。

张贵田送即将去太原工作的郁畹兰。

时值隆冬，彤云密布，朔风凛冽，雪片纷飞。

“本不想让你来送我的，你那么忙。可我又没法拒绝你送我。”妻子郁畹兰说。

“没法拒绝我，是因为你心里有我；我一定要送，是因为我心里有你。你这

张贵田夫妇在天安门广场留影

一去太原，相隔近千里，我们见面的机会就更少了，你一个人在那里工作，一定要照顾好自己。我要有机会，一定会去看你的。”张贵田说。

“嗯，我知道了，你也保重。”上车放好行李后，离开车还有十来分钟，郁畹兰催张贵田快下车，别车开了人还在车上。张贵田这才走下车，站在月台上，深深望着车箱中的妻子。雪花大似梅花，密密地飘着，裹挟着北风从站台外刮进来，打在脸上，冰冷冰冷的。张贵田毫不在意，他只想多看郁畹兰几眼。

怕张贵田冻着，郁畹兰扬着手，示意他回去。张贵田笑笑，摇摇头，依然一动不动地站在风雪里。两双眼睛相互望着。

“还不走，要冻感冒的。”郁畹兰说着，眼里噙满了晶莹的泪花。

“等车走了我再走。”张贵田说着，眼睛也仿佛蒙上了一层雾。

火车开始鸣笛启动，张贵田朝火车追过去。车窗里探出一只动情的手臂，频频挥动着。列车越开越快，那挥动在外的手臂慢慢变得模糊起来，最后和列车一起消失在风雪中……张贵田踉跄了几步，颓然停下，莫名地伤感起来。北风依然“呜呜”地鸣叫着，漫卷着雪花在空中飞舞。

从此，张贵田和郁畹兰为了各自热爱的事业，分居两地，如同牛郎织女一样，一年才能见上一面。他们之间的夫妻感情，像日常生活一样，平淡无奇，却淡而弥永，久而弥笃。

1967年，郁畹兰又怀孕了，而且有先兆流产的症状。大夫说，一定要好好保养，千万要小心。因为郁畹兰在太原一个人生活，没有自己的房子，只能住在集体宿舍里，没有家的感觉。一个叫康永钰的女同志热心地对郁畹兰说：“你别一个人到食堂打饭吃了，食堂远，来回颠簸不安全。你干脆住到我家吧，虽说是粗茶淡饭，但吃着可口……”

于是，郁畹兰充满感激地住到了康永钰家，一直到预产期临近，才回到北京。因为张贵田在北京也是一个人生活，同样住在集体宿舍里。郁畹兰坐月子连一间房子都没有，怎么办？张贵田东找西找，急得像热锅上的蚂蚁。东风三号导弹发动机主任设计师马作新是个热心人，对张贵田说："现在哪里有空房子？我看这样——郁畹兰要坐月子，你俩就住在我家里吧！"

1967年12月18日，女儿张郁出生了。张贵田既要工作，又要照顾郁畹兰母女。在单位刚放下设计图纸的笔，回家又端起了洗尿布的盆。虽说忙得脚不着地，但一看到女儿那张红彤彤的脸蛋，再苦再累也不觉得。

"贵田，孩子哭了，可能是尿了！"正在热牛奶的郁畹兰说。

"好，我来换尿布。"张贵田说。

"贵田，我饿了。"半夜，郁畹兰说。

"好，想吃啥我给你做！"张贵田爬起来说，"煮挂面打荷包蛋，一会儿就好……"

有一次，张贵田回来晚了点，看见郁畹兰在洗尿布，张贵田急了："坐月子的人怎么能自己洗尿布呢？以后可千万别这样，要得病的！"

"我加了热水……"郁畹兰说。

"那也不行！记着，这活儿应该是我的！"张贵田抢过水盆，洗了起来……

看着张贵田忙这忙那，手脚不闲的样子，郁畹兰露出了欣慰的微笑……

张贵田夫妇和爱女张郁

两个月后，郁畹兰一个人带着孩子，又回到了太原。一个同事在自家腾出了一间房，让郁畹兰和孩子住。因为要上班，郁畹兰请了一个老太太帮忙照看孩子。

1968年，一次靶场发射试验结束后，领导给几个月没日没夜的人员，放了一星期假。张贵田本来要到太原去看郁畹兰和孩子，可又一想，老岳母瘫痪在床已经好几年了，自己由于工作繁忙，一直没顾得上去探望。于是，张贵田利用这难得的假期，去了西安老岳母家。他嘘寒问暖，体贴入微，眼里有活，干这干那，获得岳父母及姐姐、弟弟的一致赞誉。当郁畹兰从张贵田的来信里知道后，她在回信中说："难得你有一片孝心……"

1969年，郁畹兰老母亲去世了，她肝肠欲断，把一岁多的女儿托付给保姆照顾，只身一人从太原回西安奔丧，并发电报告诉张贵田回西安奔丧。然而此刻的张贵田，正投入到我国第一颗东方红卫星发射前的准备工作之中，实在脱不开身。他的岳父知道情况后，非常理解地说：“国家的事再小也是大事，何况遇到国家发射卫星这个大事。自古忠孝难以两全，贵田做得对……”

1970年4月24日21点35分，长征一号运载火箭成功地将我国第一颗人造地球卫星——“东方红一号”送入太空。在酒泉卫星发射中心，张贵田和同事们一样，跳着，笑着，任凭泪水涌流，沉浸在事业成功的幸福之中……

“张贵田，告诉你一个好消息！”当在靶场发射卫星的试验人员胜利凯旋回京之后，七机部一院副院长任新民对张贵田说，“国防科委推荐了以钱学森为首的17位发射卫星功臣组成观礼团，你也是其中之一，将在天安门城楼上与毛泽东主席、周恩来总理共同欢度‘五一’国际劳动节……”

“任院长啊，”张贵田诚恳地说，“领导的心意我领了——谁不知道见毛主席是莫大的光荣和幸福？请把这个名额让给别的同志吧！现在，我爱人郁畹兰一个人带着两岁多的孩子在太原那边上班，多难啊！虽说那边的同志也常常帮助她，但也不能老求人啊。你知道，我在这边，北京、靶场两头跑，帮不上她什么忙，我思谋着趁‘五一’到她那里去，帮帮她，给她砸砸蜂窝煤什么的——那是力气活，她干不了，也算尽一点做丈夫的责任吧……”

“张贵田，听你这么一说，我很内疚啊！这几年来，我只知道鞭打快牛，给你的肩上加担子，对你们分居两地的事情重视不够——你也知道，此前我们也想把郁畹兰调回北京，但太原那边卡住就是不放人。按现在的调动政策是：北京是一线，太原是二线，陕西是三线，二、三线单位的人不能往一线调，而一、二线单位的人可以往三线调。嗯——这样吧，军代表说过要把你调到三线去，你到了三线，我们马上派人去太原调郁畹兰，不怕他不放人……”

“谢谢任院长！”

1970年6月中旬的一天，二机部太原原子能第七研究所所长办公室，来了两位同志。

“所长好！”发动机设计所去商调郁畹兰的两位同志，给所长递过商调函说，“我们来贵所是处理关于商调郁畹兰同志事宜的……”

“这个……郁畹兰同志是我们所一个研究室的副主任，担负着非常重要的研制工作，我们不能放人。”所长看罢商调函说，“不过……我们倒是希望张贵田同志能调到我们所里来！”

“这绝对不可能！张贵田同志是国家重点型号任务的负责人，怎么能调到你们这里呢？”发动机设计所的同志说。

“国家的政策是一线只能往二线调，而不是二线往一线调。”所长对政策吃得很透。

“你说得很对。现在的情况是，张贵田同志已经由北京调到我们七机部在陕西的三线基地了。一、二线往三线调人，这也是国家的政策。希望贵所以大局为重，同意调郁畹兰同志到我们陕西三线，让他们夫妻团圆，免除他们的后顾之忧，让他们能一心一意搞科研生产。这于国家、于个人都有利。”发动机设计所的同志说。

“问题是，郁畹兰的工作很重要，我们一时离不开她。嗯……要不这样吧，过几年你们再调郁畹兰……”

“不行啊，所长同志，你这一拖，不知要拖到猴年马月！实不相瞒，我们这次来，是做了充分准备的——我们就住你们单位了——研究院领导指示我们：你们什么时候把郁畹兰同志放了，我们就什么时候离开你们单位……”

第二天早晨，发动机设计所的两位同志早早地就来到所长办公室，打水、扫地，等所长回话。

第三天早晨，他们俩又早早地来到所长办公室，打水、扫地后，静静地坐下来，看书看报，一副打持久战的模样。

“二位辛苦了！”原子能第七研究所所长从外面进来，笑呵呵地说，“首先，我对二位坚韧不拔、雷打不动的敬业精神表示敬佩，其次是想告诉二位一个好消息——你们的愿望实现啦！”

“真的——同意放人啦！？”

“本所长讲话，一言九鼎！”所长信誓旦旦。

“哎呀！太好了！谢谢所长！”

“谢什么？咱们二、七机部，本来就是亲兄弟——一根藤上结的两个瓜，谁也离不开谁。既然你们认为调郁畹兰对事业有利，那何乐而不为呢？所以，我们决定牺牲自己，满足你们的要求。我已经给人劳处打过招呼，你们现在就去办郁畹兰同志的调动手续！哎——中午请你们吃咱山西有名的刀削面！”

“太好了！谢谢！”三双手紧紧地握在一起……

兵贵神速！一个星期之后，郁畹兰调到了张贵田所在单位——秦岭深处的 067 基地发动机设计所。张贵田做梦都没有想到，爱人郁畹兰难似上青天的调动问题，竟然这么快就解决了。现在好了，一家人五年来分居两地，终于团圆在红光沟了。不久，他们又有了一个可爱的儿子，取名张郁谱。

虽然工作调到了一起，但两人还是过着聚少离多的日子。郁畹兰调到发动机设计所后不久，张贵田就担任了常规三级高空发动机（YF-40 发动机）研究室主任。由于 067 基地的发动机生产厂和发动机试验站还不具备生产和试验的条件，常规三级高空发动机从一开始就形成设计在秦岭深处的 067 基地、生产在沈阳、试验在北京的特殊研制局面。张贵田和设计员们一样，需要轮换去沈阳生产厂值班，而且不像设计员可以三个月按时轮换，他比一般的同志值班的时间长得多。有一年春节他都没有回家，而是在沈阳值班。张贵田在电话里对郁畹兰说：我是领导，要以身作则，做一个表率。你看同志们都走了，沈阳生产厂必须留一个值班的，万一有什么事情，都走光了，找谁？张贵田那次在沈阳待了将近六个月。工作上有什么困难，张贵田都会和郁畹兰谈，以征得妻子的理解。郁畹兰当过室领导，心里有数，很理解。但孩子们想爸爸，不理解——妈妈，为什么别人家的爸爸都回来了，我爸爸为什么还不回来？为了让孩子们高兴，郁畹兰给孩子们买了新衣裳，买了新鞋，带他们在沟里转一转。

有一次快过元旦的时候，女儿张郁得了重感冒，儿子张郁谱得了肺炎，两个孩子整日整夜地咳嗽，小脸涨得通红，一吃东西就吐。张贵田却因为研究室里的一位同志老家出事，要马上到他老家去，没有办法帮忙照顾两个孩子。

带着两个病孩子，郁畹兰也被拖病了——头晕目眩，闻不得做饭做菜的味道，只能戴着口罩给孩子们做饭。这时候，所长李伯勇来到张贵田家里，看到这凄惨的情景，说："小郁啊，实在是难为你了。老贵也是为了同志们的事情在奔忙，希望你能理解他。"郁畹兰坚定地回答："李所长，你放心吧，我不会拖他后腿的。"

YF-40发动机荣获部级以上各类奖项30多项，其中特等奖一项、一等奖一项。张贵田对郁畹兰说，这军功章，也有你的一半……

"妈妈，爸爸回来了，咱们吃饭吧。"女儿张郁对厨房里的郁畹兰说。

往常，当热气腾腾、香味四溢的饭菜摆在小饭桌上时，一家四口，一边吃饭，一边天南海北，说这聊那，无所不谈。然而今天晚上，郁畹兰明显地感觉到气氛不对——张贵田神态凝重，一声不吭，只顾埋头吃饭。饭罢，当孩子们都出去玩儿时，郁畹兰问："你怎么啦？是不是哪儿不舒服？"

"没有。"张贵田说，

"遇到不顺心的事儿啦？"

"还不是这次调工资的事。"张贵田长长地"唉——"了一声。

"怎么？没给你调上？"

"我是调上了，可是我们室五个小组，四个组长都调上了，只有一个组长没有调上。按说，这个同志工作还是不错的，就是有时方式方法上欠妥。要知道，这是这么多年来第一次调工资，现在，就他没有调上，这样的话，对他个人的压力太大了，叫他这个组长怎么当呢？他如果心情不好，就会间接地影响发动机的设计和生产……"

"噢……是这样……"郁畹兰沉思了一下说，"我倒有一个办法。"

"快说说！"

"要我说呀，这次你这个室主任就别调了，把你调工资的名额让给这个组长吧！这样做，一方面，可以提高这个组长的积极性，另一方面，更利于你今后开展工作。这五个组长，就是你的五虎上将，在你的指挥下，五个人齐心协力，形成一只有力的拳头，就会所向披靡，无往而不胜！何愁发动机不能研制成功？”

“哎呀，这个办法太好了！畹兰啊，我很感激你，你用你的豁达大度，深明大义，解开了我的百结愁肠。好！明天我就找所长，把我的名额让给他……嗨，实不相瞒，我原来也有这个想法，只是怕——”

“怕我不同意？”

“有一点……”

“你忘了？我也是当过研究室副主任的人，知道该怎么处理这个问题——如果不把室里人员协调好，指挥起来会很别扭，虽然自己损失一点，但对以后工作是有利的……”

“你说得对，通过今日此事的处理，我有一个感悟。”

“什么感悟？”

“夫人果然是胸怀宽广的女中达人、家中贤妻啊！”

“进步不小啊，什么时候学会捧人了？”

张贵田高风亮节地把调资的名额让出后，那个组长非常感激，毕竟十年来才调了这么一次工资，一步赶不上，步步赶不上啊！

发动机设计所的整个调资工作到了收尾阶段时，出现了一个戏剧性的变化，原来所长手里还有两个机动名额，他硬是把一个名额给了张贵田。

2. 治耳疾遭遇误解　采蘑菇乐享亲情

半夜，郁畹兰又一次被中耳炎引起的剧烈的偏头痛疼醒。

她起身一看，耳朵里的脓血不知什么时候已经流到了枕巾上——像这样的事情发生了多少次，她已经记不清，早已变得麻木了。俩孩子年龄小，张贵田一出差就是好几个月，她又当爹来又当娘，还要坚持上班，实在抽不出时间去看病。耳朵流脓了用棉花球擦一擦；偏头痛犯了，用布条子扎着头强忍着。就这么一日一日、一月一月、一年一年地拖着、拖着……结果，偏头痛越来越严重，耳朵流脓越来越多，听力越来越差……

大概是起床的动作猛了点，张贵田被惊醒了。他一看郁畹兰正在擦枕巾上的脓血，就什么都明白了：

“我看病情是越来越严重了，再不能耽搁了！你还是上西安四医大去看看吧！”张贵田说。

“那孩子怎么办？他们正上学呢！谁给他们做饭、辅导作业？”

“你安心看病，有我呢。”张贵田坚决地说。

就这样，郁畹兰请假来到了西安第四军医大学。

“你怎么现在才来？！”经过仔细检查，大夫非常惋惜地说，“早一两年来，从你大腿上取一块皮，植到听骨上，就能治好你的病。可现在晚了，听骨已经全部烂掉，连架子都搭不上了，必须全部敲掉……赶快住院吧，一天都不能拖了，否则后果非常严重！”

“那就做手术！”听完了郁畹兰的讲述，张贵田在电话那头说，“俩孩子好着呢，你放心。就是这两天会议多，部里领导要来检查工作，我实在抽不出时间去看你，你自己多保重……”

“你忙吧，我一个人能成。”郁畹兰说。

做完手术，麻药散尽之后，郁畹兰浑身无力，脸色苍白，伤口针扎般地疼痛，额头上的汗珠直往下滚。她想，此刻如果张贵田坐在她的身边，也许会减轻她一半的疼痛……

病房里住了八个人，七个人都有家属陪伴，亲戚朋友时常探望，唯独郁畹兰的病床前，没有家属陪伴。

“郁师傅，你爱人怎么不来看你呢？”同病房的王大妈问。

“他工作忙。”郁畹兰说。

“你动这么大的手术，他再忙，也要来看看啊。”

“他在开会，脱不开身。”郁畹兰解释。

“我就不信，有多么重要的会，连老婆住院动手术都不来看。这白天开会来不成，晚上该能看看吧？也没见个人影呀！”同室的李嫂“愤愤不平”。

“李嫂啊，我们单位在秦岭深山里，离西安有好几百里呢，远得很，路不好走，哪能说来就来，说走就走？”郁畹兰笑着说。

说曹操，曹操到。正说着张贵田，张贵田就进来了。他很有礼貌，向病房里的其他病人问过好之后，这才走到郁畹兰的跟前说：“怎么样？这一阵子好些了吧？”

“好多了。”一看见张贵田来看她，郁畹兰心里感到十分熨帖。双目对视之时，一切思念都在不言之中。“不过……”

“不过什么？”张贵田问。

“大夫说，因为听骨坏了，做手术后这个耳朵将来会失聪的。”

“别想那么多，治好病要紧……”张贵田百般安慰。

“俩孩子怎么样？”这是郁畹兰最牵肠挂肚的事。

“很听话，也很想你。常在我面前念叨妈妈啥时候回来呢！“

“唉，我做梦都想他们啊……”郁畹兰嘴里说着，眼里噙满了晶莹的泪花。

“……学习很自觉，老师留下的作业，也都能自觉地完成。”张贵田认真地汇报。

“要是遇到不会的题……”

“有我啊，我给他们辅导啊！”

“你……你什么时候给他们辅导过啊？”

“那还不是因为忙嘛！还不是因为有你辅导嘛！嘿嘿……不过，你这一住院，只能由我辅导了。孩子们都说我比老师讲得还好呢！”

“这我就放心了。孩子的学习一定要抓紧……嗯……你让孩子们给我写一封信，我想他们了。”

“好！我记住了——哎呀，时间不早了，你多保重！”张贵田站起身来说，“刘纪原部长到西安，我这次来是给他汇报工作的，顺便来看看你，车还在外边等着呢，我先走了！”

匆匆而来，匆匆而去，仿佛一阵风似的，张贵田眨眼间又没影儿了。郁畹兰的心中不由得一阵惆怅。

“郁师傅，你爱人怎么这样？”那边病床上的李嫂发话了，“来看你不到 15 分钟就走了！——他这分明是走形式嘛！要我说啊，你们是不是感情不好啊？现在社会上第三者插足的事儿多得很，何况你老公长得又那么帅气，还是个当官的！你可要注意呢。”

“李嫂啊，我们的感情挺好的。”郁畹兰笑着说，“他这是来西安汇报工作，还是抽空儿来看我的。”

“嗨！我真佩服你的宽宏大量。要是我，早和他吵开了！”大嗓门的胖嫂似乎也看不过眼。

现在，郁畹兰只能一而再、再而三地解释了。但怎么能解释得清楚呢——探望不到 15 分钟就离开，真的让人很难理解。

郁畹兰不由得想起在做这次手术的几年前，她还在西安四医大做过一次痔疮手术。那时，痔疮严重得有时血都能把裤子湿透，实在挺不过去了，才到西安做的手术。为了让手术的休息期短一点，她就让大夫外痔、内痔一起做。大夫说没有这样的事情，从来没有做过这样的手术，只能外痔动完再做内痔。她坚持说不行，俩孩子小，爱人常出差，脱离不开，只能外痔、内痔一起做，休息一次。大夫没有办法，动完外头动里头。因为流血太多，手术期间她就晕厥了，后来手术还是没有动完。那个时候张贵田出差在外，都是她自己挺着，一累就要犯。

知夫者莫过于妻，郁畹兰遇事总是首先考虑丈夫——对于张贵田来说，没有比研制火箭发动机更重要的事了。所以，她从不分散他的精力。再大的苦，她都能吃；再大的累，只要她能挺，决不给张贵田的工作添麻烦。

太好了！女儿、儿子来信了！虽然孩子们因为年纪小话不多，但字里行间，满溢着对妈妈的爱和思念。郁畹兰看了之后，眼泪止不住地流下来。她趴在桌上一边流泪，一边给俩孩子写回信：“妈妈的病很快就会好的，过几天就会回来，妈妈想你们……”

“从小到大，我从来没见爸爸发过一次脾气。”女儿张郁说。

“从小到大，爸爸从来没打过我一下。”儿子张郁谱说。

“在我的感觉中，似乎张贵田这个女婿比儿子还要亲。”老岳父说。

工作不管顺心也好，不顺心也罢，张贵田从不把情绪带回家里，从来不对孩子们发脾气，对孩子、对老人，总是一张笑脸。孩子们和爸爸亲得很。

张郁小的时候，有一次暑假，跟姥爷去重庆舅舅家玩儿。马上要走了，张郁说：“爸爸，你给我叠一个飞机、一只猴子，我想在路上玩儿。”

“赶紧走，晚了火车就赶不上了，外面车等你呢！”郁畹兰着急地说。

“没事儿，没事儿，马上就好。”张贵田拿出两张白纸，变戏法儿似的，很快就叠出了活灵活现的飞机、猴子。拿着爸爸叠的小玩意儿，张郁满心欢喜地走了。

张郁从小就喜欢农作物，看见别人在安河滩边种菜，她羡慕地说：“爸爸，咱们也弄块地种菜吧！”

“行啊！”星期天，张贵田领着一双儿女在河边找了一块地，平整、深翻、施肥，在山上割了荆棘围着菜地做成篱笆，又买了黄瓜、西红柿秧苗，栽上后浇水。张贵田是从农村出来的，种庄稼、种菜对他来说是轻车熟路。他教孩子们如何给西红柿搭架子，如何打杈……几十天过去了，一棵棵黄瓜秧上伸出了无数的小细蔓，细得像银丝似的。那小细蔓闪眼湛亮，蔓梢干净得仿佛用黄蜡抽成。它们怀着好奇的心情，试探地、小心翼翼地到处攀爬……经过几个月的精心劳作，吃到自己亲手种的绿油油

1980年，张贵田全家参加单位旅游合影

的黄瓜、红艳艳的西红柿时，一家人的心里甭提有多高兴了！

山里也有山里的乐趣。尤其到了9月底、10月初的时候，炎夏已经悄悄地溜走，星期天一有空儿，张贵田就带着女儿、儿子上山，或采摘五味子，或到栗子树下采蘑菇……

举目望去，“寒山转苍翠，秋水日潺湲”。山坡上，成熟了的玉米棒子在枝杆上傲然挺立，玉米叶子在风中发出“沙沙”的响声；成群的灰雀，不时像一片乌云似地从玉米地里腾空而起，又像下雹子似地纷纷散落在苍翠的松柏树中；山坳里这一处、那一处的农舍周围，几棵柿子树上挂着密密麻麻的灯笼似的柿子，和卧在山间的袅袅白云相辉映，组成了一幅色彩斑斓的乡村水墨画。

五味子好吃不好找。它像个调皮的小娃娃，潜藏在森林里的荆棘和灌木丛之间，等着寻者去发现。

“爸爸！快来呀！”女儿在那边喊了起来。

“怎么啦？”张贵田忙问。

“头发被倒钩刺挂住啦！”

“别着急，我就来！”张贵田小心翼翼地帮女儿从头发里拔出倒钩刺，“这里的五味子多吗？”

“多极了！爸爸你看，我都摘了半塑料袋呢！”

“好！注意安全。”

张贵田一言未了，那边儿子又喊了起来：

“爸爸！快来呀！我发现蘑菇啦！”

“好！我们就来！”当张贵田和女儿赶到儿子站的栗子树下时，看到藏在草丛中的蘑菇像打着白色的小圆伞，有的虎背熊腰，有的肥头大耳，有的亭亭玉立，有的三五拥抱，仿佛在等待着他们采撷。

啊，多么令人高兴啊！三个人都如获至宝——采蘑菇的人太多了，平时很难遇到这么多蘑菇。

张贵田领着一双儿女，大获丰收，胜利而归。

1991年4月，张贵田和郁畹兰在凤县合影

1992年9月10日，张贵田与郁畹兰在住房前合影

凤县山高沟深，只要一下大雨，河道就发大水，郁畹兰特别担心孩子们的安全。女儿大了，不用她操心，她格外操心儿子，经常叮咛他："你不要到河边玩儿，一发大水就会把你冲跑的，可以到山坡上玩儿。"儿子答应了。但有一回，郁畹兰发现儿子竟在河滩上捉蜻蜓，气得火冒三丈，把儿子拉回家就往屁股上打。

张贵田看到妻子打儿子，心疼得仿佛在割自己的肉。他不忍心看，就走到门外。他知道这时候说谁效果都不好——既不想把孩子再骂一顿，也不想在郁畹兰火气正旺的时候说她。张贵田后来背着儿子对郁畹兰说："孩子有错你好好说，你把孩子打坏了怎么办？以后千万别这样了！知道吗？你打儿子的时候，我的心像钢针在扎……"

郁畹兰的父亲年纪大了，一有时间，张贵田就把老岳父接到红光沟自己的家里，一住就是几个月。问吃问喝，问冷问热。人老了，有时候尿到裤子上，张贵田就给老岳父洗裤子。那时候洗澡很难，一个礼拜，澡堂开一两次，洗澡的人多，池子里就像煮饺子一样。张贵田每个礼拜都要带着老岳父洗一个热水澡，泡完搓完再打肥皂冲一下，服侍得非常周到。难怪老岳父常对人说："说我喜欢儿子，还不如说我喜欢女婿……"

3. 泥石流惊涛遇险　高压锅爆炸受惊

乌云从 1990 年 7 月初，就盘踞在凤县地区的上空赖着不走，天地间灰蒙蒙的。一股冷风不知从什么地方袭来，勾引来一道枯树似的闪电，划破了整个天空，层峦叠嶂、大地河流、庄稼树木，被照亮了有一秒钟。接着，一响暴烈的雷声，几乎要把整个宇宙震碎了似地爆响着。刹那间，倾盆大雨从天空中倾泻下来，仿佛天国打开了闸门，把天河的暴洪倾注到了人间……

雨越下越大，郁畹兰的心里也越来越焦急。因为这个月 7 日、8 日、9 日三天是全国高考的日子，而儿子张郁谱正好今年高考。连日来的大雨，会不会又是 1980 年、1981 年暴雨和泥石流的重演？郁畹兰的心里忐忑不安。

果不其然，7 月 6 日，一场特大洪水和泥石流再次向凤县地区袭来。短短的几个小时内，凤县地区的农村、工厂再次遭到灭顶之灾。

067 基地和所属各厂、所领导非常重视，立即组织突击队护送高考学生步行穿越洪水和泥石流，到几十里外的凤县县城双石铺参加高考。

此刻，作为基地主任的张贵田，正领着 067 基地试验队员在西昌卫星发射中心为我国第一次发射“澳星”模拟星保驾护航，不在红光沟。郁畹兰便和儿子张郁谱及其同学们在突击队的护送下，向考点进发。

郁畹兰手里提着装着铝锅和煤油炉的提包，左肩上挎着装着油盐酱醋和米面的挎包，儿子张郁谱背着他的书包，和大家一起艰难前行。

眼前的路，早已被洪水和泥石流蹂躏得满目疮痍、一片狼藉。走着走着，从山沟里冲出来的泥石流将公路淤埋，横亘在面前，每一脚踩进去都会深陷淤泥之中。大家相互搀扶着，一点点将腿拔出来，踩进去，再拔出来……很快，腿上就被淤泥中的尖利石块划出一道道血口子。郁畹兰强忍着刺骨的疼痛，鼓励儿子咬牙前行。走着走着，公路被洪水冲得无影无踪，路基成了汹涌澎湃的河流，水流湍急，冲得涉水而过的人直打趔趄。走着走着，公路又被冲成了深坑，得贴着峭壁，小心翼翼，胆战心惊地爬过去。走着走着，只听得对面山崖上“哗——”的一声巨响，那是被雨水泡涨了的山体垮了下来……

雨在头顶上“哗哗”下着，两腿在泥水里“哗哗”走着，三四个小时过去了，突击队员们跑前跑后，帮助这个，照顾那个，所有人都顾不上喝一口水，顾不上喘一口气，顾不上坐下来歇一歇酸痛的腿脚——遍地是泥水，也没有地方可坐。在城市长大的郁畹兰，从来也没有走过这么艰难的“路”，但她强忍着，咬着牙一步步前行。

当大队人马走到医院附近的时候，从山谷里冲出一股暴涨的急流，漫过路面，浪高流湍沫飞，吼声如雷贯耳。此刻，郁畹兰极度疲劳，踏进激流还没走几步，一个浪头打过来，她突然脚下一滑，便跌倒在急流之中……水特别急，人都漂起来了。

“郁工，郁工——！”大家一边喊“快救人”，一边冲了过去……

“妈妈，妈妈——！”走在前边的儿子张郁谱回过头来在呼喊……

眼看着郁畹兰就要被冲进主河道，在这千钧一发之际，只见急流中一位高大魁梧的师傅抢前一步，一只大手伸了过去，一把抓住郁畹兰的胳膊，帮她站

1993年6月，张贵田夫妇在凤县一号试验台

立在齐腰深的洪水中……

“好险啊——”人们这才长出了一口气，围了过来……

“郁工啊，”1993年11月1日一大早，发动机设计所搬迁办公室主任来到郁畹兰家，一进门就说，“你们家要是再不搬迁，大雪一封山，想走也走不了了！你们走不了事小，咱们设计所的搬迁进度就要受影响，我这个搬迁办主任就要挨批了！”

“主任，你先坐。”郁畹兰说，“你以为我不想搬？咱们067基地的人，在这个山沟里住了20多年，被洪水和泥石流蹂躏了三次，谁不愿意早一天搬迁到西安？可贵田对我说：‘你要做好思想准备，等大家都搬到西安了，咱们家再最后一个搬。’所以，他这么一说，我反倒不着急了。”

“贵主任的话无疑是对的——基地的一把手最后一个走，那是为了安定民心嘛。”搬迁办公室主任说，“可现在的情况是，大部队都搬完了，就剩你们这最后一批了。你赶快做好搬家准备，到时候说走就走！嗨，郁工啊，别看贵主任是咱基地主任，可在搬家这件事上，他还得听我这个搬迁办主任的具体安排！”

“那是——那我就准备了？”郁畹兰高兴地说。

“越快越好！”

那时候，女儿张郁大学毕业，已在北京工作，儿子张郁谱正在沈阳上大学，俩孩子都不在家。张贵田忙着基地的工作，只有星期天才回家。搬家的准备工作，全凭郁畹兰一个人来做。

一天，郁畹兰正在忙着收拾东西，做搬家的准备，忙得没时间做饭，就用高压锅蒸了一锅红薯。这时候，张贵田回来了。刚一进门，车队的李师傅就跟了进来。

“贵主任啊，我那女儿的就业问题想给你说一说，看能不能想个办法……”

“哦……是李师傅，你坐下说……”张贵田不是那种板着面孔、盛气凌人，一当官就拒人于千里之外的干部。他对谁都是和蔼可亲，不笑不说话，丝毫没有一点官架子。职工和家属有啥不顺心的事，都想对他倾诉。对于来求他办事的群众，能解决的，他尽量想办法解决；不符合政策的，他心平气和，耐心细致地给予解释。

“贵田，我用高压锅蒸了一锅红薯，你看冒气了就把火关了。”正忙着干活的郁畹兰对张贵田说。

“好，我知道了。”

“……女儿的就业问题解决不了，我整晚上睡不着觉……”李师傅还在不停地说着。

“嗯……嗯……”张贵田依旧耐心地听着，不住地点头。

李师傅说完后走了，张贵田这才想起看高压锅的事，赶快走到厨房。就在他低头弯腰看火的那一刹那，只听得“轰——”的一声巨响——高压锅爆炸了！锅盖飞起后撞到了倾斜的房顶上，“咣——”的一声，又掉到了地上，裂成了四开花；满锅的红薯喷射出来，打在四边的墙壁和房顶上……

听到那震耳欲聋的响声，大家都循声跑过来。

“贵主任、郁工，没事儿吧？”

“我的天！吓死人了！”

“锅盖都炸成四瓣啦！”

“这要打到人身上，可真要出大事儿啊……”

此刻，张贵田惊得血压升高，郁畹兰吓得面无血色。好在有惊无险——幸亏张贵田弯腰低头看火，躲过了一场灾难……

4. 四原则宽人律己　妙解围风趣幽默

“一大二后三靠边，唯有第四不含糊。”

经常接触张贵田的人，都熟悉他的这个口头禅——

“一”是出门主动坐大车；“二”是开会和坐大车时靠后坐；“三”是照相时在两边找位置；“四”是唯有吃饭时不要客气，吃饱好干活儿。这就是张贵田为人处世的“四项原则”。他以这种普通又独特的方式，传递着他做人的理念，影响着年轻人。

067 基地的大本营在凤州火车站附近，张贵田的家在红光沟六区，两地相距 15 千米左右，每天 067 基地有 10 趟班车对开。张贵田从 1984 年担任 067 基地主任以来，坚持坐班车上下班，在他的带动和感召下，整个基地无人搞特殊待遇。

凡工作地点和宿舍不在一个区而需要坐班车的职工，单位都给发班车证，而没有班车证的人是需要买票的。这一天，张贵田从北京出差归来，提着两个提包上了班车。因为没有当官的架子，又平易近人，能和群众打成一片，常开玩笑，所以，他刚一上车，基地几个常和张贵田开玩笑的愣头青就对新来的女售票员说："哎！这儿刚上来了一个人，让他买票。"

"同志，请你买票。"售票员说。

"我是咱基地的，有班车票。"张贵田知道他们逗他玩儿，也不点破。因为经常坐车，老售票员们都认识，有班车票也不查他。

"他说他有票，让他拿出来看看！"愣头青们故意说。

"请出示班车证。"售票员说。

"行！"张贵田放下提包，开始在上衣的几个口袋里找，找来找去没找见，"咦？放哪儿啦？"

"你说你是基地的，我们怎么都不认识你？还是自觉买票吧，老同志！"愣头青们七嘴八舌。

"噢……我想起来啦！"张贵田蹲下身，拉开手提包的拉链，从里边往外一件一件掏东西。当张贵田最后从夹克衫的一个口袋里掏出了班车证，递给女售票员时，愣头青们为自己的恶作剧成功而忍不住大笑起来……

“姑娘，你不知道他是谁吧？”旁边的一位老师傅对售票员说。

售票员摇头。

“他就是咱们的基地主任张贵田！”

“啊！他就是贵主任？！”姑娘的脸一下子红得像盛开的桃花。她急忙蹲在张贵田身边，一边帮他往手提包里装掏出来的那些东西，一边说，“贵主任，对不起……我……”

“姑娘，你没错，你做得对！”张贵田笑呵呵地说。

1991 年，航空航天部部长林宗棠要从汉中来 067 基地，了解遭受洪水和泥石流灾害后的科研生产和搬迁情况。作为基地主任的张贵田率队奔赴汉中迎接林宗棠部长。

真是无巧不成书。接林部长的小车轮胎早不爆胎、晚不爆胎，偏偏在林部长刚一上车就“嘭”的一声爆胎了，顿时所有人面面相觑，不知如何是好。

这时候只见张贵田风趣幽默地说：“林部长，现在请下车，来看我们的工人师傅给你表演一个换轮胎的绝技。”

司机郭师傅真不愧是行家里手，三下五除二，干净利落，只用了四分钟，便把轮胎更换好了。

林部长很高兴地说：“老贵啊，你们 067 人真了不得，不但火箭发动机质量过硬，工人师傅的基本功也过硬。”本来尴尬的场面，就这样被张贵田巧妙机智地化解了，此事成为大家茶余饭后、津津乐道的一桩趣事。

5. 评职称高风亮节　学绘画忘我投入

张贵田女儿张郁从小就喜欢学农、学植物、学医，说将来考大学要考农业大学或医科大学，当一名植物学家或医生。然而到真正填写大学志愿时，张贵

1990年国庆节，张贵田与夫人郁畹兰、女儿张郁在北京合影

1999年8月，张贵田在俄罗斯参观航展期间和女儿张郁合影

田对女儿说："爸爸考虑来考虑去，觉得你还是报考国防科技大学吧，那里有火箭发动机专业。"张郁不太情愿："我不喜欢和钢铁机械打交道，想当一名植物学家或医生。"张贵田说："我和你妈妈搞了一辈子火箭发动机，一是希望你继承父业，二是航天人才现在青黄不接，培养航天尖端人才已成为当务之急。爸爸希望你慎重考虑一下。"尽管心里不太愿意，但张郁还是听了爸爸的话，报考了国防科技大学液体火箭发动机专业，并以优异的成绩毕业。

儿子张郁谱结婚准备外出度蜜月，张贵田却对儿子说，哪里都不用去，带上你爱人到凤县红光沟去一趟吧，看看航天人20多年在大山深处艰苦创业、无私奉献的地方吧，那是你们一辈子都用不完的精神财富……

郁畹兰在评研究员时，张贵田对她说："你是我的家属，研究员就别评了，名额让给别人吧。"郁畹兰心中委屈："为了你，我牺牲了很多。1961年我在原单位就是研究室副主任，自从调到你这里，好像我就成了你贵主任的附属品，没有体现我自己的价值。我从原子能研究改行，转为研究姿控火箭发动机后，这么多年，我刻苦学习，在工作岗位上体现我的价值，还是质量标兵。我在研究室里是发表论文最多的人，有一篇文章还获得科技一等奖。尽管家里负担很重，但丝毫没有影响工作，我怎么就不能评研究员呢？"

为了评研究员这件事，郁畹兰没少在张贵田面前掉眼泪。张贵田则安慰她说，我的功劳有你一份就行了，不要太介意了。女儿也对郁畹兰说，你养了我们两个应该知足了。儿子对她说，你把我爸爸培养成院士，这就是最大的价值。郁畹兰后来一想，也是，孩子们说的对！评不评研究员，真是无所谓了！

知妻者莫过于夫。张贵田知道，郁畹兰是一个非常要强的人，无论干什么事，都要竭尽全力把它干好。1997年，郁畹兰前一天刚退休，第二天就报名参

1997年12月，张贵田和郁畹兰在单位聚餐

加航天六院老年大学，参加了唱歌、时装、舞蹈班。后来在跳舞的过程中，有一个动作没有做好，把腿拉伤了，整整在床上躺了两个月，才慢慢恢复。之后，她就不在模特班走时装步了，也不跳舞了，转学画画了。

刚开始画画时，张贵田说："你画的是什么，是斑马吧？"

郁畹兰说："我画的是山水啊！"

"不太像——不过没关系，不会就学嘛！人常说，'云里山川雾里滩，看似容易画却难'。说明这山水画看起来容易，画起来却是很难的。只要你下苦功夫画，总有一天会像的！"

在张贵田的鼓励下，郁畹兰参加了航天六院组织的退休职工美术书法学习班，买光盘、上课，全身心地投入到绘画中去。西安美术学院的老师在讲课中说："学画应从临摹入手，无论是古人的作品，还是现代人的作品，只要有长处、有优点，就应该仔细地临摹下来，这是学习传统技法的唯一方法。但是要看到临摹对象的短处与缺点，要舍弃缺点。在基本掌握传统笔墨技巧后，要面向大自然进行写生。在临摹与写生之后，再创作才能得心应手，才有成功的可能。"于是，郁畹兰在临摹上下的苦功尤深，经常采取对临、背临、三临的学习方法，十分虚心地向老师学习，将之融会贯通。她又有她自己独特的学习方法。她一般对着要学习的作品仔细品味，想了画，画了想，一稿画几张，画后还征求旁人的意见，让旁人说哪张好，好在哪儿；哪张差，差在什么地方，甚至要讲出哪笔好哪笔差的道理来。

一天晚上，张贵田下班回家。

打开家门后的第一感觉是：屋子里充满了浓烈的焦糊味——他立即明白了是怎么一回事，快步向厨房奔去，首先关掉冒着火苗的煤气炉开关，再打开炉子上的钢筋锅盖——锅里的水不知什么时候已经熬干了，炖排骨成了黑锅巴，锅底有一个烧穿了的洞……他叹了一口气，赶紧打开厨房、客厅的窗户，这才走进老伴郁畹兰的画室。

此刻的郁畹兰，正在一门心思地绘画哩。只见她在宣纸上的大山和河流上笔走龙蛇，在枝干和绿叶上恣意挥洒，在花卉和鸟虫上认真雕琢。工者如儿女之有情致，粗者如风云之多变幻。

“画得不错，很有进步嘛！”张贵田在其身后一边欣赏着那幅山水画，一边由衷地赞赏，“这幅画给人的感觉就是一种震撼，一种感官上的享受；如品佳酿，馀醇悠然，把色彩的力量发挥到了极致，把自己的情绪和绘画作品，与自然完美地融合在了一起……”

“你回来了……哎呀，锅……钢筋锅！坏事啦……”郁畹兰放下笔就往厨房跑。

“别急，慢点走……”

“唉，又烧穿了！”郁畹兰看着烧穿了的钢筋锅，对跟过来的张贵田沮丧地说，“是你关的火吧？”

“是的，我一进门就闻见糊味儿了。”

“可惜啊，这是烧坏的第……第四个钢筋锅了吧？……我在炉子上炖排骨，当时还记得过一会儿就要关火，可一进屋里画画，就把什么都忘了。你说我这记性怎么这么差？——贵田，你生气了吧？”

“没有！没有！”张贵田急忙说，“难得你退休了有画画、练字这么一个爱好，很好的。只要你生活愉快了比什么都好。锅坏了，咱们再买一个新的。如果大家都不买锅，那锅厂还不破产了？”

2001年12月20日，张贵田70岁生日

“你还真会安慰人。”郁畹兰苦笑了一下说，“那咱们晚上吃什么？”

“葱花挂面打鸡蛋，又降血脂又简单。”张贵田把那个烧穿的钢筋锅放到一边，端来小铁锅添上水，放在炉子上，打开了火说，“你先画画去吧，饭做好了，我叫你吃。”

郁畹兰认真钻研的精神令张贵田动容！渐渐地，她的画日见长进，能把眼中之像化为心中之意，再把心中之意展示为画中之境。她笔简气壮，景少意周；笔锋犀利，风格洒脱，内心的情感自然而然地流露画中；泼墨明晰而变化多端，其薄厚、凹凸的力度，产生出特殊的肌理美感；大气中不乏秀气，秀气中不失灵气，深具“不似而似”的妙谛。

张贵田对郁畹兰画画非常支持，郁畹兰画完，他是第一个读者，还会提一点意见。他有时出差，

2007年7月14日，郁畹兰70岁生日

2008年8月，张贵田夫妇一起去买菜

看到有好的画就拍成照片，给郁畹兰搜集些素材。慢慢地，张贵田在这方面也有一些修养了，所提的一些意见还能提在点子上，老两口更有共同语言了。深受感染的张贵田现在也开始练字了，郁畹兰有时还可以稍微指点指点他。

对张贵田来说，看老伴泼墨，简直就是一种艺术享受。她作画，简约快捷，一气呵成。在胸中打好腹稿之后，几乎是不假思索，如有神助，很快便创作出一幅幅滋润大千世界、意境高古深远、人物形象生动、格调典雅清新的佳作来。郁畹兰是如此的认真、执着，她辛勤耕耘，不断地反思求进。2011 年 7 月，郁畹兰由于全神贯注地创作国画《金秋》，一口水也顾不上喝，身体抵抗力下降，发高烧 39 度，严重脱水，住院 12 天。

郁畹兰创作的《金秋》，把生活的美提炼成艺术的美，从大美无形到大美无言再到大美沧桑，飘洒逸宕，给人以大气磅礴之感，深得业内人士好评。2012 年，国画《金秋》荣获陕西省第一届老年艺术节银奖。

张贵田和郁畹兰共同生活了 50 多年，没有吵过一次架。在常人看来，这不太容易做到，但他们确确实实就这样相濡以沫地度过了 50 多年幸福甜蜜的生活。

6. 老柏入云摇新翠　幽香扑鼻茁晚春

2005 年，张贵田 48 万字的学术专著《高压补燃液氧 / 煤油发动机》出版，在业内引起了强烈的反响。中国科学院院士任新民在序中说：“张贵田院士及其

2009年，张贵田与郁畹兰在庆祝新中国成立六十周年演出活动中合影

同事经过十多年的刻苦耕耘，突破了一道又一道的技术难关，终于利用我国自己的资源，首次研制成功高压补燃液氧/煤油发动机。这为我国大型火箭提供了强劲的支持，拓展了中国航天发展的前景。该书集中体现了我国和当今世界高压补燃液氧/煤油发动机的最新技术成果，有较高的学术水平和工程应用价值。”

2010年12月18日，室外冰天雪地，朔风凛冽，室内春意融融，欢声笑语。

按照中国的传统习俗，航天推进技术研究院举行张贵田院士八十华诞座谈会，老中青三代六院人用一个个真实而感人的故事，讲述了自己心目中的“老人家”——张贵田院士。

航天六院常务副院长王新敏代表院长谭永华、党委书记黄亮在祝寿词中说：

“张贵田院士是我国德高望重的液体火箭发动机专家，是我国液体火箭发动机领域的主要开拓者和

2009年玉泉山，张贵田全家福

学术带头人之一。

今天，我们怀着崇敬和喜悦的心情，召开张贵田院士八十华诞座谈会，为张院士祝寿，就是要通过这一特别的形式，回顾张院士为中国液体动力和我院发展做出的突出贡献，学习张院士的崇高品质和精神风范，总结我们发动机研制工作的经验和体会，促进航天液体动力技术的不断进步与发展，为创建国际一流宇航动力公司而不懈奋斗……”

“你们谁是八零后啊？哦，你是，你是……我也是八十岁的八零后啊，咱们都是八零后，我要继续工作，以发现和培养人才为己任，激励青年人青胜于蓝，秀出班行；你们也要继续努力，为咱们航天六院的不断发展壮大，呕心沥血，再立新功！”当参加生日庆祝活动的青年科技人员代表向张贵田院士表示生日祝贺的时候，操着一口浓重的河北口音，张贵田院士继续着他一贯的风趣与幽默，鼓励着航天科技新一代。

“老柏摇新翠，幽香茁晚春。”都说人年纪大了难免知识老化、思想保守，甚至有的还成了“老小孩”“老糊涂”，但张贵田始终保持着矍铄的精神、清醒的头脑、活跃的思想和超前的意识，非但知识和观念不见陈旧和滞后，对发展趋势还颇有科学的预见，对六院新型动力的研制，不时提出自己独到的见解。张贵田一直以敏锐的目光关注着国际航天领域的最新动态和前沿课题，不断跟踪国外最新科学知识和技术动态，并把自己的所学所思，毫无保留地奉献给航天事业。

“鬓衰头似雪，行步急如风。不怕骑生马，犹能挽硬弓。”虽然年事已高，功成名就，不必再为工作操心劳累，可以赏花品茗，含饴弄孙，心旷神怡地颐养天年，可张贵田关心的却不是如何养生保健，益寿延年。在责任感和使命感的强大作用下，工作的热情仍然高昂饱满地伴随着他、驱动着他，丝毫没有因自己已进入耄耋之年而有所衰减。他不仅一如既往、乐此不疲地工作着，还一如既往地规划着明天，关注着未来。他从我国国情出发，高瞻远瞩地提出多个新型号航天动力的未来发展方向，从思路到理论，从目标到途径，全方位地为决策层提供参考依据。“要放长眼光，有所为有所不为。不须为而为之，会造成不必要的浪费；当为而不为，则会贻误大事！”2008年，中国航天科技集团公司对西安、北京、上海三地的航天液体动力研究机构实施战略重组后，六院的液体火箭发动机和空间推进系统的研制任务更重了，张贵田院士参加的型号研讨会更多了。除了西安，北京、上海的型号会议，只要邀请张院士参加，他都会克服困难，想方设法参加。在会上，他从来不以“院士”“大科学家”自居，总是以普通技术人员的身份，参与学术讨论，发表意见建议。他的这种充分发挥技术民主、合作包容的科学精神和优良作风，深深感染着大家。特别让人感动的是，为了做好会议小结，他坚持听完所有人的发言，中间尽量不上厕所，长此以往诱发了严重的膀胱炎，不得不到医院做导流手术。

“张院士啊，”望着张贵田的雪白头发，院长谭永华感慨万千地说：“你要是觉得不舒服，就在家休息几天，不要太拼命。”

“张院士啊，”握着张贵田布满老年斑的手，院党委书记黄亮情真意切地说：“你要多多保重自己的身体，身体吃不消，别硬撑着啊！”

但张贵田仍和过去一样，正常上下班；仍和过去一样，深入科研生产第一线，现场解决技术问题；仍和过去一样，干起工作孜孜不倦，忘记自己已是80多岁的老人。他不肯将人生的“亮点”留驻在过去的时光和业绩中，而是学到老，干到老，奉献到老，将自己的全部热量都转换成光，毫无保留地放射出来。2013年，中国航天科技集团公司授予张贵田院士“航天功勋奖”。

远方，晚霞似火，在熊熊燃烧。张贵田全身沐浴在霞光里，壮心满怀，健步迈向中国航天动力发展的新征程……

2010年，张贵田在067基地挥毫疾书

张贵田大事年表

1931 年

12 月 20 日，出生于河北省藁城县城元村。

1947 年　16 岁

3 月，河北省深泽县邮政局交通员。

1948 年　17 岁

12 月 20 日，加入中国共产党。

1949 年　18 岁

1 月，天津市邮政管理局业务员。

1950 年　19 岁

9 月，天津市工农速成中学学习。

1953 年　22 岁

9 月，北京外国语学院留苏预备部学习。

1955 年　24 岁

9 月，莫斯科航空学院液体火箭发动机设计专业学习。

1957 年　26 岁

8 月，作为留苏学生代表受到在苏联访问的董必武、张闻天、安子文等国家领导人接见。

11 月，在莫斯科大学聆听毛泽东主席给留苏学生讲话。

1961 年　30 岁

3 月，毕业分配到国防部五院一分院第三设计部，从事东风三号导弹发动机研制工作。

1964年　33岁

4月，完成东风四号导弹二级发动机YF-3方案论证报告。

1965年　34岁

3月，任副主任设计师，主持东风四号导弹发动机研制。

1970年　39岁

1月，参加东风四号导弹高弹道试验。

4月24日，参加我国第一颗人造地球卫星“东方红一号”发射工作。

6月，调到067基地发动机设计所，任研究室副主任。

1973年　42岁

5月，完成常规三级高空发动机YF-40方案论证报告。

12月，任YF-40发动机主任设计师。

1976年　45岁

5月26日，YF-40发动机在北京101试验站整机热试车成功。

1978年　47岁

6月，随中国宇航学会代表团参观日本航展。

12月，“高频振荡不稳定燃烧研究”成果获全国科学大会奖。

12月，“长征四号三级（YF-40）发动机”获全国科学大会奖。

1979年　48岁

3月2日，YF-40发动机首次进行23千米高空模拟试车，获得成功。

7月4日，任东风二十二号导弹副总设计师兼发动机主任设计师，主持东风二十二号导弹一、二、三级发动机论证及研制。

7月10日，任发动机设计所副所长。

1981年　50岁

8月，任发动机设计所所长。

8月21日，凤县红光沟发生百年不遇洪水、泥石流灾害，组织干部职工抗洪抢险，恢复生产。

1984年 53岁

1月6日，任067基地总工程师。

4月11日，任067基地主任兼总工程师。

11月6日，主持召开东风五号导弹发动机优质产品评审会，同意申报国家优质产品奖。

11月16日，在西安主持召开《当代中国导弹·航天卷》“液体火箭发动机”第二次编委会议。

1985年 54岁

4月，代表基地在航天工业部会上做专题汇报，会议决定，067基地搬迁西安。

5月，任中国宇航学会常务理事，兼任液体火箭推进专业委员会主任委员。

12月，“YF-15发动机研制”获航天部一等奖，张贵田排名第一。

12月，“远程导弹用可贮存液体火箭发动机YF-11及YF-11推力室”获航天部一等奖，张贵田排名第一。

12月，在中国宇航学会代表大会上首次提出发展液氧/煤油发动机的设想。

1987年 56岁

7月8日，主持甲烷、丙烷和煤油推进剂的传热及燃烧试验，取得了在超临界情况下的传热性能数据，为后续研制液氧/烃类发动机提供了依据。

1988年 57岁

3月4日，陪同陕西省省长侯宗宾到067基地视察工作。

5月20日，被国防科学技术大学聘为兼职教授。

9月15日，接待美国、澳大利亚空间技术考察团到067基地参观考察。

10月11日，陪同航空航天部林宗棠部长到067基地视察工作。

10月16日，接待以阿里为首的伊拉克代表团到067基地参观。

10月24日，参加中国宇航学会组织的加速发展中国航天事业研讨会，在会上做了《中国液体火箭推进技术面临的形势与对策》报告，提出我国应尽快开展大型液氧/烃类发动机研制工作。

1989年　58岁

2月20日，主持确定长二捆火箭发动机实现三次试验交付产品的决策会议。

10月16日，陪同二炮副司令员杨国良到067基地视察工作。

12月12日，陪同国务院副秘书长王树明到067基地视察工作。

12月，“长征四号三级高空发动机”获航空航天工业部一等奖，张贵田排名第一。

1990年　59岁

5月，任航空航天部科技委液体推进技术专业组组长。

7月6日，凤县红光沟遭遇特大洪水、泥石流灾害，基地再次遭受重大损失。张贵田带领大家抗洪抢险，努力将损失减少至最小，圆满完成了型号研制任务。

8月6日，以基地名义就引进和研制液氧/煤油高压补燃发动机向航空航天部递交请示。

1991年　60岁

2月2日，航空航天部决定做好引进RD-120发动机的消化、吸收工作，成立联合设计室。张贵田任行政负责人。

4月21日，第一台RD-120发动机运抵067基地。

5月26日，主持讨论液氧/煤油发动机论证报告。

7月，任陕西省科学技术协会常务理事。

8月10日，任航空航天部科技委常委。

8月16日，兼任067基地科技委主任。

10月18日，被评为国家级有突出贡献的中青年专家。

12月12日，长征四号甲运载火箭被评为1991年度国家科学技术进步奖特等奖。张贵田排名第三，并作为主要完成人参加了在人民大会堂举行的颁奖大会。

1992年　61岁

3月，任陕西省宇航学会理事长。

3月，任“长二捆”运载火箭试验队副队长，参加了“澳星”发射。

5月1日，被授予全国五一劳动奖章、全国优秀科技工作者。

9月21日，获航空航天部“长二捆”研制工作突出贡献人员二等奖。

10月13日，获航天奖。

10月13日，向刘纪原副部长专题汇报液氧/煤油发动机工作。

1993年　62岁

1月，当选陕西省人民代表大会代表、陕西省人民代表大会常务委员会教科文卫委员会委员。

7月13日，因年龄原因不再担任067基地主任职务，改任067基地科技委主任。

1994年　63岁

4月18日，与俄罗斯能源联合体专家签署合作备忘录。

8月19日，在《中国航天》（第8期）发表“液氧/煤油液体火箭发动机的应用和发展前景”论文。

9月，被西北工业大学聘为兼职教授。

10月2日，在以色列参加国际宇航联会议。

1995年　64岁

3月13日，任067基地首次液氧/煤油高压补燃发动机试车领导小组组长。

3月22日，参加载人航天工程发动机方案论证及设计评审会。

4月13日，主持RD-120发动机试车改台方案评审会。

6月20日，当选中国工程院院士。

8月10日，赴俄罗斯参加液氧/煤油发动机技术调研。

10月26日，当选国际宇航科学院通讯院士。

11月17日，向刘纪原总经理汇报RD-120发动机热试车准备情况。

11月26日，任中国航天工业总公司科技委副主任。

12月1日，在凤县试验基地主持了“液氧/煤油发动机试验评审会”。

1995年　64岁

12月15日，在凤县主持了用国产煤油、代号为120001A的液氧/煤油发动机试验，时间10秒，试验获得圆满成功。

1996年　65岁

2月12日，在凤县主持了液氧/煤油发动机第二次试验，时间50秒，试验获得圆满成功，表明中国基本掌握了发动机试车后处理技术，并验证了中国煤油燃烧性能及冷却效果。

9月20日，陪同中国工程院朱高峰副院长等院士到067基地视察工作。

9月26日，在北京参加第47届国际宇航联大会。

10月3日，陪同全国政协常委、中国科协副主席庄逢甘院士到067基地调研发动机研制情况。

10月19日，主持了液氧/煤油发动机燃气发生器缩尺试验件点火试验，取得成功。

1997年　66岁

3月4日，任067基地液氧/煤油发动机研制领导小组副组长。

3月25日，参加CZ-2F二级发动机20-2002次试车故障分析评审会。

7月11日，获中国航天工业总公司“两箭两弹一星”飞行任务专家一等奖。

1998年　67岁

3月，与屠守锷院士、梁守槃院士、梁思礼院士联名向国防科工委主任曹刚川呈报《关于大型液氧/煤油发动机立项研制的建议》。

6月15日，被北京航空航天大学聘为兼职教授。

8月7日，与乌克兰专家签署液氧/煤油发动机工艺咨询合同。

9月22日，参加第八届环太平洋国际空间会议，任大会副主席。

10月15日，参加067基地召开的液氧/煤油发动机决战动员会并做重要讲话。

1999年　68岁

1月18日，当选西安市科协主席。

2月6日，成功主持了国家“863”课题——我国首台百吨级液氧/煤油发动机燃气发生器-涡轮泵联动试验，试验时间10秒，标志着我国初步掌握了新一代液氧/煤油发动机核心技术。

8月15日，被莫斯科航空学院授予荣誉博士称号。

9月20日，参加由总装备部和“863”专家委员会组织的“120吨液氧/煤油高压补燃发动机关键技术项目研究”验收评审会。

10月1日，观礼国庆五十周年阅兵式。

10月，任国家科学技术奖国防科技工业航天专业评审组组长、国家科学技术奖评委。

2000年　69岁

1月13日，主持液氧/煤油发动机试车台选址及评审会。

4月22日，被西北工业大学聘为博士生导师。

6月16日，在凤县试验基地主持液氧/煤油发动机首次半系统试车，获得成功。试验装置全部采用我国自行研制的产品，标志着我国开发研制具有大推力、无污染的环保型新一代液体火箭发动机工作进入新的阶段，具有里程碑意义。

9月7日，国防科工委、财政部批复液氧/煤油发动机研制保障条件建设项目立项。

9月29日，国务院批准液氧/煤油发动机立项研制。

2001年　70岁

2月15日，所参与的“液氧/煤油高压补燃发动机涡轮泵联动试验关键技术研究”获国防科学技术奖一等奖，张贵田排名第三。

4月，当选中国科学技术协会第六届全委会委员。

4月26日，主持液氧/煤油发动机首次整机试车，因配气装置漏火，试验失败。

2002年　71岁

5月16日，主持液氧/煤油发动机第五次整机试车成功。

8月，当选国际宇航科学院院士。

9月17日，在西安出席“中国－俄罗斯－乌克兰”航天推进技术研讨会。

10月1日，参加法国国际燃烧会议。

11月16日，获何梁何利基金科学与技术进步奖，出席在钓鱼台国宾馆举行的颁奖仪式。

2003年　72岁

1月3日，在凤县试验基地参加液氧/煤油发动机100-009次整机试车，获得圆满成功，标志着发动机研制和试验技术上了一个新台阶。

7月9日，参加液氧/煤油发动机抱龙峪试验区主体工程奠基仪式。

7月15日，在西安主持冲压发动机研制技术研讨会，任新民院士、梁守槃院士等参加会议，正式确定我国开展亚燃冲压发动机研制工作。

10月15日，随院士代表团赴酒泉卫星发射中心参观神舟五号飞船发射。

12月10日，当选国际欧亚科学院院士。

2004年　73岁

2月8日，陪同中国航天科技集团公司高级技术顾问任新民院士赴凤县试验基地参加液氧/煤油发动机试验。

9月7日，参加第五届海内外华人航天科技研讨会。

10月6日，在加拿大参加国际宇航联大会。

10月15日，参加中国航天科技集团公司科技委组织的我国航天液体动力技术发展调研。

2005年　74岁

1月5日，在西安抱龙峪参加液氧/煤油发动机100-024次整机试车，获得成功。本次试车是901试车台首次考台试车。

7月28日，与来华的美国航天员查尔斯·杜克等进行技术交流。

8月，出版专著《高压补燃液氧/煤油发动机》。

2007年　76岁

3月27日，在澳大利参观亚航展。

10月8日，在北京航空航天大学参加国际航天推进研讨会。

2008年　77岁

5月10日，主持完成了中国航天科技集团公司科技委下达的《我国未来重型运载器动力发展战略研究》课题，充分研究了航天动力的发展方向和未来需求，提出的大推力液氧/煤油和液氧/液氢发动机方案符合我国国情和技术趋势，对我国未来航天主动力的技术发展具有深远的战略指导意义。

2010年　79岁

11月15日，获光华工程科技奖，参加了在人民大会堂举行的颁奖大会。

12月5日，参加任新民院士95周年诞辰座谈会。

2011 年　80 岁

12 月 17 日，任陕西省宇航学会名誉理事长。

2013 年　82 岁

1 月 15 日，获航天功勋奖。

10 月 16 日，承担中国航天科技集团公司科技委“航天主动力发展方向战略研究”课题。

2014 年　83 岁

3 月，承担中国工程院“我国重复使用航天运输系统重复使用火箭动力/先进组合循环动力关键技术突破可能性及对策”咨询课题。

参考文献

[1]《当代中国的航天事业》编辑委员会 . 当代中国的航天事业 [M]. 北京：中国社会科学出版社，1986.

[2] 姚昆仑，王永志 . 搏击天穹 [M]. 北京：新华出版社，2008.

[3] 谭邦治 . 任新民院士传记 [M]. 北京：中国宇航出版社，2014.

[4] 邓宁丰 . 天河圆梦 [M]. 北京：中国宇航出版社，2004.

[5]《人类与太空——航天知识 ABC》编委会 . 人类与太空：航天知识 ABC[M]. 北京：长虹出版公司，1999.

[6] 吴树利，朱钰华 . 情系太空 [M]. 北京：人民出版社，2013.

[7]《创业之路》编委会 . 创业之路 [M]. 上海：上海三联书店，2003 年 .

[8] 石磊，等 . 钱学森的航天岁月 [M]. 北京：中国宇航出版社，2011.

[9] 王建蒙 . 孙家栋院士传记 [M]. 北京：中国宇航出版社，2014.

[10] 谭永华 . 征程：航天六院四十年 [M]. 北京：中国宇航出版社，2009.

[11] 殷秀峰 . 震天惊雷：倾听液体火箭发动机的轰鸣 [M]. 北京：中国宇航出版社，2007.

后 记

张贵田院士是我国航天液体动力领域的主要开拓者和学术带头人之一，20世纪60年代初从苏联学成归国后，在50多年的航天生涯中，他始终奋战在型号科研生产一线，热爱祖国、忠诚事业，潜心钻研、淡泊名利，求真务实、率先垂范，忠实践行航天精神，为我国航天事业、国防现代化建设，特别是中国航天液体动力事业的发展，做出了杰出贡献。

根据中国航天科技集团公司、中国航天科工集团公司和中国宇航出版社关于出版《中国航天院士传记丛书》的总体要求，中国航天科技集团公司第六研究院于2012年6月正式启动了《张贵田院士传记》撰写工作，成立了以谭永华院长为主任的编审委员会。在编审委员会的领导下，组建了以六院思想政治工作部部长吉钢铁为组长的创作组，并聘请六院7103厂退休宣传干部汪明发同志担任主要执笔人。

为了全面掌握和梳理张贵田院士的工作和生活经历，真实反映张贵田院士的科学风范和精神境界，创作组采访了包括张贵田院士本人，以及40多位与张贵田院士或并肩战斗、或共同工作和生活过的领导、专家、同事、朋友和亲人，整理出近60万字的采访口述素材，为传记的撰写提供了第一手资料。

在传记撰写过程中，创作组得到了中国航天科技集团公司和中国宇航出版社领导、专家的悉心指导，以及六院及其所属各单位众多领导和专家的大力支持，他们同样为传记的撰写工作付出了心血和智慧。由于人数众多，恕不一一列举，在此向这些同志致以崇高的敬意和真诚的感谢！

张贵田院士常说："人的一生中，可以有所作为的时候只有一次，那就是现在。"耄耋高龄，张贵田院士仍怀赤子之心，在走出大山来到古城西安之后，秉持“求真知，到一线”的科研理念，以勤奋和务实的科学态度在航天液体动力领域不断探索、孜孜以求、潜心钻研，毫无保留地传递知识薪火，更以淡泊名利和积极乐观的人生态度，诠释了老一辈航天液体动力开拓者的崇高品质。

从河北藁城到首都北京，从秦岭深山到古城西安，张贵田院士成长经历中演绎出的动人故事，是中国航天液体动力事业攻坚克难、勇攀高峰、从小到大、从起步到辉煌的生动缩影；张贵田院士在关键时刻表现出的大无畏精神，是六院几代航天人致力于中国航天液体动力事业发展，助推中国航天飞得更高、飞得更远的具体体现。

在采访撰写《张贵田院士传记》的过程中，创作组在感受张贵田院士精神力量和人格魅力的同时，时常被他可贵的品质和感人的事迹所感动，力求使本传记能更加真实、全面地反映张贵田院士高尚的人格以及对航天事业的全身心奉献。然而，由于水平所限，难免有谬误和挂一漏万之处，敬请广大读者批评指正。

《张贵田院士传记》创作组

2014 年 12 月